华为 你将被谁抛弃

肌体三要素模型分析华为兴衰

张运辉 赵国璧◎著

知识产权出版社
全国百佳图书出版单位

内容提要

本书从华为成功的几大战略要素谈起，深入挖掘和理解华为的战略思维和管理方法。并通过建立企业执行三要素这一管理模型，探讨企业如何能够真正实现高效成功的管理。本书力图为广大对华为感兴趣及想深入了解、学习华为管理方法的经理人提供更多素材和视角。

责任编辑：李　潇　　　　　　　责任校对：韩秀天
封面设计：回归线视觉传达　　　责任出版：卢运霞

图书在版编目（CIP）数据

华为，你将被谁抛弃/张运辉，赵国璧著. —北京：知识产权出版社，2013.4
ISBN 978-7-5130-2036-7

Ⅰ.①华… Ⅱ.①张…②赵… Ⅲ.①通信—邮电企业—企业管理—研究—深圳市 Ⅳ.①F632.765.3

中国版本图书馆 CIP 数据核字（2013）第 084368 号

华为，你将被谁抛弃

张运辉　赵国璧　著

出版发行：知识产权出版社	
社　　址：北京市海淀区马甸南村1号	邮　编：100088
网　　址：http：//www.ipph.cn	邮　箱：bjb@cnipr.com
发行电话：010-82000860 转 8101/8102	传　真：010-82000507/82000893
责编电话：010-82000860-8133	责编邮箱：lixiao@cnipr.com
印　　刷：保定市中画美凯印刷有限公司	经　销：新华书店及相关销售网点
开　　本：787mm×1092mm　1/16	印　张：18.5
版　　次：2013年6月第1版	印　次：2013年6月第1次印刷
字　　数：245千字	定　价：49.00元
ISBN 978-7-5130-2036-7	

出版权专有　侵权必究
如有印装质量问题，本社负责调换。

推荐序

呼唤生命企业

这是一本充满诚意的书。

"80后"作者有一颗简单纯粹的心。他把看到的、听到的、感觉到的、触摸到的、体验到的华为若干细节，用简单的文字如实地呈现出来。字里行间透露着作者对华为的真诚，透露着对每一位读者的真诚。同时，我分明从字里行间听到一声声呐喊：呼唤生命企业！

结识作者是2011年4月的事。一天在网上无意间看到《华为，你将被谁抛弃——华为十大内耗问题浅析》。感觉很有味道，我就在博客与微博上转发了，并加了编者按："在华为内刊上刊登的这篇文章，是一个针砭企业危机的杰作。朴实无华的描述，直奔企业的真问题。许多现象，不只存在于华为，也普遍存在于中国企业"。转发在新浪社区引发了热烈的讨论。

那时，作者还没有离开华为。我对他说：我最喜欢你的"第一大内耗"，你能够从习以为常的绩效考核中，抓出"厚重的部门墙"，有着时代的意义。结果导向，使得许多中国企业走上了不归路。其他"九大内耗"有点概念化。以你五年华为项目经理的经历，每一个项目的运作都会遇到具体困难和阻力，都可以折射出十大内耗的影子。事实，实事，真实。一即整体，整体即一。这样在梳理过程中就正向了。如实写出来，对华为、对中国企业，都有着莫大的意义。

当时作者回复："最近也在思考这方面东西。您说得很有道理，一就是整体，具体就是抽象。我会努力总结，并尽快付诸纸面。谢谢王老师的关心。"

两年过去了。作者找到了我，给我一部书稿《华为，你将被谁抛弃》，请我写序。这时，他已经离开了工作6年的华为。作者提醒，如果忙就只看序言和引子。我原本也是这样想的。谁知道，打开书稿就一口气读完了。近几年写华为的书很多。坦率地讲，这是我唯一一本从头读到尾的书。作者打开符号华为，写出了细节华为。有华为的直接体验，又有离开华为后深入企业真问题思考的力度，深深打动了我。

如果说当今中国有一个公认的世界级企业家，那就一定是任正非；如果有一个世界级公司，那也一定是华为。这种灿烂的光辉形成晕轮效应，大家看华为什么地方都是伟大的。这时来了一个纯静的"80后"，他在华为待了6年，遇到问题就这里磨磨，那里照照。最后干脆跳出华为，到中小企业去探探底，再反过来看华为，让他看到了不一样的风景。当围城里围城外的人都在沉醉时，他能冷静地思考问题，发现问题，提出问题。

作者的初发心很纯正："在所有人都膜拜地昂着头，竭尽全力翻来覆去为华为唱赞歌的时候，也许更需要有人能冷静下来观察和思考。也希望通过这种观察，能帮助华为乃至更多正在努力拼搏的中国企业提供思路，使他们真正有机会成长为划时代的大企业。助力中华民族的伟大复兴，让中国人民过上有尊严的幸福生活。"

作者不跟你去讨论宏观架构，也不去跟你拆解理论上的偏颇，他关注具体事情的运行，以及在运行中人性的折射。正是一份在事上磨的定力，让他一层层地解剖开华为真实的内在架构与运作，给我们呈现出一个看上去雄伟的经济动物，正在遭受着不知道往哪里转身的困扰。

远观睨视，感觉华为一切都是那样美妙。比如从公司成立之初，任正非就把公司做成人人有份的平台，员工可以凭借影子股份，共享增长的红利；任正非特别重视一线，发出让听到炮声的人呼唤炮火的呐喊，尤其重视研发一线；组织绩效考核，国内外顶级顾问团队一次次轮番改进，给最高的工资，给最多的股份，给最多的奖励，给最大的荣耀，甚至出差报账时也给你最大的方便……

华为在诱刺人的物欲这一点上是独一无二的。谁抓住了"屌丝"（苦孩子），谁就抓住了中国制造成功的命门。华为通过利益分享机制，极大地调动了中国众多"屌丝"的艰苦奋斗，搭建了"屌丝"们进步的阶梯。这是华为成功的要素。也给后期的可持续埋下了隐患。李一男走后，还真没有顶尖的技术创新领袖冒出来。这使得华为的技术创新很难达到不同凡响的境界。任正非不是技术领军人物，他不会像乔布斯那样对公司的技术有感觉。他可以做到的，就是在他力所能及的范围内，挤压自己的物质财富，把股票分给员工，他自己只持有1.42%的股份，让更多人实现财富梦想。

然后呢？实现了财富梦想后的华为人还可以有什么？当老员工日渐失去创造力却占着位置而新员工进来又无从施展怎么办？继续以物质利益极大化的刺激，是有天花板的。

华为赢在决策原点，赢在对战略机会（通信业的崛起与低成本制造）的把握。成功让所有东西都形成一种惯性，一种自己累加的堆积物，遮蔽了企业生命的本真，渐渐压扁了华为的生命机体。由此本书呈现出华为面临这样一个尴尬问题：继续现在的惯性不可持续，转身又一时不清楚往哪里转！华为这个巨大的经济动物该向什么方向转身？

这里触碰到中国企业的一个核心问题，一如屈原当年的天问。在当前的企业语境里，人人知道有什么地方不对，但却不知道该如何把问题提出来。把这个问题说清楚，需要跳出经济动物或经济体的语境，涉及更为广阔的语境：人活着为什么？企业为什么？

我 2012 年 9 月去以色列考察，拜访了希伯来大学教授罗伯特·奥曼。他于 2005 年凭博弈论获得诺贝尔经济学奖。第一次拜访他很受触动，我又约了第二次交流。我问他，这个世界怎么了？从美国的金融危机，到欧债危机，再到中国食品环境安全问题，我深切地感觉，当今人类面临三大断层：第一，人类的发展与地球生态失衡；第二，企业财富规模的积累与企业良知的失衡；第三，个人成功与心性的失衡。这到底是怎么回事？请您给把把脉。

80 岁的奥曼教授，是犹太智者。犹太人得以掌控美国以及世界主要产业和领域，与这批智者是分不开的。奥曼教授对这个问题很感兴趣。他分析了几次经济危机的生成与发展后，企业界的问题，各个国家的问题，甚至人类的发展问题，都可以归结为两个简单的问题：激励什么？谁来激励？并且断言说，这是当今企业需解决的两大首要问题。

奥曼教授没有给我的问题一个具体答案，却给我把阴沉的天幕撕开了一道裂缝，让我幡然醒悟：中国企业激励什么？谁来激励？要想穿透这两个问题，需要进一步问：人活着为什么？企业为什么？

2900 多年前，老子深邃的目光中仿佛沉淀着人类最大的痛苦和忧伤。他指出，天地之间本来就如同一个大风箱，一切善恶祸福高下都在瞬间转换，万有无时无刻不在颤抖中。人类所有的困顿与迷茫，都源于三个基本问题：功名与生命哪一个更亲近？生命与财富哪一个更重要？得到与失去哪一个更痛苦？[1] 在这三个基本问题上的本末颠倒，导致了世世代代的人们心如狂潮般迷茫。

---

[1] 即"名与身孰亲？身与货孰多？得与亡孰病？"

生命为本，本立而道生。生命意识的觉醒，是走出今天迷茫的关键。

日本经营之圣稻盛和夫给出了一个现实的解答。稻盛和夫是个技术员出身，也就是个工匠。匠心匠魂对于一个企业的作用，他有深切体会。于是，他执掌公司以后，就发匠心愿，行匠心事，以匠魂塑造公司场域，让匠心匠魂弥漫在公司每一个细节的运作中。

稻盛和夫最重要的法宝就是唤醒人的生命意识，企业真正以激发活泼泼大生命为唯一目标。他说，"人生的唯一目的就是修炼灵魂，使其在谢幕之时比开幕之初高尚一点点。为了构建美好的心灵，就必须磨练心志，为了磨练心志就必须拼命工作。这种苦劳，是为了磨练你的心志和灵魂，是上苍特地给予你的礼物"。于是，他提出了生命精进的具体路径：在每一个岗位上实现收益最大化，费用最小化。他不跟你说理论，有没有生命醒觉事上见。

他创造阿米巴这种组织形式，把匠心匠魂推到了极致。阿米巴是一套会计核算体系，考核很严格，要在工作的当天就能知道，你单位时间创造了多少附加值。而这个考核，又不与你当期收入挂钩。我体会阿米巴的考核主要有三个维度：第一，纵向维度，看你今天的工作比过去有多少提升，工作有多少精进；第二，不考核个人而考核团队，每个人单位时间创造的附加值是一个平均数，还要考核小团队对于大团队的贡献度；第三，考核你把散乱的机会点整合起来的能力，即你是否能够抓住看上去颇具偶然性的机会点，给团队带来最大效益。战略的本质是突然性。许多创新不是积累而是看上去的逆袭或"反动"。这三条加在一起就突出一个阿米巴的实质：激发每个人活泼泼的大生命。

过去 30 年高速增长的历史，是掠夺式耗费外化资源（人、财、物）的时期。华为的困扰进一步证实：中国企业该由追求外在的财富规模转身到生命企业！当人不再是工具而成了目标，当企业不再是利润的器皿而是生命精进的道场，中国人就会过上有尊严的幸福生活，中国人的大生命就会得到极大丰富。那时，中国人的创造性是不可估量的。

呼唤生命企业，是为序。

王育琨

北京大学企业家研究中心主任

2013 年 4 月 9 日

自 序

符号华为　立体华为

　　当今的华为不仅是中国企业的一个符号，而且甚至已成为中国企业的一个图腾，所有人都会觉得华为是一个优秀的企业。很多人都想从符号和图腾里汲取点仙气，华为的一举一动也都震颤着中国企业界的神经。可真正能汲取到仙气，把华为学到位的则凤毛麟角。

　　在华为内部，任正非总是提醒大家，务必时刻保持危机意识。所以在所有人都膜拜地昂着头，竭尽全力翻来覆去为华为唱赞歌的时候，也许更需要有人能冷静下来观察和思考。本人在华为工作多年，试图避开一些已有的视角，从一个普通资深员工的角度，客观来看华为这片天。希望通过亲身经历，在点滴细节和思考中描述华为，展现出不同的视角和观点，总结一些共性的东西，包括一些管理理论的提炼，既能帮助大家认识华为，也能帮助大家分析判断自己所在企业的状况。

　　下笔之时，我希望本书能多接点地气。从细节和案例中来，但不拘泥于细节，从华为中来，但不唯华为。既有微观事实，也有宏观总结。写的既是华为，也是普罗大众的企业，希望对大家能有所帮助。

　　本书首先总结提炼了华为成功的几大战略要素：改革开放初期中国的通信大市场，走出国门后的固定低汇率，屌丝们的艰苦奋斗。时势造英雄，也是英雄捕捉了历史机遇，华为敏锐捕捉并充分利用了这几大战略，一飞冲天。令我等众生仰视嗟叹。

其次从执行层面根据平时的工作和思考，总结出企业战略执行三要素：组织是骨骼，管理是肌肉，文化是血液。企业战略执行三要素就好比是一个有机体，三者若各分其工，相互协同，组织则生机盎然；反之三者若不协调，则会带来各种症状。

执行三要素模型在战略执行方面，从三个维度进行规范，并和有机体的症状相对应，帮助大家思考和诊断企业，有利于发现问题并解决问题，也能为其他行业判断企业优劣提供一个系统化的有区分度的视角。

在执行三要素模型中，建立常见的矩阵组织的健康度评估方法。建立约束路径模型，通过约束路径把组织执行力量化，这样更便于大家判断组织的执行力优劣，从而有针对性地改善。约束路径的长短也可以用来判断一个企业适合设置多大的事业部，什么时候可以设置事业部。阿里巴巴最近组织改革，成立十几个独立的事业部，其实就是一种细胞分裂，就是降低约束路径，提高决策效率的过程。

很多人尤其是很多中小企业老板好奇，为什么自己公司的人才这么少，看谁都不合适、不顺眼，找个产品经理都很难，华为却很容易找到，很多年纪轻轻的人都独当一面，甚至二十多岁就当了海外国家代表，年销售额上百亿元人民币。其实华为解决这个问题的方法很简单，就是放手让他们去干，犯了错误不可怕，摔摔打打就成长起来了。越是求全责备，越是无人可用。员工责任清晰，企业敢于放权，或者说权责统一，大部分人都可以做得很好。很多企业不是找不到人才，是不敢让员工去干。

还有很多人很好奇，为什么华为的员工都这么有干劲，每个人都在拼了命地往前冲，主动加班加点。自己的员工为什么没有这么高的士气，推一下走一下，有时用力管管、严格要求，员工就离职了。其实这正是因为华为在执行三要素的管理这一块做得很好，建立了公平公正的评价机制，并能建立起有差异的业界一流的薪酬体系，能通过赏优罚劣和高薪酬把大家调动起来，大家都愿意通过个人努力获得更好的收益，这些就是华为士气高昂的根本原因。公司给很少的薪酬或者不公平地乱发薪酬，员工肯定是骑驴找马，根本不可能有高效的执行力。

伴随时间演进和历史冲刷，带来华为成功的几大战略要素也在悄悄发生变化，有的逐渐消失，比如国内曾经那么大的通信市场；有的逐渐弱化，比如固定低汇率优势和屌丝们的艰苦奋斗。战略执行三要素中很多因素也在变化，华为已逐渐长大，位居世界领先地位，有些管理模式适合中小企业不一定适合大企业，适合追赶别人的企业，不一定适合作为领头羊的企业。有些当年成功的要素，现在逐渐显得力不从心，比如内部虚拟股票制度。这些变化给华为带来很大影响。

关注华为案例的同时，本书结合目前企业管理中的诸多需要，参考综合了一些其他管理学的先进思想理念。比如最近流行的教练式辅导；还借鉴了《罗伯特议事规则》，讨论如何开个高效会议；如何避免总经理的命令出不了办公室等。

希望通过本书，能帮助大家更了解华为，更了解自己和自己的企业。也希望通过本书，能为华为乃至更多正在努力拼搏的中国企业提供思路，使他们真正有机会成长为划时代的大企业。助力中华民族的伟大复兴，让中国人民过上有尊严的幸福生活。

目 录
Content

引 子

第一部分 华为成功之战略要素

1 任正非其实是个政治家
1.1 曾经贫苦的家庭　　/ 17
　　　性格决定命运，命运也铸造性格　　/ 18

1.2 不得已创业　　/ 19
　　　创业者要高素质　　/ 20

1.3 勇敢自研　　/ 21
　　　任正非其实是个政治家　　/ 24

1.4 任正非和李一男　　/ 25
　　　出名是否要趁早　　/ 28

2 中国通信大发展
2.1 农村包围城市　　/ 30
　　　任何小企业的起步都是从差异化开始的　　/ 32

2.2 一段灰色往事　　/ 34
　　　不按常理出牌，给华为带来了非常规的增长　　/ 35

2.3 巨龙和大唐　　/ 36
　　　好的体制让坏人变好人，坏的体制让好人变坏人　　/ 37

2.4 华为和中兴　　/ 37
　　　同质化竞争是最残酷的竞争　　/ 42

小结 / 43

3 固定汇率带来海外大发展
3.1 华为制造海外历程 / 44
"大农村"包围"大城市" / 52
3.2 低汇率带来大优势 / 52
固定低汇率大幅度提升中国产品价格竞争力 / 54
3.3 固定低汇率带来副作用 / 55
汇率优势隐含日后通胀痛苦 / 56
3.4 低汇率的价值 / 57
低汇率是个值得利用的时间差 / 58
小结 / 58

4 得屌丝者得天下
4.1 人多力量大 / 60
人多真的力量大 / 61
4.2 "金钱模式"是当下中国最好的管理模式 / 62
中国人现在最缺的不是尊重和自由，而是钱 / 65
4.3 华为是典型的"金钱模式" / 66
没有资格拼爹，那我们就拼命 / 67
4.4 艰苦奋斗为梦想也为现实 / 67
人最困难的是认识自我 / 69
4.5 华为艰苦奋斗的传统 / 70
下班回家不敢走电梯 / 71
4.6 《奋斗者协议》的故事 / 71
非常有意思的一幕 / 73
4.7 艰苦奋斗难以为继 / 73
分配方式决定企业文化 / 74
小结 / 74

第二部分 企业执行三要素

5 组织是骨骼
5.1 **组织设计** / 83
组织：矩阵组织看起来很美 / 90

组织竞争力：聚焦性和职能性是组织的两大特征 / 92

华为的组织：会议多，干部多 / 93

产品经理的缺位：激发自我约束远比外力约束高效 / 95

组织变革的利益再分配 / 96

变革的刚性和柔性 / 98

小结 / 99

5.2 **组织评估** / 99
组织约束路径：约束路径的长短可以把项目
　约束力数字化 / 102

腾讯：管理自闭环的效率会大幅度提升 / 104

度量：度量也是一种反馈 / 105

小结 / 106

5.3 **如何开个高质量的会** / 106
华为内部会议：不在开会，就在开会的路上 / 107

议事规则：通过规则提升效率 / 110

会议效率提升：会议质量决定着企业管理水平 / 112

小结 / 112

6 管理是肌肉
6.1 **两个压力差的构建** / 117
华为绩效管理：公平公正是绩效管理的核心要素 / 121

目标：定位决定地位 / 123

目标制定：请给我结果 / 126

绩效辅导：适当的反馈对提升绩效非常重要 / 128

评价和沟通：绝对的公平没有，但值得企业努力接近 / 129

    绩效：不增加待遇的管理都是"耍流氓" / 130
    转身：职场转身很重要 / 133
    压力差：水有压力才会流动 / 135
    指标：过度指标化是对管理的庸俗化 / 141
    协作：绩效考核应科学，企业文化是关键 / 145
    小结 / 145
  6.2 **教练式辅导** / 147
    故事：忽略过程，聚焦目标 / 149
    GROW模型：一个引导正确思考的方法论 / 151
    实例：激发被沟通方的主动性 / 156
    小结 / 157
  6.3 **如何提升组织战斗力** / 158
    激励：千万不要吝啬表扬 / 162
    沟通：现代企业的竞争在于内部沟通的低成本 / 164
    颁奖：我怕别人没听见 / 167
    权力：权力更多地来自天然的影响力 / 170
    需求层次理论：人的欲望是无止境分层次的 / 172
    小结 / 173

7 文化是血液
  7.1 **文化和核心价值观** / 174
    文化和核心价值观：文化是一种软制度 / 176
    宣传：宣传的三支柱模型 / 178
    华为的心声社区：一个几乎失控的舆论平台 / 180
    员工满意度：客户是左手，员工是右手 / 182
    双赢：有技术走遍天下 / 185
    职业通道：激励技术专家要重视荣誉感 / 186
    自私：每个人都在追求利益最大化 / 188
    管控：管得越少，成效越好 / 189
    官僚主义：组织大了官僚主义不可避免 / 191

小结　　／192
7.2 **办公室的政治**　　／192
　　命令出不了办公室：不可替代的诅咒　　／194
　　两服药方：中药西药一起吃　　／198
　　消除不可替代性的成本：过犹不及　　／199
　　不可替代：开个好头，以悲剧收场　　／201
　　小结　　／203

第三部分　华为的红旗到底能扛多久

8　华为的IPD
8.1 **IPD 的优势**　　／209
　　IPD：IPD 是研发类的 SOP　　／209
8.2 **不能依赖 IPD 流程解决组织的问题**　　／210
　　华为 IPD：IPD 适合模仿，不适合创新　　／211
8.3 **IPD 案例**　　／212
　　案例：IPD 需要完整团队的支撑　　／212

9　成也股票，败也股票
9.1 **股票制度难以为继**　　／214
　　股票制度难以为继：华为分红制度需要高增长来支持　　／216
9.2 **从华为股票激励制的退出，看中小企业股票制度设计**　　／217
　　股票制度的应对：分红制度需要适时退出　　／218

10　华为的知识产权
10.1 **国际知识产权铁幕已经拉下**　　／222
10.2 **华为的知识产权危机**　　／223
10.3 **海外通信领域竞争加剧，知识产权诉讼频发**　　／227
10.4 **智能手机产业无核心软硬件技术**　　／231
10.5 **中国企业知识产权现状：路漫漫其修远兮**　　／233
　　中国企业知识产权之路在何方　　／239

11 每个英雄都有时代的烙印
  11.1 华为成功的战略要素在变化 / 242
  11.2 企业运营三要素的演变 / 243
  11.3 华为的接班人困局 / 245
  11.4 江山代有人才出，各领风骚数百年 / 247

附录一 执行三要素评估企业案例
  案例一：利益分配机制导致效率低下 / 249
  案例二：组织过于扁平化带来混乱 / 260

附录二 华为，你将被谁抛弃

后　记 源自华为　不唯华为

引　子

2010年12月底，我（当时还在华为工作）曾以"五斗米"笔名，在华为内部心声社区发表了名为《华为，你将被谁抛弃——华为十大内耗浅析》的文章，从组织、文化、价值观等角度，阐释了华为十大内耗问题。华为内部报纸《管理优化》第372期全文刊发。

文章发出后获得很大反响，当时的研发总裁要求研发体系所有中高级干部都要学习这篇文章，做到"有则改之，无则加勉"。在东莞开公司级人力资源研讨会时，也不时有高级干部说"这篇文章的刊出，显示了华为的自信和开放，证明华为内心更强大了"。该文章还被评选为华为当年的"十大热门话题"，被认为是华为敢于自我批判的典范。有人说文章说的十大内耗，大公司都有，带病生存也是公司的常态，没什么大不了的；也有的人说，华为出了问题，华为文化出了问题，再不改华为就麻烦了。

写这篇文章的时候，华为正处于成立二十多年来的事业最顶峰。当年总销售额将近300亿美元，净利润达到创纪录的38亿美元，净利润率14.5%，每股分红2.98元人民币，每股分红达到当年股价的55%，按照上市公司的说法，市盈率不到2。公司沉浸在一片喜气洋洋的气氛之中。

但好景不长，2011年财报显示，华为公司经营毛利从2010年的46%

下降为38%，下降了8%，净利从14.5%下降为5.7%，下降了60%左右。公司分红下降为1.46元/股。2012年华为前三季度的经营利润比2011年下降25%左右。公司内部为了降低成本，不得不采取各种措施甚至包括规模化裁员。2012年随着国内外经济的企稳，历尽千辛万苦，最后勉强止住颓势，当年分红继续下降到1.41元/股。虽然宣传得很高调，其实并未真正解决上升乏力的通道问题。

2012年任正非刚刚获得中国最有影响力企业家评比第一名，华为也成为世界通信业坐二望一、和爱立信销售额不相伯仲的世界500强。华为的广告词也改成了"不仅是世界500强"。2012年年底华为125亿元年终奖的高调宣传，已经渗透到全中国的每一个角落。

华为高歌猛进带来的"高贵"管理方法，在中国企业界依然还是神话般流传。无数企业对华为顶礼膜拜，各类华为书籍汗牛充栋。华为就像光芒万丈的太阳，耀眼的光辉甚至掩盖了黑点。无数人围绕着光环分析、膜拜、学习。甚至有些老板以"别人表扬他的企业像华为，他本人像任正非"而骄傲万分。

一边是高速成长，外表光鲜，大家高度赞扬和争相模仿；一边是企业内部经营数据变差，离职率高企，甚至上万人规模的变相裁员。内外冰火两重天，这个割裂点来自哪里？是华为管理不先进，外部形势太恶化，还是新一代员工不能安居乐业？或者是时间上的滞后感，让外界看到的都是以前的华为？

本书在曾经被华为推崇有加的《华为，你将被谁抛弃》一文基础上，从华为成功的历史和根因研究起，分析华为走到今天的战略原因；研究华为的管理现状，分析华为管理方面的优势和不足，并抽象出相应的理论模型进行概括和验证。希望借此能为更多已经学习和打算学习华为管理方法的经理人和企业家，提供更多的素材和视角。

引 子

业内通常认为华为成功有三大原因：执行力、利益分享、西方管理方法的引进。

第一，强大的执行力。包括艰苦奋斗的文化，高强度的加班制度，集权化体制，军事化管理等。如果一直在华为工作，你或许感受不到华为强大的执行力，你会觉得企业天生就该如此。换家企业后你就会发现，事情并非如此。很多从华为离职的人都很疑惑，为什么新公司的执行力比华为差这么多？

在华为，不管任务有无问题，计划是否合理，都需要努力去完成，哪怕根本就是达不到的目标，也基本没有讨价还价的余地，目标制定后，拼了命也要完成。即使是一些人力资源推广政策，华为也是重兵强力推出，不会出现社会上一些企业常有的那种阳奉阴违推三阻四的现象。

华为员工下班基本不会按时回家，就算哪一天想回家了也不会立刻兴冲冲地去坐电梯。刚开始要轻轻从座位站起来，抬头装作无事的样子，扫一下周边和楼梯口，看看各级领导在不在附近，如果大家都在埋头盯着电脑或者开会，员工才悄悄地溜到楼梯边，以"迅雷不及掩耳"之势消失。同时显示器的显示灯也要拿杯子或小盆栽遮挡起来，这样别人看不见你是否关机，就算领导经过，也会以为你去实验室了。我们知道华为晚上加班是不给加班费的，很多人因为受不了华为的加班文化而纷纷离开。

第二，华为常年开展的内部股票制度。内部股票制度带来全员利益分享，这种激励制度对早期入职的人，包括2006年以前入职的人，都有重大激励价值，强大的执行力和高昂的斗志也来源于此。有人说过，效率问题就是分配问题，分配解决好了，效率自然就提升了。现在一些老板不愿意掏钱，却希望大家有斗志，那是不可能的。

现在华为拥有员工14万人左右，公司给大部分骨干员工配发一定股份，员工根据拥有公司的内部虚拟股票数，分享公司每年的分红收益。

2009年以前公司出面帮员工贷款购买公司股票，每年分红后扣除利息直接发给员工，相当于员工的一份无偿收入。以前分红收入在华为员工中占很大比例，所以有"工资都是零花钱"的说法。2010年开始需要员工购买，一开始是四成首付，后面就需要全额购买了。

华为的股权是任正非个人拥有1.42%的股份，其他股份由工会持有，员工持的是工会的虚拟受限股，只参与分红，无对应资产所有权和管理资格，2018年以前，任正非有一票否决权。《财经》杂志不久前有一篇长篇报道，讲的就是华为虚拟股票制度，描述其为"员工以个人置业贷款的名义，从银行借钱购买企业虚拟股票，这个规则游走在中国金融政策的灰色地带，最后被叫停"的过程。

第三，华为积极引入西方的管理方法。包括早期从外部强力引入IBM的IPD（集成产品开发）流程、财务管理系统，后来引入和推广的绩效管理，从爱立信引入的PDU（产品开发单元）矩阵组织优化等。

IPD全称是集成产品开发，是引导华为产品开发的一个流程。流程包括市场需求获取，开发目标设定，最后产品的开发，上市前的实验验证，一直到产品上市及生命周期维护。

华为对IPD的定义是"华为公司成功的关键保障，是未来持续成功的核心竞争力"。因为IPD是任正非在2000年左右力排众议亲自引入的，早期还提出了"先僵化，后固化，再优化"、"削中国脚，适美国履"的"暴力"推行口号，而且华为的腾飞也伴随着IPD的引入，所以IPD在华为的地位格外崇高。

矩阵组织则借鉴了爱立信的一些经验，在开发团队里建立资源线和项目线，工程师在资源线里储备技术，在项目线里交付产品。没项目时大家就研究技术，有项目时就做项目。试图通过这种矩阵组织形式，平衡技术和项目，让技术有归属，让项目有组织。矩阵组织看起来很美。

这几个要素国内其他企业学习的很多，有的学习华为的IPD，建立起了一套复杂的流程和监控组织，但多数企业最后怎么也玩不利索；有的企业学习华为的股票激励制度，一些企业即使早期没钱也要借钱来分红，以保证公司股票制度能持续运营；还有的企业在学习华为的绩效管理和矩阵组织。

从华为走出去很多人力资源方面的专家，他们以及他们建立的咨询公司也在推广这些。深圳很多公司也都有华为离职的员工，里面的华为文化或遗迹也很常见，华为管理方法的影响力广泛传播，华为文化已经融入到众多企业中。

但我们也发现，外面大部分企业的IPD运行得半生不熟，或者效果不佳；矩阵组织也使本来不大的企业，害上了大企业病。曾经和一个中等规模公司负责人力资源的朋友打交道，他开玩笑地说，"华为的IPD，谁学谁完蛋"。之所以这么说，是因为他们学了好几年，企业做产品的能力却越来越差。

认识一个从华为离职的中高层管理人员，现就职于一家3000人左右规模的公司。刚开始雄心壮志，觉得这家公司问题很多，问题就是机会。干了一段时间后，他迷惑地问我，"为什么华为的那套，在这个公司就不适用了呢？为什么华为员工的执行力积极性在这里都成了博弈了呢？"言语间充满无奈。

其实主要原因就在于华为的公司管理制度已经比较健全，那些即使担任很高职务的人，比如产品线副总裁等，也都是在任正非制定的这个框架下工作，不需要牵涉过多的公司层面框架和体制的设计。可这些华为高职务的人一旦从华为走出，进入一些小公司，虽然可能他所掌管的绝对资源少了，但相对职务却比华为要高很多，他所面临的问题层级也比其在华为时面临的问题层级高，而这些问题是他们在华为没有接触过的。这也是很多从华为走出去的非常优秀的管理者，为什么在其他企业很难适应的原因之一。

通过对华为的深入分析和体会，个人更倾向于认为，华为的成功是战略的成功，而不是战术的成功；是机会捕捉上的成功，而不是精细化管理上的成功。华为的管理有优势，也有很大的隐患。大部分企业不学华为的战略，不学任正非的高度和境界，仅仅琢磨华为的战术，自然学得不像华为。

带来华为今天巨大成功的是任正非的个人判断力和敏锐捕捉机会的能力，是发现机会后的"豪赌"能力。我们知道，在中国做企业，很多企业家都是靠战略和选对方向起家的。

在战略执行方面，股票制度早期在华为成功中起到很重要的作用，个人利益最大化保证了战略的高质量执行。至于 IPD、绩效管理等不是关键要素，只是支撑成功的众多原因中非常普通的一个，华为在战略执行上并不比其他企业强出太多。

华为战略的成功在于抓住了三个机会点。

第一个机会点是国内通信大发展。20 世纪 90 年代前的中国，固话普及率仅为 1.1%，架个电话需要几千块，而且还要排队送礼。20 世纪 90 年代左右固话普及，无线市场依然巨大，谁如果有个大哥大，那不是一般的牛气。而现在不仅架电话方便，而且一个人甚至都有多个手机。以前是有手机的不得了，现在是没手机的不得了。国内巨大的通信市场空间，带来了无比巨大的市场机会，而华为捕捉到了这一机会。

第二个机会点是人民币低汇率带来的出口低成本。20 世纪 90 年代初国家为了发展国内经济，重点解决了两个问题：一是资金，二是市场。资金通过固定低汇率制度吸引外商投资，通过加入 WTO 开拓国际市场，同时固定低汇率也提升了中国产品在国际上的竞争力。

人民币的低汇率相当于人为大幅度压低了中国产品的出口价格，使中国产品通过低成本甚至超低成本参与国际竞争。中国制造虽然有些粗糙，但因为价格低,在中东、亚太乃至欧美等地区都拥有强大的竞争力。

低汇率制度是国家给予出口企业的一个补贴,与出口退税补贴是一个道理。经济学家罗德里克认为,发展中国家的经济发展和汇率有强烈的关联关系,固定低汇率使得本国产品在全球市场上更有竞争力。

任正非1998年带领华为勇敢地走出了国门,在2002年我国加入WTO后更是大放光彩。当时的海外市场每天一个样,增长势头十分惊人,那时华为每年年底市场大会上,海外代表处销售额不翻个番都不好意思。华为踩中了国家大政方针的鼓点,大获成功。

第三个机会点就是中国众多"屌丝"(穷孩子)的艰苦奋斗,得屌丝者得天下。华为通过利益分享机制,搭建了"屌丝"们进步的阶梯,是华为让众多穷孩子从放牛娃,到后来能喝上了牛奶咖啡,坐上了飞机轮船。从"屌丝"到白领的差距越大,努力的动力就越大,也就越能吃苦。谁抓住了中国的"屌丝",谁就抓住了中国制造成功的命门。

任正非因为自己经历过很多磨难,所以对苦难的经历十分看重,非常喜欢穷苦人家的孩子。华为早期招聘有个明确的规定,那就是农村来的孩子优先,因为他们能吃苦且听话。

华为曾经规定若晚上加班到20:50,就会有一份七块钱的免费夜宵和免费班车,很多工程师晚上没事也在公司耗着,为的就是这免费的七块钱夜宵。就算当时吃不下去,也要拿7个咸鸭蛋回家,所以当时很多华为同事的冰箱里有很多咸鸭蛋。

任正非鼓励"屌丝"们努力工作,尤其是研发部门。西门子的数据称,欧洲研发人员每年工作约1400小时,华为的中国研发人员的工作时间达到这一数字的两倍,但成本却低至1/6,可想而知华为的人力成本优势是多么的巨大。由于工程师长期加班,早些年有些人干脆睡在办公室,华为也因此诞生了著名的"床垫文化"。

上面谈的是华为战略，再看看战略的执行，看看华为是如何保障战略成功执行的。

企业高效执行三要素：组织、管理、文化。

组织就是组织的设计和作战阵型，主要是指"大家的职责及汇报关系是否清晰，是不是有足够的履行职责的权力，是否权责统一"。当然也包括完善的决策和规划体系。组织是企业运营的骨骼，是支撑公司成功的基本轮廓，也是高效执行最重要的部分。

管理是赏优罚劣，是价值评价和利益分配，是干得好和干得不好能否区分出来，区分出来后能否有收益，同时员工在这里能否有清晰的短期收益和长期收益。长期收益就是企业能否给员工带来梦想，提供完备的职业通道。管理是企业的肌肉，是支撑骨骼坚强有力的软组织。

第三个要素就是文化，文化也包括价值观，是一个企业中倡导和践行的一种行为，一种你我之间的氛围。是横眉冷对斤斤计较的，还是彼此包容协作的。文化是润滑组织和管理的一个润滑剂，文化消除组织和管理的边缘地带，解决三不管问题。正如人体的血液，有了血液，组织才会充满活力，大家才会有好的工作氛围和效率。

举个最简单的例子，"给你辆车去买块豆腐，买来就给你100万，买不来就找块豆腐撞死；我们要相互帮助，如果豆腐买来了，豆腐汤将无比美味"。

"把豆腐买来"是目标和定位，"给你辆车"是职责和权力，这两个就是组织要解决的问题，目标要清晰，职权要统一。"买来给你100万，买不来就撞死"就是管理，要能赏优罚劣。"豆腐汤很美味"就是说我们要协作共赢，这就是文化。

解决了这三个问题，其他如人才招聘、培训选拔、干部培养等工作才有价值。解决不了这三个问题，其他动作没有任何价值，只会降低大家有效工作时间。这三个方面是企业运营最核心最重要的三个方面，三个方面的失调或缺少，会带来各种组织现象。

组织也是有生命的。组织、管理和文化好比是一个企业的"骨骼、肌肉和血液"。组织支撑起了整个框架，让大家各司其职，井井有条；肌肉则让骨骼能有效连接，并使企业强大有力；文化则贯穿肌肉和骨骼之中，让组织充满生机活力。

骨骼、肌肉和血液各有其价值，他们配合完美，才能发挥最佳效力。假如骨骼设计不合适，光靠血液或肌肉来实现运转是不现实的，我们在现实中经常遇到这些状况。

第一，如果组织有问题，权责不一致，会带来会议多、决策复杂、方向不清、组织混乱。中国企业组织阵型中经常遇到的问题是权责不匹配，给予员工或干部的职责很多，比如承担销售额指标、承担质量指标，但真正赋予员工的权力却很少；或者赋予的权力错位，责任下放权力不下放，之后只能希望通过意识和文化来弥补。一天到晚喊什么端到端责任意识、奋斗精神，而不愿意去思考组织是否有问题，最后口号都只能流于形式。

第二，如果管理有问题，容易导致组织沉闷、效率低下，大家都不愿意努力工作。很多企业因为薪酬竞争力一般，缺乏短期和长期利益的分享机制，不敢或不愿意去区分员工干得好坏；或者区分了也不在薪酬上体现，拉不开差距，干得好和干得坏差不多，或者说评价太随意，领导喜欢谁就给谁加工资。

其实这就是价值评价和价值分配出现了问题。有些企业也发现了问题，但担心分配过程太复杂，或者担心改变会带来其他风险，因而宁愿得过且过，最后企业产生逆向淘汰，劣币驱除良币。干得好的吃亏了，优秀的人才只会逐步离去。

事实上，钱再少也要区分出好坏，也要体现出努力和不努力的区别，这样才可能激发起组织的活力。人才因为获得认可，才可能留下，哪怕暂时的薪酬不高。在建立起这个共识后，再建立相对公平的评价体系和分配体系，这样组织才会逐步健康起来。评价和分配体系可能十分复杂，可能会有些不公平，但不能没有。

第三，如果文化有问题就会出现扯皮多、部门墙厚等现象。为了解决协作问题，往往会增加更多的管理节点，最后按起葫芦浮起瓢，管理成本巨大，干活的人还没有管理的人多。文化有问题的企业最大特征是部门墙很厚，公司内部推动比推动客户还难。员工遇到什么事情不是先想着如何解决问题，而是拼命证明和我无关。具体这个问题如何解决，都等着看大领导什么态度。

组织方面华为采用大平台战略，比如研发、市场、采购、供应链等，在企业规模小的时候问题不大，比如2000年前。在华为成长期时，比如2008年前，会出现一些问题，但华为有着强大的执行文化和推动力，问题也不突出。随着华为逐步从跟随者走向领导者，这个问题逐渐突出。跟随者只要跟着别人跑，参考类似产品，按照IPD流程走下去即可，此时需要的是统一步调、高度管制、军队化作战。从跟随者转变为领导者后，没有产品可逆向开发，需要自己去思考，要具备足够的自由和判断力，这时就需要管理幅度相对小的运营组织，比如有很大自主权的事业部，此时大平台就不合适了。

华为虽然后来成立了三大事业群，但事业群不是原组织的细化和切割，而是新增，所以并未降低管理幅度。而且成立事业群后，华为的市场营销大平台依然存在，管理幅度依然很大。这直接导致华为的产品经理和研发产品线总经理权力不够，无法发挥价值，一线的需求层出不穷地流进后端研发，使后端开发严重过载，最后导致问题迭出且质量低下。

同时华为2009年大力推行矩阵组织，资源线和项目线交叉在一起，十分复杂。矩阵组织表面上很完美，但实际增加了很多复杂性，员工在很多情况下甚至不知道自己的领导是谁。矩阵组织使领导和会议增多，组织的运营效率却大幅度降低。

华为给人印象最深的就是大家都很拼命，而且愿意拼命。这个拼命就是建立在管理有效的基础上。华为首先建立了任职资格体系，让大家都有自己的成长道路，同时通过有效的规则和评审组织，建立起了客观的评价体系，从而保证了相对公平的评价，同时对不同评价结果，在薪酬上给予有效区分。这一套连环动作，大大激发了员工的热情。

华为的虚拟股票制度曾经是一个非常优秀的人才战略，它把大家的利益最大化，真正实现了共赢。那时华为员工综合薪酬非常高，大大激发了员工的热情，在早期的华为管理中发挥了巨大作用。但伴随股票总盘的扩大，又缺乏股票退出机制，导致后面的员工需要花大量现金购买股票。而且股票大量存量的存在大大降低了增量的收益，随着企业盈利能力的下降，最后股票逐渐沦为鸡肋，食之无味，弃之可惜。

激励的缺失就是管理效度的下降，因为即使你评价清楚了，等级拉开了，若没有对应的财富，那就没有任何价值。华为股票从早期的正能量逐步沦为后面的制约因素，严重降低了华为的管理能力，尤其是人才方面的管理能力。

华为的文化就是任正非的文化，任正非的文化就是上一代人艰苦奋斗的文化。华为的文化就是奋斗和自我批判，很少有万科等公司那里经常出现的尊重、成长、共赢等提法。这种文化在早期创业中，在"60后"、"70后"吃过苦的人中发挥了巨大作用，但在"80后"、"90后"追求自由、追求尊重和认同感，且并未经历多少贫苦的人中，效果越来越差。

同时华为因为长期的高薪酬，忽略了软性文化的建设，整个公司弥漫着"左倾"的文化氛围，过于强调集体和奉献，忽略了个人的培训和成长，培训费用远远低于其他大公司，这种氛围在高速增长时被金钱冲淡了。但随着竞争的愈加充分和增长速度的下降，问题开始逐步显现出来。

伴随时间的演进和华为的快速成长，华为成功的几大战略要素和执行三要素都发生了很大的变化。国内通信大市场发展已经逐渐成熟，除了智能手机，其他都已日趋饱和，就算是智能手机，也是充分竞争的红海市场。因为人民币低汇率带来大量外汇占款，导致国内通货膨胀，提高了企业运营成本，出口优势也大幅度下降，而且人民币还在不断升值。目前我国的城市化水平已经达到50%，真正放牛娃出生的"屌丝"也越来越少。

随着华为走向世界领先，在战略执行方面，大的平台化组织已经日显臃肿，不太适应一线灵活作战了；随着企业规模的扩大和盈利能力的下降，股票分红的利益分配机制效果越来越差，人才问题越来越突出。

时间的车轮在奔跑，瞬息万变，支持华为走到今天的各种要素在迅速变化，有些平衡也在逐渐被打破。华为虽然还在快速成长，尤其是销售额，但已逐渐显现出疲态，只是巨大的惯性还裹挟着这些疲态继续向前奔跑。

小结：华为是个万花筒，角度不同，图案不同

畅销管理书作家黄铁鹰说过，世界是个万花筒，华为也是，每个人看的角度不同，图案也应该不同。不刻意追求主流还是非主流，但求表达自己观点。华为曾经光辉的形象和晕轮效应，让大家看华为什么地方都是伟大的，都是值得众生学习的。事实上，如果不能对一个企业，尤其是一个曾经非常接近伟大的企业，分清楚哪些是真正值得学习的东西，而简单囫囵吞枣地学下去，最后往往不仅学不到真正的东西，还会因为不了解彼此的组织环境，而最终沦为邯郸学步，得不偿失。这不仅对后续的学习者，其实对华为自身，也是一种巨大的经验浪费。

环境在不断发生变化，企业彼时成功的要素，现在未必还适用，小时候的管理方法也未必在长大后还能发挥效果，比如企业的虚拟股票制，现在就越来越捉襟见肘。从这个角度看，无论在空间维度还是时间维度上，清晰辨析出成功的要素格外重要。

如果所有人都在别人辉煌时唱赞歌，这样的赞歌不要也罢。如果能在所有人都沉醉时冷静地思考问题，发现问题，则是一种值得鼓励的行为。兼听则明，偏听则暗。马云说过，企业只有在辉煌的时候发现问题，并去努力解决问题，才有可能避免问题。等到问题暴露出来再着手解决，往往要么太晚，要么要经历更为巨大的阵痛。

本书是对我在华为工作那段历史的记录，也是我自己一个思考和总结的过程。是华为让我从一个"屌丝"，成长为一个能自食其力的人。在华为的几年，不仅工作上很开心，生活上也留下了十分美好的回忆。我也要借此书表达对华为最真诚的感谢。大学毕业后到华为工作的这些年，是我人生中精彩的几年，也是成长最快变化最大的几年。离开华为后，感受更是如此。这些年来在华为经历很多人和事，不仅学会了做事，也学会了做人。没有华为，就没有现在的我。

第一部分　华为成功之战略要素

1 任正非其实是个政治家

1.1 曾经贫苦的家庭

任正非祖籍浙江省浦江县,其祖父是当地一个做火腿的师傅。父亲一辈去了贵州当老师,任正非出生于贵州安顺地区镇宁县,兄弟姐妹七人,他是老大。[1]

任正非的母亲是贵州安顺地区一个中学教师,父亲是校长,因为受到"大跃进"和"文革"的冲击,生活曾经十分困难,按任正非的话说是"当时兄弟姐妹们两到三个人合用一条被子,破旧的被单下面铺的是稻草"。当时他们家吃饭,"每餐采取严格分饭制,实行控制所有人的欲望的配给制,保证人人都能活下来"。任正非说,为了保证他顺利参加高考,"妈妈经常早上悄悄塞给我一个小小的玉米饼,使我安心复习功课,小玉米饼立下巨大的功劳。如果不是这样,也不会走到今天。这个小小的玉米饼,是从父母与弟妹们的口中抠出来的,我无以报答他们"。

---

[1] 赵凡禹,燕君. 任正非正传. 武汉:华中科技大学出版社,2012.

任正非说"除了我大学读了三年就开始文化大革命外,其他弟妹有些高中、初中、高小、初小都没读完,就不得不走向社会谋生,他们后来适应人生的技能,都是自学来的"。从这里可以看出,任对他的兄弟姐妹们有着浓浓的愧意。[1]

任正非毕业于重庆工程学院,专业是土建工程类,与通信关系不大。在学校期间,别人都在闹革命时,他自己硬是把电子计算机、数字技术、自动控制等课程自学完,高等数学题也从头到尾做了两遍。任正非大学毕业后当了兵,当时贵州安顺地区有一个飞机制造厂,是个军工企业,身为通信兵的他被抽调过去。他做过部队研究所副所长,副团级干部。

1978年,任正非参加了全国科学大会,6000人的代表中,仅有150多人在35岁以下,他当时33岁。后来任正非又出席了党的第十二次全国代表大会,可见任正非在当时就十分出色。任正非后来经常信心满满地提到,就算他不创办华为,凭他的才能,也一定会是个养猪能手。

1982年,38岁的任正非转业到了深圳,在南油集团下的一个电子子公司任副总经理。因为家庭环境曾经很贫寒,从小一起吃过很多苦,兄弟姐妹们感情也很深,任正非有着比较强的兄长或家长心态。来了深圳后,也把家人都接到深圳住一起。

性格决定命运,命运也铸造性格

任正非身为兄长,在一个十分团结的大家庭里长大,大家为他牺牲了很多,彼此之间的关系和亲情也非常融洽。这也让任正非一直有着一种家长心态,希望在父母离去的时候庇护兄弟姐妹。

这段个人经历和家长心态,在他管理的企业中体现得十分明显,虽然

---

[1] 选自任正非所写《我的父亲母亲》一文。

任正非拥有的股票只占华为公司股票总量的 1.42%，但华为家族化、家长化的影子无处不在。任正非希望华为能好好发展，至少保证兄弟姐妹们不要再过穷日子。

家族化和职业经理人的两条路线导致接班人问题不好取舍，这也是外界一直最好奇的地方。个人认为，这种难以取舍与年少时的家庭环境及成长过程中的心态有很大关系。

1.2 不得已创业

20 世纪 80 年代末，任正非在电子公司当副总经理时，有一次做生意被骗 200 万元，200 多万元贷款收不回来了。当时内地城市月平均工资还不到 100 元，按当时的购买力相当于现在的一两个亿，损失十分惨重，44 岁的任正非不得不离开了南油集团。

当时任正非与父母、侄子挤在一间十几平方米的小房子里，在阳台上做饭，生活十分清苦。据说父母为了省钱，专门买死鱼、死虾吃，或者等到晚上菜市场快收摊时才出去买最便宜的蔬菜。

此时任正非下有一对儿女要抚养，上有退休的老父母要赡养，还要兼顾六个弟妹的生活。在人生中亲人最需要自己的时候，自己却突然失去了工作。当时市场经济刚刚起步，也没形成正常的人才流动市场，找工作是件非常困难的事，而且任正非那时已经四十多岁，那种窘迫可想而知。

二十岁创业凭年轻，摸爬滚打全不怕；三十岁创业靠实力，先苦后甜打天下；四十岁创业则滋味苦涩。著名企业家邱永汉说："二十五岁到三十五岁是创业最佳时期，四十岁已经相当迟了，四十岁以后则是例外中的例外。"

任正非此时实在无路可走，不得不创业。为了养家糊口，44 岁的任正非和五个人合伙，六人平均股份，共计 2.1 万元。刚开始没有钱租写字楼，只能在南油新村乱草丛中的一个居民楼里，成立了日后名震一方的华为技术有限公司。"华为"，中华有为也，名字起得很大气、很有理想。

华为公司刚成立时，名为技术公司，其实是个贸易公司，什么都卖。听说墓碑和减肥药卖得很火，任正非也去调研过。后来得知交换机很赚钱，而且香港有水货交换机可以带过关，于是华为开始在香港和大陆间倒腾用户交换机。

20 世纪 90 年代装电话要送礼，要走关系排队，初装费好几千元。代理商只要能从香港搞到交换机，卖到内地就能获得 100% 以上的利润。20 世纪 90 年代末期，几千元按购买力算顶得上现在一辆入门级家用轿车，可见这个领域的暴利。

北京中关村早期的风云人物，华科公司老板许瑞洪，把进口组件搬进学校暑假的空教室，找来一帮学生帮忙组装机器，教他们插元件、电焊。一个暑假装了 500 台 120 门的小用户交换机，机器连生产许可证也没有，每台成本 20 000 元，却能卖 75 000 元，一个暑假就挣了两千多万元。

正是由于这种"倒买倒卖"业务，华为在短短三四年时间，就积累了几千万元原始资金，并在全国建立起近十个销售办事处，任正非在当时就是个非常成功的创业者，准确捕捉到了市场机会，并迅速发展壮大。

创业者要高素质

老家一堂弟，高中学历，20 岁出头。前年到深圳，刚开始在罗湖骏马服装城做服装批发的生意，短短一年就从一穷二白到开上了 40 万元的皇冠轿车。很多人大学毕业后多年辛劳，为了买个朗逸还捉襟见肘。

于是我们经常看到很多人哭着喊着要创业，华为论坛内部心声社区很多人说要离职去创业。以前认识一个干得不错的华为主管，离职后和供应商一高管合伙创业，但出人意料地很快就垮掉了。后来还特地给我打电话，说千万不要轻易离职创业。可见创业不是一件易事。

创业和在一家大公司做职员不一样，适合大公司的人未必适合创业，能创业的一般却都适合大公司。因为创业对人的综合素质要求非常高，比如团队管理能力、技术实力、利益协调能力、情绪控制能力乃至人品和包容性。

在大公司里只要你精于一个领域，就可以做得很好，比如某领域技术好，或者推动能力强。即使做了主管，你也仅仅是覆盖某一个方面。但小公司里要处理的事情很多，如果仅仅凭着几个人的一时冲动就出去创业，最后往往很快就失败了。

机会对创业非常重要，这个世界上有成千上万的人打算创业，你打算做的事情同样也有很多其他人打算做，等你做好了，可能别人早就做好了。机会的把握需要有敏锐的嗅觉和判断力，只有比别人早走一步，才会有好的结果，否则就是"红海"的竞争。华为后期就面临着代理多、产品少的局面，当时如果不转型，很可能难以为继。

1.3 勇敢自研

1992年1月，邓小平"南方讲话"掀起深圳新一轮的建设高潮，经济进入恢复性的高速增长。火爆的投资、急剧的扩张，使得经济开始发高烧。上千亿元的房地产资金飞向南方几个地区，当时海南有800亿元，北海有300亿元，惠州也有150亿元，迅速掀起一场热炒的狂潮。

当时到处都在开工，房子还没有盖，甚至还只是一张图纸就开始转让，项目也转让好多次。开发的人还没有炒作的人赚钱快，开发的可能赚500元/平方米，炒作的人一下可以赚1000～2000元/平方米。给人的感觉南方遍地是钱，来了就可以发财。

除了房地产，深圳当时还上演着另一种疯狂。1992年8月，深圳以发售认股抽签表的方式发行5亿元新股，认股抽签表需要凭身份证领取，每个身份证领取一张。❶ 从8月8日起，全国各地百万股民浩浩荡荡进军深圳，身份证雪片般快递过来。全市302个发售网点，都排起一条条长龙，大家满怀希望地购买百元一张的抽签表。8月9日早晨开始发售时，大家紧紧地互相抱在一起，秩序尚能维持。后来的抽签表，越炒越高，一张甚至被炒到上千元。

外面投资和投机风风火火，钱来得好像也很容易。摆在华为面前的却是一个艰难的选择，是做热钱玩虚拟经济，还是安心做实业？虚拟经济很轻松，动动脑子即可，做实业要花费大量的精力。

靠代理交换机赚钱时，总不可避免遇到各种进出口政策，以及来自原厂的各种风险。而且这种生意，除了胆识外需要的技能并不高。由于利润丰厚，各路人马纷纷进入单位用小交换机市场，仅深圳一个月之间就涌现出几百家。代理商多了，竞争激烈了，从香港过来的货源越来越紧缺，生意也越来越难做。大部分代理商都不愿意或不敢冒风险自己来研制交换机，稳稳当当地赚个几百万元，买个好车，弄套别墅，再弄点钱跟跟潮流，炒炒热钱，也是个不错的选择。

国内交换机市场巨大，风险和机会并存。面对巨大诱惑，华为最终选择了远离热钱，继续投身交换机事业。1989年，面对恶劣的代理竞争而导致生存日益困难，在巨大利益的诱惑面前，任正非开始决心冒险自主研发。

当时有些国营单位已经开始生产小型单位交换机，华为刚开始只是从

---

❶ 赵凡禹，燕君. 任正非正传. 武汉：华中科技大学出版社，2012.

国营单位买组件自行组装，贴自己的牌子。

第一款华为品牌产品是BH01。BH01产品只能在小型医院、矿山、学校等地使用，而且通常是华为组装的BH01和其他公司组装的BH01共同在市场销售。后来华为照着BH01，进行自主知识产权的电路设计和软件开发，这次型号是BH03。BH03开发人员把软件和硬件一起做。因为没有硬件测试装备，就用放大镜一个一个目测是否有虚焊漏焊；没有自动拨测设备，就由工程师用话机一次一次地拨打测试。

开发过程很辛苦，大家也太投入，大家那时也都很年轻，很多人几个月的吃住都在公司，因为过度劳累，有个研发BH03的工程师眼角膜都累掉了。华为日后核心价值观中最重要的一条"艰苦奋斗"，可能也就滥觞于此。经过近一年的努力，自主开发的BH03通过邮电部验收，取得正式入网许可证。

为了保证技术的持续进步，能更长久地生存，华为当时还从华中科技大学引入一批精英，包括郭平、郑宝用等。这批精英为日后华为的转型和升级，乃至长治久安带来巨大价值，也逐渐让华为从早期的贸易公司，转变为高科技公司。

华为有个知名的典故：当年大家都在排队打饭，看到一个微胖的中年男人站在队伍旁边，一边看着大家打饭，一边大声喊着"看谁打的肉多，谁就是新来的"。工程师看着那个人头发乱乱的、脸上胡子拉碴、衣服也皱巴巴的，还以为是做饭的师傅，后来才知道，这就是华为的任正非。

当时食堂的饭菜非常丰富，吃饭也不用付钱。大家也都非常喜欢华为的氛围，上下班也不用打卡，工作和休息也无严格界限，累了还可以去大冲村附近打打台球。没什么绩效管理，完成任务就行。大家通常晚上搞到很晚，早上睡到中午，吃了午饭接着干。

任正非其实是个政治家

很多老板挣了点钱就开始享受生活，买辆好车，去去马尔代夫。实在无聊还可以搞搞现在风行的风险投资，反正衣食无忧，再辛苦好像也没什么必要了。比如华为任正非，创业没多久就挣了第一桶金，如果当时就洗手不干，回来炒炒房、炒炒股，相信以他的判断力，也应该能挣不少钱。但他最后选择了转型继续拼搏，转型有着很大风险，而且也会带来很多痛苦。

我们不刻意贬低哪种生活的好坏，任正非选择了转型继续奋斗，更多的人选择了安然享受生活，每一个选择都是正确的。

台湾永和豆浆创业后不久，董事长林炳生另外两个合伙人就退出了，他们觉得创业太累了。后来林炳生一个人起早贪黑，辛苦了好几年才终于有所成就，后来逐渐发展壮大。多年后林炳生遇到了当年退出的一位，那人说并不羡慕林炳生，每个人能干的事不同，快乐就好。有人爱拼爱赢，有人不爱拼不爱赢，很正常。如果是通常想的那样，肯定又是一番惋惜，或者是成功者对退出者的趾高气扬。

后来有些人写文章回忆为什么抛弃稳定工作，来到风雨飘摇的华为，而且还是名不正言不顺的私营企业。当时普遍感觉是除了财富诱惑外，那种打破国家对科研垄断，自由奔放的环境也是重要原因，他们称之为"华为情节"。这一点和早期深圳对人才的吸引力是一致的，过来的人都是敢想敢干，不拘泥旧环境，富有创新思想不拘一格的一批人。

另外一点可以看出，任正非早期在用人选人方面有着非常出色的才能，能识人、用人、管人。任正非以前是学习土木工程的，对通信并不了解多少，但在企业发展初期能引入郭平、郑宝用等名校人才，而且能给予广阔的发展空间，能作出事业，还是十分难得的。

后来国家原领导人宋健视察华为时，听说任正非带领这帮青年做事，说"这就是政治，企业应该由政治家来领导"。任正非确实是个优秀的政治家，企业家就是政治家。❶

1.4 任正非和李一男

李一男，姓李的一男人，湖南人。虽然李一男离开华为多年，但现在依然是仅次于任正非知名度的又一个带有传奇色彩的华为人。

李一男1970年生，15岁考入华中科技大学少年班。1992年来华为实习，当时他还是二年级的硕士研究生。还是实习生的李一男到华为之后就被委任主持研究一个技术项目，任正非为此项目掏了20万美元，据说项目后来没成功。

1993年李一男硕士毕业后，就来到了华为。因为表现出色，23岁的李一男迅速成为掌上明珠，两天时间里升任工程师，两个星期后又解决一个技术难题，被破格提拔为高级工程师，半年后被提拔为华为中央研究部副经理。两年后，因在C&C08机的研制中贡献突出，被提拔为华为中央研究部总裁及总工程师，四年后，27岁的他一跃成为华为最年轻的副总裁。27岁的我们很多人刚刚硕士毕业。

1996~1998年这段时间是李一男最意气风发的一段时间。在他的领导下，一系列先进的技术设备相继研发成功，他出色的技术才华，将华为带进了前所未有的"黄金时代"。

华为内部员工也不由得惊叹："李一男的一举一动，都会影响华为的发展方向。"那时李一男才20多岁。

---

❶ 刘世英，彭征明. 华为教父任正非. 北京：中信出版社，2008.

1998年踌躇满志的李一男出人意料地被调离研发,去负责市场部的产品推广。关于这次调离说法很多,有的说是任正非为了刻意培养,为了将来担当更重要的岗位;有的说他和其他领导层关系不好,调走是为了给其他人让路;还有的说调走是避免影响力太大,影响未来接班人的选定。

很多早期参与华为创业的人中流传一个说法,说任正非的用人原则是:"人才要用,奴才也要用,但万贯家财要自己管。"人才是有保质期的,所以最后就是人才一茬接着一茬,最后也暗藏着人才和家族的矛盾,这都是后话了。

李一男逐步淡出了人们的视线。巨大的落差使他心理无法平衡,也感到无比的失望和沮丧,萌生了离职创业的想法。2000年年初相继担任了华为电器总裁和华为美国研究所所长后,李一男正式提出辞呈。人的自我价值得不到实现,离开或许是最好的选择。2000年12月,任正非率领全公司总监级以上领导,在五洲宾馆为李一男举行了隆重的欢送会。

刚30岁的李一男离开华为,带着从华为股权结算和分红得到的1000多万元人民币和部分设备北上京城,2000年年底创办港湾网络公司。李一男的初衷是代理华为路由器数据产品,同时集成一些与华为产品没有冲突的其他产品。创业初期还得到了任正非的鼓励,说"你们开始创业时,只要不伤害华为,我们是支持和理解的"。

在李一男的精心经营下,港湾声名鹊起。2001~2003年,李一男凭借技术天赋,在业界推出多项顶尖技术成果。2001~2003年发展迅速,2001年销售额1.47亿元,2002年4.1亿元,2003年就达到了10亿元,每年增长一倍以上,又一个华为速度。港湾称"这些宽带网络建设中应用最广泛、最主流的产品,领先国内主要竞争对手1年到1年半的时间。"

李一男的华为背景和天才CEO头衔,深受风险投资的青睐。2001~2003年港湾分别从美国华平投资和上海实业旗下的龙科创业等数家机构,获得总计 1.16 亿美元的资金。对于李一男获得巨额投资，任正非有些担心，他认为这些资金不怀好意，"这些基金在美国的 IT 泡沫破灭中惨败，而后转向中国，以挖空华为、窃取华为积累的无形财富，来摆脱他们的困境"。

让任正非气愤的是，"华为那时弥漫着一股歪风邪气，都高喊'资本的早期是肮脏的'口号，成群结队地在风险投资驱动下，合手偷走公司的技术机密和商业机密，像很光荣一样，真是风起云涌，使华为摇摇欲坠"。

港湾对华为产生巨大的威胁，华为与港湾的冲突终于爆发。在任正非的亲自带领下，在华为内部成立"打港办"，当时考核市场人员三个指标"销售、回款、打港湾"。对于华为市场人员来说，只要是港湾参与的竞标，无论多低的价格都一定要成功，否则就自动走人，双方竞争的惨烈程度已经完全公开化。

当时人力资源体系甚至制定一个政策，逐个给港湾员工打电话，只要你来华为，不管能力如何，我们都要，而且薪酬都翻番，一些人禁不住诱惑就过来了。来了后华为也不重用，就放在一边晾着，纯粹是一种恶意打击的招聘政策。

经过华为"打港办"的努力，港湾在 2004 年出现成长中的阵痛。竞争日趋激烈，对手不断挤压、员工离弃。港湾的收入明显放缓，2004 年的销售为 10 亿元，增长率为零。进入 2005 年，华为仍然穷追猛打，对华为杀敌一千自损八百的竞争策略，李一男找不到好的对策，毕竟华为有雄厚的财力来实行这种焦土政策。

后来港湾也获得一些零星的投资，但前景依旧黯淡，上市无望，士气低落。李一男甚至打算把港湾卖给西门子，此项收购若能达成，华为将多出西门子这样强有力的对手。

得知西门子打算收购港湾后，华为先下手为强，瞄准最赚钱的语音

（VoIP）业务，华为欲以1000万元代价挖走港湾深圳研究所的一个语音研究小组，以至李一男不得不急忙南下安抚军心。

华为另一个动作是敲山震虎，打算起诉港湾在知识产权方面对华为的侵权。2005年9月一封信件由华为发出，最终送达港湾法律部。信件很简单，不到1000字，但措辞相当强硬，要求港湾公司尽快解释对华为多项产品的知识产权侵权问题，如若不然，不排除诉诸法律。

任正非的策略再次奏效，知识产权的诉讼让西门子不得不放弃收购港湾，港湾走到了尽头。

2006年6月6日，华为与港湾联合宣布，港湾决定向华为转让部分资产，包括路由器、光网络等，这也意味着，华为与港湾经历多年的恩怨后，如今又重归于好。2006年9月，李一男重新回到深圳坂田总部，出任华为副总裁，兼首席电信科学家，工号59056。当时还有个协议，要求李一男必须在华为待1年半，期间李一男参与华为红蓝军计划，作为蓝军参与技术讨论和决策，但每次开会也是过个场，并不发表什么意见，合同期限一到，一天都没等就离职了。

2008年李一男加入百度，被任命为首席技术官，2010年加入中国移动旗下主营12580业务的北京无限讯齐，任CEO职务，2011年加入金沙江创投。❶

出名是否要趁早

对李一男在华为的陨落业界不胜唏嘘，从早期的火箭般崛起，然后创办明星企业港湾，到后来几乎被任正非彻底打垮，后来还被华为收购。相对他的才华来说，李一男的事业可以说是高开低走。

---

❶ http://bantian.xundacs.com/past/3310.html.

对于李一男，有的华为人认为，李一男当初不应该开设港湾和任正非对干，出去干什么不好，否则也不会被任正非"干掉"。我个人非常不同意这个观点，港湾刚成立的几年，发展势头非常好，完全有可能胜过华为。

换句话说，李一男创办港湾和任正非的一次大战，即使失败，也完全有价值，至少当初有成功的机会。也只有这种成功才配得上李一男的出走，否则挣再多的钱也没有意义。至于后来战败，那是另一回事。

任正非对技术的理解远不如李一男，任正非更多的是个运筹帷幄的政治家、一个深谋远虑的战略家。李一男则是一个技术天才，是一个产品天才。如果他能在政治和斗争上再成熟点，结果可能未必是今天这样。有时候过早崭露头角，缺乏人生的历练，也未必是件好事。如果李一男不是27岁当上副总裁，而是37岁当副总裁，也许他的人生会更加灿烂。

2

中国通信大发展

2.1 农村包围城市

微博上曾流传一个故事：一女生想结交微博上认证的大老板们，希望能走点捷径，少奋斗几年。于是经常去他们的微博上发表评论，希望能引起他们的注意。但每次评论都被湮没在汪洋大海中，太多的人想结识大老板了。老板们根本没时间看到，女生丝毫体现不出竞争力，更不用说欣赏和结交了。

后来该女生想了其他办法，不再去找什么大老板了，她开始和大老板关注的人沟通，这些人大多没有被认证，也没多少粉丝，沟通起来十分容易。一段时间后，该女生就升级成了某大老板的后妈。因为大老板关注的人群中有一个是他鳏居的父亲，在寂寞的老父亲面前，该女生竞争力就很充分了。

在老板微博后回帖，好比是参与"红海"竞争，那么多人都想引起老板的注意，竞争惨烈可想而知。如果坚持"红海"的竞争，可能到老也见不到老板。但从老板关注的人群入手，独辟蹊径，往往会取得意想不到的结果。至少有可能获得和老板轻松见面的机会，也为后续"事业"发展提供了可行路径。

做企业也一样，为了解决早期的市场进入问题，必须另辟蹊径，采取差异化竞争策略。华为早期产品比较低端，主要客户是一些偏远的乡镇事业单位，当时任正非及其团队走村串户去卖交换机。当时的口号是"到农村去，到农村去，广阔天地大有作为"。很多销售人员白天见客户，晚上就在乡村蚊帐里写方案。

华为希望从农村地区撕开缺口，找到那个被人忽略的"老板爸爸"。华为公司的销售额从1988年开始至1994年快速增长到8亿元人民币，员工数目从6人增长到1000人，成长速度十分惊人。

BH01和BH03用户交换机主要面对各种事业单位、企业机构等，单次销售数量小，但这些小规模的销售也积累了不少营业额。也正是从这些偏僻市场开始，华为逐步走了出来，从而能面对更多竞争。

局用交换机客户是各级电信运营商，客户量少但销量很大，北京海淀区一个地区的电信运营商，至少需要开通几十万户。搞定一个地区的电信运营商，销售量相当于几十家不同行业或地区的单位交换机。

局用交换机的竞争对手强大，都是诸如AT&T、爱立信、朗讯等国际巨头。那时的中国市场列强横行，各种标准和接口也是"七国八制"。

为了开拓更多的市场，1993年华为孤注一掷把宝压在C&C08局用数字程控交换机上。C&C08是华为的一次豪赌，如果此次失败，任正非将立刻失去代理产品乃至后来自研所积累的资本，重新沦落为一无所有。据说当时任正非曾经放言，如果此次失败，自己将不得不从南油大厦五楼跳下去。悲情四起，也志在必得。

C&C08成功后演绎了三个含义：一是Country & City，表达了华为从农村走向城市的渴望，二是Computer & Communication，数字程控交换机，就是通信和计算机的融合；三是 China & Communication，中国的通信，数字程控交换机通过数字信号来通话，代替以前的模拟通话模式。

C&C08 早期推出两个型号，C&C08 的 A 型机和 C&C08 万门机。

C&C08 的 A 型机就是 2000 门的 C&C08，是华为开始研制的第一代数字程控交换机，A 型机可以完成基本通话和少量新业务功能。功能比国外进口设备多，A 型机开发后推向市场，因为价格只有原来进口机的一半，再加上定位准确，较短时间内就占有了一大半农村通话市场。

如果说 C&C08 A 型机是华为背水一战的常规武器，则 C&C08 万门机是华为的急行军和核武器，万门机使华为实现了对市话的突破，成功地从农村进入城市，万门机也是华为将国内竞争对手远远抛在身后的标志性产品。C&C08 万门机推出以后，1995 年就实现了 15 亿元的销售额，连续两年翻番。❶

后来 C&C08 获得邮电部认证，同时获得国家科技进步二等奖。据说一旅居国外的华侨看到该机器后，激动得热泪盈眶。华为的 C&C08 像一柄利器也像一场及时雨，既及时满足了市场需求，也及时挽救了华为。C&C08 在华为历史上有着举足轻重的地位，热卖了好多年。

华为利用改革开放后富起来的中国人对通信的急切渴望，通过放手一搏的自开发，终于取得巨大成绩，也从此打开一片广阔天空，奠定了日后快速成长的基础。华为农村包围城市的策略，利用空白市场机会获得巨大成功。

任何小企业的起步都是从差异化开始的

准确把握机会，大胆投入，从而在国内打开一片新天地，从 1988 年到

---

❶ 张利华. 华为研发. 北京：机械工业出版社，2010.

1998年十年时间,华为已经成长为销售额100亿元的大公司了。

如果当初和大多数代理商一样,挣点钱就安心享受生活,就不会有今天的华为,如果当时自开发没有成功,没有吸引到优秀人才,也不会有今天的华为。华为首战的大胜就在于准确把握了市场机会,在这个基础上,通过艰苦奋斗实现成功。

任何小企业的起步都是从差异化开始的,你不可能一开始就去冲击正面战场,那样只会死得很惨。

记得当年在农村上初中,学校离家比较远,我和一邻居骑自行车上下学,路上有一块西瓜地,西瓜地的周围是超过半米高的黄豆地。秋季开学时西瓜刚下市,地里还有很多主人扔下的衰败的瓜秧,我和邻居就打算去瓜地里找些主人落下的西瓜解解渴。

邻居就直接在瓜地里找,我觉得西瓜主人一定在西瓜地里找很多遍了,想找到西瓜不太可能。我发现少数西瓜苗枝蔓到了豆地里,于是我就直接在豆地里找西瓜,最后我还真找到了个大西瓜,而邻居只找到了些不能吃的"小疙瘩"。黄豆地里找西瓜其实也是一种差异化。

2008年时我还在华为,当时部门来了个新秘书。之前的秘书比较爱说话,看起来人际关系不错,新秘书来了后很紧张,老担心做不过前面的秘书。后来我跟她说,你的优势可能不是那么喜欢唠叨和套近乎,但你综合能力强,不要去比说话,可以通过细心和才能来做得更好。新秘书听后感觉很好,现在已成为总监秘书。

大公司因为运作或战略一般不会看重那些小领域,或者不明朗的领域,此时一些创业型小公司就拥有巨大的机会。比如华为做管道通信,深圳一些小公司就可以做些终端的检测和物联网通信,这样就有了自己的生存空间。

另外像腾讯早年推出的OICQ,大公司也很难实现。因为大公司有季度考核、年度考核，若上市了还要公布财务状况，为了降低管理风险，OICQ项目所面临的长期亏损会使一些大企业选择放弃。对创业者来说，永远有机会，虽然没有规模，资金有限，但同样也没有多少约束。

2.2 一段灰色往事

1992年华为为解决资金短缺问题，开始运作和邮电系统成立合资企业。华为不仅与一个地方合资，而且与全国邮电系统合资，广泛吸收股份，借此来吸纳邮电系统内部的资金。

当时成立的合资公司叫莫贝克公司，主营业务是华为交换机的生产和销售。莫贝克的名字来源于三位对世界通信作出伟大贡献的人：莫尔斯，电报发明人；贝尔，电话发明人；马可尼，无线通信的先驱。莫贝克成立后广东省领导和深圳市领导都给予了支持。

早期募集到了邮电系统的8891万元人民币的风险投资，客户们出钱出力帮助华为研发通信产品，这将近9000万元的投资在华为早期发挥了巨大的作用，也在关键时刻拯救了华为。

通过莫贝克的成立，华为与电信局客户间形成了紧密的联盟，大家形成了利益共同体。华为在电信市场的快速扩张，与这种联盟关系巨大。莫贝克成立后，华为的销售额从1992年的1亿元快速突破到1993年的4.1亿元，然后是1994年的8亿元，1995年的15亿元，1996年又达到26亿元。我们可以看出，自从莫贝克成立后，华为实现了爆炸式增长。

莫贝克后来逐步转型为纯从事电源行业的事业部，多年后改名为华为电器卖给了艾默生，莫贝克完美完成了使命。华为电器卖给艾默生后大家都松了一口气，因为当初和各地电信局建立的一些合资公司和复杂的股权关系都一并打包卖掉了，华为那些灰色的往事也都一下子解决了。

1994年开始，华为相继在四川、山东、浙江、安徽、新疆等地又成立了合资公司。这种合资公司和先前的莫贝克有所区别，莫贝克前期负责销售，后面就是纯从事电源行业的事业部。1994年成立的合资公司更多的是后端服务性公司，但他们的融资和合作功能是一致的。

几年时间，华为与各地邮电部门成立了27个合资公司，通过建立利益共同体，进一步巩固市场，屏蔽竞争对手。这些合资公司大量吸纳邮电系统入股，解决了资金问题。有些合资公司注册资金在2000万元以上，全国各地的合资公司初期给华为提供了5.4亿元的风险资金，为华为的发展提供了源源不断的支持。❶

不按常理出牌，给华为带来了非常规的增长

华为早期为了拓展市场，一开始让客户入股，后来直接和客户成立合资公司，这种利益均沾的方式对早期拓展市场起到了非常大的作用，也可以说是形成利益共同体，给客户某种形式的激励。

换个角度看，企业以某种形式和供应商捆在一起，很容易产生灰色地带。好比华为公司采购部员工入股供应商，然后再来采购该公司产品，这种关联交易对华为公司是不利的，也是坚决杜绝的。但在市场经济还不成熟的情况下，这种行为也无可厚非，甚至还会得到各地政府的默许甚至支持。

从这里也可以看出华为从早期创业到后来加速发展过程中，采用的手段十分大胆和多样，这些大胆的甚至有些出格的手段，为企业带来罕见的高速发展。不按常理出牌，给华为带来了非常规的增长。

---

❶ 赵凡禹，燕君. 任正非正传. 武汉：华中科技大学出版社，2012.

2.3 巨龙和大唐

进入 20 世纪 90 年代后邮电行业发展迅速，仅 1993 年整个邮电行业的投资就有 400 亿元人民币，这 400 亿元假设有 50% 的设备投资，就有 200 亿元。

20 世纪 80 年代中后期，中国诞生了大批程控交换机企业。他们大多云集在有优惠政策的珠三角区域。这些企业规模较小，基本是以民营为主的小作坊式运作。

最后在模拟转向数字的时代，能够及时推出数字程控交换机的，全国只有四家了，号称"巨大中华"：巨龙、大唐、中兴、华为。四个公司的名字都带有浓浓的大国情怀。

1991 年巨龙万门程控交换机出台，一举打破了国外厂家对大容量程控交换机的垄断，此时中兴和华为仍处于 2000 门机的水平。巨龙集团因此一度打下程控交换机的半壁江山。后来由于股东的利益之争和扯皮，巨龙万门机陷入缺乏升级换代的技术危机中。

巨龙曾获得政府的大力支持，占有运营商资源最多。华为见一面运营商都难，巨龙则直接从政府轻松拿单。但由于经营权和所有权的割裂，导致管理失措，控制无力，企业内部体制僵化，严重制约了巨龙的发展。巨龙在辉煌过后，很快就退出了历史舞台。

大唐的情况稍好，后来还和国家拟定了三大 3G 标准之一的 TD–SCDMA，打算凭借 TD 在 3G 领域一显身手，但是由于它起步比中兴和华为晚 10 年以上，在规模上不具有可比性。

大唐在 2009 年 3G 推广早期确实获得了不少市场份额，但因为交付能力不足，后端维护网络也不够，最后逐渐边缘化。大唐长期吃国家科研经费，市场意识不足，体制原因也限制了大唐的发展。

好的体制让坏人变好人，坏的体制让好人变坏人

体制对企业至关重要，缺乏产权激励的企业，即使有各类先天优势，在市场大潮中也很难立足，甚至有些领导人最终还会锒铛入狱。当年红塔集团的褚时健一手把红塔集团做大，让红塔集团成为亚洲第一烟草公司，由于产权不清晰，政策也很模糊，最后把一个优秀的企业家弄得个锒铛入狱。

民营企业实现了经营权和所有权的统一，激发了大家的创造力和积极性，这让华为最终成长起来。中兴虽然是国有控股，但民营也是大股东，一定程度上实现了经营权和所有权的统一，最终成为华为在国内最强劲对手。

2.4 华为和中兴

1993年3月，国有企业691厂、深圳广宇工业集团与一家由侯为贵等33名自然人组成的民营企业维先通实施了第一次重组，注册资金300万元，共同投资创建了深圳市中兴通讯设备有限公司。

两家国有企业控股51%，民营企业维先通占49%，由维先通承担经营责任，在国内首创了"国有控股，授权民营经营"的混合经济模式。这次国有民营的产权改革，为中兴通讯带来了活力，日后成为华为的重要对手。

中兴体制变化带来了新生，也为后续和华为演绎更多故事提供了保障。业界素有"华为是狼，中兴为牛"一说。狼要吃肉，牛要吃草，看似不相冲突。但是1996年首次交锋以来，双方狼牙对牛角、针尖对麦芒，一直混战到现在。

1985年年初，40岁出头的侯为贵来到深圳，做起了电子表、电子琴的加工业务，一年就赚了35万元，后来成立了维先通。次年，侯为贵用赚来的钱成立研发小组，专攻交换机领域，最终研发出国内第一台具有自主知识产权的数字程控交换机，就此进入通信领域并一发不可收拾。

1996年，侯为贵决定突破原来产品结构上的单一性，向交换、传输、接入、视讯、电源、移动、光通信等多元化领域扩展；任正非也在同一年为华为制订了发展计划，在产品结构上同中兴几乎如出一辙。

同城兄弟头一回有了针锋相对的苗头，开启了此后十几年双方激烈混战的大幕。随即，双方开始紧锣密鼓地排兵布阵。天生"狼性"的任正非组建了一批极具攻击性的销售团队，四处出击，争夺市场；而侯为贵则使出价格利器，用低价俘获人心。

1998年，在湖南、河南两省的交换机投标会上，华为递交了一份特别的标书。在这份标书上，华为将自己的产品同中兴的产品进行了详细对比，并委婉表示华为产品在性能上远优于中兴。不过令任正非始料未及的是，在投标会的第二天，中兴如法炮制、以牙还牙，全面更换了一份打击华为的标书，最后抢得大额订单。

后来双方打起了官司，最终全国各地官司四起，双方各赢一半，华为被要求赔偿中兴经济损失180.5万元，中兴被要求赔偿华为经济损失89万元。

首次交锋，华为输了官司交了银子却赢得了品牌和市场。从1998年到2000年，中兴年销售额从41亿元增至102亿元，而华为年销售额则从89亿元增至220亿元。华为一举奠定自己的王者地位。

1998年春，由于与高通公司知识产权问题尚未解决，中国联通第一次CDMA95招标项目中途夭折，再次招标时间悬而未定。是继续保留CDMA95项目，还是将重心转攻其他领域？同时打算竞标的中兴和华为，都必须作出战略取舍。

任正非认为，中国联通在短期内很难上马 CDMA 项目，即使几年后再上这个项目，也不会选择相对落后的 CDMA95，而应该直接选择更为先进的 CDMA2000。因此，任正非迅速撤掉原来的 CDMA95 小组，转攻 CDMA2000。同时，多年来与中兴屡次交手的经验告诉任正非，中兴习惯于跟着华为的屁股转，这一次也不会例外。

侯为贵冷静地分析了当时 CDMA 市场：联通肯定会上马 CDMA 项目，而 CDMA95 标准不逊于 GSM，从安全性能角度考虑，移动网络不可能不经过 CDMA95 阶段的检验就直接跳到 CDMA2000，并且即使转向研发 CDMA2000 也需要 CDMA95 标准的积累。

最后，侯为贵决定不再跟随华为，反而继续将重心放在研发 CDMA95 项目上，同时投入小部分资源研究 CDMA2000 标准。

2001 年 5 月，中国联通第一期 CDMA 再次正式招标，最终选用的标准恰恰就是 CDMA95 的加强版！在国内没有竞争对手的中兴，自然轻松中标，一举争得 10 个省共 7.5% 的份额。紧接着，凭借一期优势，在 2002 年 11 月底联通 CDMA 二期建设招标中，中兴又获得了 12 个省份总额为 15.7 亿元的一类主设备采购合同。

当时风靡日本的小灵通技术被 UT 斯达康引进国内后，迅速在全国掀起了一股热潮。网络运营商认为它建网速度快，投资小；用户则觉得它经济方便，同手机相比，只花 20% 的钱就能享受 80% 的服务。

与此同时，一场关于小灵通技术是否落后的大讨论在业内展开。华为经研究后认为，这项技术比较落伍，不出 5 年就会被淘汰，同时，电信主管部门对待它的政策也不明朗，于是选择放弃。

巧合的是，就在华为宣布放弃小灵通业务的几天后，侯为贵对着全体中兴员工说，中兴今后市场主攻产品就是小灵通。中兴又一次拾起华为丢下的市场精耕细作。

侯为贵作出这样的决定并非意气用事，他认为当时中国移动的移动业务发展迅速，而中国电信的固话业务增长缓慢，中国电信一直想建一个移动网，小灵通刚好是一个不错的选择。到2004年年底，小灵通用户已达6000万，基本都是UT斯达康与中兴的天下。当华为幡然醒悟时，中兴不仅已经从中赚取了可观的利润，还建立了牢固的客户关系，华为想插进一脚难于登天。

夺得CDMA和小灵通市场后，中兴在市场扩展之路上走得愈来愈顺。2003年，中兴年销售额达到251亿元，而华为年销售额为317亿元。中兴与华为的差距越来越小。

2008年前后，中国通信设备商迎来了最敏感的时期——3G前夜。根据全球通信业发展趋势，中国走进3G时代基本没有悬念，但令设备商头疼的是，由于信息产业部迟迟不发牌照，使得标准选择成为一大困扰。

WCDMA、CDMA2000、TD－SCDMA这三大标准到底如何选择？在未知面前，很多设备商不得不脚踏三只船，中兴和华为也不例外。双方均在三大标准上有所投入。任正非认为WCDMA是欧洲标准，与GSM一脉相承，必定是3G市场最大的蛋糕，为此他不惜投入数百亿美元和几千人的研发队伍专攻WCDMA方向，颇有些豪赌架势。如果最后WCDMA在牌照上占据优势，华为无疑将再次拉开与中兴的距离。

不过侯为贵也有自己的筹码，继1997年顺利在A股上市后，2004年中兴再次启动资本战略登陆H股市场，为自己募集到大批海外资金，中兴完全有资本从容应战。

面对任正非的豪赌，侯为贵选择中庸之道予以应对：WCDMA不放弃，适度投入；依靠CDMA95标准大规模商用基础，平稳向CDMA2000过渡；TD－SCDMA方面，拉拢业内国字号大唐电信，共同起草TD－SCDMA国际标准，争取政府支持。

2008年7月，中国电信率先抛出270亿元CDMA网络招标订单，这是中国电信接下C网后的首次动作。面对这份大餐，中兴和华为剑拔弩张。当时的C网产业链格局即将面临重新洗牌，原来错失C网发展机遇的华为，希望借此一役重新确立自己的王者地位，而在国内C网市场占有30%份额的中兴，则希望在3G来临之前把盘子做大，不给华为任何可乘之机。

双方陈兵摆阵的同时，一些上不了台面的"偷袭"战也暗自上演。就在华为和中兴在北京为CDMA大订单争得头破血流的第二天，国泰君安发布了一则报告，称华为将在全国范围内大幅赠送设备，"华为在国内CDMA市场接近零份额，因此进行大举赠送的行为可以理解，需强调的是，赠送设备未必能获得市场份额"。似乎是为了配合这份报告，当天下午，市场就开始传言华为在此次100多亿元的设备招标中，竟给出了6.9亿元的"地狱价"，仅为报价最高的阿尔卡特朗讯的1/20。

消息出来当天，中兴在A股和H股市场上就全线下挫。侯为贵清楚，华为的招数是要给市场吹风，形成舆论攻势，不过华为更离奇的招数还在后头。据当时参与竞标的一位业内人士回忆，在出手生猛的华为面前，中兴不得不选择降价更改标书，但一早派出去送标书的工作人员愣是错过了送标时间，其缘由坊间传言不断。

首轮争夺，华为成功将自己在国内CDMA市场份额提升到25%。2009年年初，等来了WCDMA标准3G牌照的中国联通，迅速发放招标说明，拥有研发及市场优势的华为对这次招标志在必得。招标初期，双方就开始了较量，不仅互放裁员烟雾弹，力图用舆论压制对方，中兴还使出更让人触目惊心的价格屠刀："0"报价！但无奈中兴在WCDMA领域表现实在一般，最后它仅获得20%的市场份额，而华为则拿到31%份额的订单，华为两战雪耻。

2010年史立荣担任中兴总裁后，改变以前低调的作风，和华为开展了反焦土的战略，华为和中兴从此再次开始激烈的肉搏。这次肉搏给双方带来巨大的损失。

当时华为的市场策略有一个天条，任何代表处，只要有项目丢给了中兴，代表处代表立刻就下课，不论这个项目能否挣钱。双方为了一个项目，经常打得两败俱伤。华为后来还专门成立了重大项目部，专门负责耕耘空白市场和对付中兴。

2012年中期，双方更是通过媒体和网络，从"华为内部集资的合法性"和"中兴关联交易"等核心问题上攻击对方，给双方士气和经营带来重大影响，一时难以收场。

2011年中兴设备主营业务亏损，仅靠卖了些投资的技术公司的股票挣了些利润，2012年第三季度更是大幅度亏损20亿元。2011年华为的运营商设备销售额也仅仅增加了3%，净利润也从以前的15%下降到6%左右，2012年上半年几乎零利润。双方都是元气大伤。

同质化竞争是最残酷的竞争

自古生物界有个规律，就是种族内斗争带来的伤害，远大于种族间斗争带来的伤害。人类也是如此，统计显示，人和其他生物斗争甚至是自然灾害所造成的死亡人数，远小于人和人之间战争带来的死亡人数。

发生这种现象的主要原因是种族内的竞争者具有几乎相同的自然条件和资源，彼此拥有共同的劣势和优势，彼此能获得的生存空间是重叠的。在不得不为了有限空间斗争的时候，也就成了最大的竞争对手。

企业间的市场竞争，一是技术竞争，二是成本竞争。西方大企业技术更领先、更可靠，但成本高昂；中国公司成本竞争力强，但技术上有待改进，所以和他们之间的竞争是不完全竞争，是差异化竞争。

华为、中兴与西方企业竞争都有着汇率制度的保护，所以有着先天的优势，但彼此间优势也完全雷同，比如低成本优势，所以华为和中兴大部分时间是在蚕食同一市场，这就是充分竞争，完全的同质化竞争，不是你死就是我亡，竞争格外惨烈。

小　　结

英雄利用历史创造了非同一般的事业，是历史创造了英雄，任正非就是成长在中国通信大发展历史下的英雄。

英雄不一定要多么勇武，但一定有敏锐的嗅觉，捕捉机会比其他能力更重要。在把握战略基础上，强化内功，从而实现最终目标。如果没有国内通信大发展的大好机会，纵然唐宗宋祖，也无能为力。

机会的把握能力的提升一是靠不断地收集外界信息，比如结交各类朋友，或者阅读大量书籍杂志等；二是要有很强的提炼能力，能见微知著。这样才有可能筛选加工信息，寻找有利的机会。

一旦找到机会，就要立刻出击，不惜代价地把握住。左顾右盼不会带来决策质量的提升，只会丧失大好机会。错误的决策也比不决策好。

任正非的敏锐体现在很多地方，也是敏锐让华为一步步壮大。如早期的利用人脉和市场机会，挣得第一桶金，到后来面对内外困境勇敢自开发用户交换机，再后来高瞻远瞩地引入华中科大的精英，后面还有押宝数字程控交换机等。

通信产品的门槛很高，如果早期不能介入，玩到后来就只能是少数巨头了。因为从接入和无线终端，到核心网及骨干的信息传递是张很大的网，不是一台电视机或冰箱能比的。能从以前的只做交换机，到后来的全网发展，本身就是一个垄断形式，这个垄断也将保证企业维持一定的竞争力。但这些垄断也会固化思维，导致不能充分参与竞争，自身免疫力低下。

3

固定汇率带来海外大发展

3.1 华为制造海外历程

第一站：俄罗斯破冰

如果不算香港，华为真正走出去的第一站是俄罗斯。俄罗斯幅员辽阔，地广人稀。很多地区地处北极圈附近，冬季寒冷漫长，冰天雪地。

1994年华为就瞄准了俄罗斯，1996年开始正式进入。选择俄罗斯是因为当时有一种认识，觉得发达国家的准入门槛较高，市场相对成熟，进入难度大，所以选择横跨欧亚大陆的俄罗斯。

当时中国的假冒伪劣产品在俄罗斯市场盛行，口碑很差，一度俄罗斯大街上商店都挂着牌子"本店概不出售中国商品"。华为见俄罗斯客户时，对方一听说是中国人，立刻就扬长而去。有时为了能和客户聊几句，真是千辛万苦。

经过两年的辛苦耕耘，在俄罗斯的第一单合同是几个电源模块，就是通信设备用的那种交直流转换单元，合同金额38美元。38美元的典故后来也在华为流传甚广，成了激励大家不畏困难坚持开拓陌生市场的典范，也成了华为文化的一部分。

1998年和1999年依然是一无所获。

当时任正非对俄罗斯市场的判断是冬天很快会过去，俄罗斯的市场马上会复苏，并要求继续豪赌俄罗斯。为做好后续复苏的准备，华为当时在当地招聘了很多俄罗斯员工，并送到深圳华为总部培训，这些人后来都成为俄罗斯市场的中坚力量。

鉴于俄罗斯政府的一系列特殊电信产业政策，比如要求一定程度的国产化，华为公司再次发挥柔韧性，于1997年6月与俄罗斯贝托康采恩公司，组建合资企业贝托华为，在俄罗斯生产C&C08数字程控交换机及其他通信设备。

当时贝托华为员工总人数100多人，中方员工不到10人，他们主要负责合资企业的运营、生产管理和财务等工作。贝托华为生产的交换机后来在俄罗斯通信网上广泛开通运行。

经过六年的努力和等待，华为在俄罗斯的路越走越宽，到2003年华为在俄罗斯实现超过1亿美元的销售额，承建了俄罗斯3797公里的超长距离30G国家传输网。华为在独联体国家中声名鹊起，俄罗斯也成为华为在国际市场上最大的出口地区之一。

华为对俄罗斯市场的突破，真正让自己走出了国门，开始逐渐大阔步走向世界。俄罗斯的成功，为后续其他市场的突破积累了大量经验，也因此培养了很多具有国际视野的干部。❶

第二站：亚非拉站稳

很多大公司看中欧美等发达国家市场，因为那里的环境、条件等各方面都很优越，而且当地很富裕，相对利润也很高，对于落后的亚非拉则不

---

❶ 赵凡禹，燕君. 任正非正传. 武汉：华中科技大学出版社，2012.

屑一顾。在他们眼里，亚非拉只是世界上的农村，环境恶劣，局势动荡，把员工派过去有很大危险，也赚不了多少钱。

对于华为来说，亚非拉则是个巨大的机会，几十亿人的基本空白市场，几十亿人的通信需求嗷嗷待哺。农村包围城市也是最擅长的打法，对华为来说，去亚非拉无非是去个更大点的农村而已。

刚到非洲时，面对25个国家，4.5亿人口，地盘差不多是中国两倍的陌生市场。当时没人知道华为公司，甚至都不太了解中国，一切都需要从头开始。更有许多人不相信中国拥有自己的技术，他们会诧异地问："这真的是中国人自己生产的产品吗？"他们怀疑这是发达国家设计的，只是在中国加工生产而已。

而且"华为"这种地道的中国名字，用中文说朗朗上口，用英语却很难讲清楚，他们听起来好像在说"Who are we"，每次都要解释很久。走出国门起个好听易懂的英文名还是必要的。

当时流传个故事，说非洲某国，他们吃饭靠一种树上产的果子，穿衣往往就是用布一裹，大家戏称"吃饭一棵树，穿衣一块布，说话不算数"。他们一直以为自己是世界第三，美国第一，日本第二。

后来华为邀请他们来中国参观访问，先到上海，后到北京，然后来到深圳华为，经过香港回非洲。华为带他们走了眼下非常时髦的新丝绸之路，回去后他们就发现其实他们国家是世界第四，中国才是世界第三。

"9·11"事件之后，阿拉伯世界对中国的态度普遍友好。一年一度的沙特麦加朝圣是伊斯兰教的盛大宗教活动，全世界的穆斯林都有一个去朝圣的梦想。每年几十平方公里的土地，有将近300万人会使用国际长途电话通信及短信服务。巨大的数据传输量无论对于硬件还是软件，都是极其严峻的考验，通信保障的难度也相当大。

2005年前，朗讯、阿尔卡特、爱立信等均承担过这一项目，但最后的结果都不是很圆满，承受不了巨大话务量的冲击。他们的失败很大一部分原因还是不够重视，觉得市场本来就是他们的，按部就班做就可以了，没有必要为了短期的大话务量付出太多努力。

华为捕捉到了这个机会，并于2005年接手这一任务，负责部分核心网的服务和保障。华为上下高度重视，从麦加一线到沙特首都利雅德和深圳，建立三条线的保障体系。

因为麦加圣地不允许非穆斯林进入，华为在公司内部还海选了穆斯林同事前往，直接驻扎在麦加圣城，背着各种测试装备保障通信。

刚开始的哈吉通信保障非常艰辛，华为从来没承担过这么大的场面，在国际市场上也是陌生人，并不能获得客户的信任，连个像样的办公场地都没有，很多人挤在一起。

当时华为初次参加保障，沙特电信客户丝毫不客气，常常是冷若冰霜的质疑与指责。第一年拉马丹节前，升级后出现了一个问题，查了很久也没解决。眼看到了午饭时间，这时对方运维经理怒气冲冲地走进来，指着当时的华为技术专家丢下一句"No lunch"，意思是搞不定就别吃饭了。

对于朝觐保障这么一项政治任务，沙特电信高层说："我们给了诺基亚和爱立信公司各两次机会，都失败了。现在引进华为，但只能给一次机会，不行你们就把设备搬回中国去！"对于这段经历，有人感叹，"客户对我们的不信任和嘲讽，比保障本身的压力更大"。

经过大家的努力，2005年第一次保障取得成功。客户为此举行了盛大的庆功会，给华为颁发了"最高成就奖"，表彰华为"帮助三百万来自世界各地的移动用户，通过手机与家人分享麦加朝圣的喜悦和荣耀"。

沙特国王后来对中国大使说"感谢中国高科技企业华为，为穆斯林神圣节日所作的通信保障。"而华为在沙特的业务，也随之开始起飞。后来连续三年的出色表现，让沙特电信对华为刮目相看，华为也据此打开了阿拉伯世界的巨大市场。华为利用西方公司态度上的不重视，敏锐捕捉到了展示的机会，并通过上下一致的努力，终于取得成功。

阿拉伯世界有很多富庶的产油国，对通信的渴望很迫切，给华为带来丰厚的利润，也一直是华为重要的"产粮"区。中东的大规模销售，为华为积累了丰富的能量，为进一步攻克更大市场做好了储备。

第三站：欧洲问鼎

欧洲是一块风景秀丽的地方，这块气候宜人的土地孕育了高度发达的文明。这里资本主义制度最完善，竞争也最充分激烈。资本主义的高度发展积累了丰富的发展经验，已经形成一套严格的市场准入制度。欧洲也是爱立信、诺基亚、西门子、阿尔卡特等电信巨头的故乡。对华为而言，这是全球最难进的市场之一。

美国经济学家提出过一个"后来者诅咒"的理论：电信领域存在一个先入为主的定律，运营商从自身网络的连续性要素出发，为降低风险和成本，一般很少更换自己的设备供应商。这种现象无疑为后来者提高了进入的门槛。

英国人给人的印象是彬彬有礼的绅士，然而华为刚接触英国电信的时候并非一帆风顺，也没遇到绅士，而是遭到了很多冷遇。

英国人根本不相信中国人能制造出高质量的交换机，华为连参加投标的机会都没有。后来华为人才知道英国电信的规矩，要参加投标，必须先经过他们的认证短名单，或者叫资源池，他们的招标对象都是在自己掌握的短名单里面。

为了通过英国电信的认证，华为成立了由董事长孙亚芳为总指挥，常务副总裁费敏总负责的英国电信认证筹备工作小组，成员涵盖了销售、市场、供应链、人力资源、财务等多个部门，开始进入紧急备考状态。

费敏是华为创业元老之一，有很好的战略思维和敏感性，时任研发体系总裁,任正非的"六大金刚"之一。后来费敏患了重度抑郁症,不得不离开华为。不仅费敏有过重度抑郁症,任正非自述也曾有过抑郁症,据说有一天抑郁症发作,自己躺在沙发上,眼看不行了,萌发强烈的自杀冲动,后来给孙亚芳打了电话,才避免更恶劣的后果。

2003年11月,经过大家充分的准备,英国电信采购认证团来到华为,对华为进行了为期4天的严格体检。这次考核,技术不是首要考虑的,管理体系、质量控制体系、环境体系等才是最重要的,要保障华为对客户交付的产品的可预测性和可复制性。

英国电信的考核还包括华为合作伙伴的运营和信用,甚至还包括华为的人权和员工的生活环境等,如给员工提供的宿舍、食堂等生活条件。

经过4天的考察,英国电信专家分十几个单元给华为打分,每个单元满分是7分,除了在基础设施上得到6分以上外,在整体的业务和交付能力上得分都严重不及格。在离开华为之前,英国电信专家留下一句意味深长的话,"希望华为能成为进步最快的公司"。

后来经过大量努力,华为凭借自身实力,在2005年4月通过英方认证,拿到英国电信的"金钥匙",正式入选其21世纪网络的有限供应商名单。2005年12月23日,华为与英国电信签署正式供货合同,"豪门俱乐部"的大门正式向华为敞开。英国电信是华为进入的第一家国际知名的海外大运营商市场,此次进入令华为上下欣喜万分。

华为后来先后打入法国、德国、荷兰等发达国家,进入世界前50大运营商的大部分。到2008年,华为在欧洲已经获得10%的市场份额,赢得了整个欧洲市场300亿美元中30亿美元的合同,销售对象为"所有主要的运营商",其中包括沃达丰、西班牙电信等。华为的主要竞争对手爱立信和诺基亚西门子通信公司当年利润下滑50%,阿尔卡特朗讯甚至全年亏损扩大了48%。

华为 1993 年就在北美的硅谷创立芯片研究所，1999 年在达拉斯创立研究所，在德克萨斯州成立子公司 Future Wei。华为虽然在美国开展了长期的准备，但一直未获得有效突破，令人唏嘘。

华为曾经联合贝恩资本试图以 22 亿美元收购美国网络设备制造商 3Com 公司 16.5% 的股份，美国外国投资委员会对该交易启动国家安全调查，不久后以 3Com 公司持有大量军事合同为由提出反对意见，华为被迫放弃该收购案。

2010 年 8 月，美国移动电话运营商斯普林特公司发起网络升级的招标，华为和中兴希望参与其中。虽然华为提供的解决方案报价大幅低于竞争对手爱立信、阿尔卡特朗讯和三星，却遭到美国参议员的横加阻挠。

他们致信总统奥巴马和财长盖特纳，要求对华为公司对国家安全的威胁进行彻查，时任商务部部长的骆家辉也要求斯普林特拒绝华为与中兴的投标，最终提出最低报价的华为和中兴无缘这个 50 亿美元的网络大单。

2011 年 1 月，当时有幸和任正非等十来人一桌吃饭，任正非突然接到个短信，说美国斯普林特项目没机会了，当时任正非半开玩笑半苦笑着说，"这下完蛋啦"。当时华为为了进入该项目，花了大量的力气，最后又不幸夭折。

2011 年 2 月，华为卷土重来，试图以 200 万美元收购濒临破产的美国 IT 初创企业三叶系统公司资产，美国外国投资委员会再次披挂上阵，要求剥离合同规定的专利资产，该收购计划随即流产。

在收购三叶公司失败后的同一个月，华为公司副董事长、华为美国公司董事长胡厚崑发表了一封针对美国市场的公开信，信中希望美国公开调查华为公司，以期澄清与纠正美国政界和舆论界对华为公司的偏见。

美国众议院情报委员会后来展开对华为是否危害国家安全的初步调查，2011 年年底开始正式展开调查并将范围进一步扩大到对中兴通讯公司的调查。2012年9月13日，情报委员会就华为、中兴是否威胁美国国家安全举行公开听证会。华为高级副总裁丁少华与中兴高级副总裁朱进云出席听证会。

10月8日，该委员会对华为和中兴通讯为期一年的调查结果报告终于出笼。在对外公布的非机密部分，给出了调查结论："华为和中兴通讯公司提供通信设备给美国关键基础设施所带来的相关风险，可能会削弱或危害美国的核心国家安全利益。"该报告建议，美国政府应阻止这两家公司对美国公司的收购行动，避免使用这两家公司的设备以及进行其他形式的合作，美国企业也应寻找可替代华为与中兴通讯的电信设备供应商。

在接受情报委员会近一年的调查过程中，身为全球第二大电信设备生产商的华为公司，为了能够进入美国市场，极力放低身段，委曲求全，尽量配合情报委员会提出的各种要求，大有哀兵求胜之态。华为在2011年12月正式向情报特别委员会汇报了相关情况之后，又在2012年2月23日在深圳华为总部接待他们参观考察。

2012年5月23日，华为公司罕见地安排该委员会在香港一个私人俱乐部与总裁任正非当面会谈，试图消解委员会对这位公司领导人的神秘印象。2012年6月收到委员会提出的问题清单后，华为公司按约定做了回复。

两公司进入美国市场为美国人民服务的诚意，足可令日月动容。对美国议员提出的种种要求，如公司党组构成、与政府关系、经营状况，甚至一些涉及公司机密的合约细节，都口头答应将书面提供。华为、中兴两位高管表现的前所未有的诚意，换来的只是问询者怀疑的目光。委员会最终出台的报告中称，"中国具有恶意使用通信公司的途径、机会和动机"。

华为一直无法规模进入美国这个巨大的通信市场，也导致华为提前到达了电信业的天花板，2011年通信运营商产品仅仅比2010年增加了3%。

爱立信在北美市场却做得风生水起，阿尔卡特、朗讯和诺基亚、西门子在熬过最难过的日子后，也开始逐渐复苏。

"大农村"包围"大城市"

华为2006年海外销售额就大于国内销售额，后期一度海外占总销售额的80%左右。在世界上绝大部分国家和地区都有办事处或代表处，几乎是个典型的跨国公司。

华为进军海外市场的过程中，通信业的总盘子其实增长并不迅速，有统计显示年增长幅度也就10%左右，所以华为在海外的扩张更多的是此消彼长的过程，是华为抢占西方通信设备商的奶酪，而非市场本身的扩大。

华为进军海外市场的路线也是很多中国企业进军海外市场的路线，先从不太发达的地方做起，比如亚非拉、东欧等，慢慢积累经验，优化产品，通过"大农村"包围"大城市"，最后实现全球化。

华为早期对西方友商的胜利，除了本身的冲劲外，很大一部分来源于固定汇率的原因，这也是很多家电企业走出国门的原因。因为人民币的低汇率，给中国制造带来了超乎寻常的低成本。华为终端在欧美国家，一个也就是几十美元，也就是普通吃顿饭的钱，这种超乎寻常的低成本，为华为在海外带来巨大竞争力。

3.2 低汇率带来大优势

由于我国特殊的国情和历史发展背景，人民币对美元的汇率也走过一段非常复杂的历程，但是"官定汇率"而非完全的市场化汇率一直是其主要基调。从目前来看，汇率市场化和人民币可自由兑换仍然是非常遥远的事情。

汇率是理解国际交换的钥匙，是理解出口竞争力的钥匙，这里回顾一

3 固定汇率带来海外大发展

下人民币对美元汇率的历史,对于理解人民币汇率具有非常重要的意义。

可以说1994年实行汇率重大变革之前,人民币汇率远远不能反映市场情况,中国也很少参与国际交换。它存在的意义,仅仅是作为记账的单位而存在。在此之后包括2005年参考"一篮子"货币计划后,人民币虽然有一定的浮动,但人民币依然在严格的管控中,依然不能反映市场情况。[1]

这种固定汇率制度在早期中国产品参与国际竞争比较少的情况,对经济没什么影响,只是在国家出口鸡蛋换取外汇后买些特殊产品,国内外都感受不到汇率的价值。

但加入WTO后,问题越发显得严重起来,外汇额迅速攀升达到3万亿美元。汇率更是成为了解经济和一切生活行为的关键钥匙,大到企业出口,小到房价上涨、猪肉波动等。

汇率的浮动反映一个国家财富的变更,对应货币和购买力强弱。比如国家发现大的油矿,说明国家财富增多,则纸币增值,汇率上升;如果发生灾难,粮食都腐烂了,则国家财富下降,对应纸币贬值,汇率下降,上升和下降由市场自由调节。

好比张家银行发张币,李家银行发李币。张家拣到了块黄金,说明张家单位货币更值钱了,张家的货币购买力强了,则张币就会升值。

为了便于理解这个简单又复杂的东西,假设中国和美国就是两个独立的小岛,中国生产袜子,美国生产面包。中国一双袜子1元人民币,在美国1美元则可以买3双袜子。按购买力相等原则,1美元理论上可以兑换3元人民币。

但是当时中国商品在国际市场上没什么品牌,也没有任何竞争力,于是政府强行把人民币对美元汇率拉到1:8的高位,相当于你买三双,我们

---

[1] 丁一. 金融定成败:美元陷阱及人民币未来. 厦门:鹭江出版社,2009.

再送五双。再加上出口退税政策送得更多。潜台词就是，我不赚钱，我亏本卖，我就图个销量，美国你总要买了吧。

这样中国产的袜子在国际上价格就会很低，有时低到欧美人都不敢相信。通过低汇率制度，中国商品在国际市场上大有竞争力，这就是中国制造目前的情景。

据说海尔刚开始开拓美国市场时，他的小型洗衣机在美国超市都不让进，最后没有办法，海尔销售人员说，我们先放个样品在这里，不要钱，如果以后有人问了，并打算买，你们再联系我，好说歹说别人才同意放一台在那里。

后来果然很多人问，于是海尔洗衣机开始顺利进入美国，并卖得很火。因为美国生产的洗衣机十分昂贵，美国年轻人没钱买，于是就很少洗衣服，牛仔裤脱了后，脏得都可以直接立在那里。现在突然出现了三四十美元的便宜洗衣机，正好可以洗洗牛仔裤。洗衣机为什么这么便宜，我们故意压低汇率无疑是重要原因之一。

固定低汇率大幅度提升中国产品价格竞争力

国际间的交换理论上是互惠互利原则，互惠互利是建立在彼此相对等价的付出和收益上，其实本质上还是等价交换。

国家为了能拥有外汇、开拓国际市场、培养本国企业，可以通过人为控制汇率来压低本国产品的出口价格。如果出口价格定得很低，那么和等价交换基本就不是一回事了。

通过政府人为制造的这个汇率差，大幅度提升了中国产品价格竞争力，从而在海外市场开疆破土，比如海尔、华为等。这个巨大的优势，打垮了北电、MOTO，也打垮了欧美的家电业。所以说这些中国企业比欧美企业多么能耐，目前还谈不上，只能说一些中国企业比另一些中国企业强,国家帮助这批强的企业走出了国门。

3.3 固定低汇率带来副作用

既然汇率压低点,多卖几件袜子能提升公司销售额,企业还能借此发展壮大,开拓国际市场,员工也能享受高工资,那是不是就一直这么低汇率就可以了,中国制造是不是就越来越强大了?

仔细分析发现,这种固定低汇率的定义方式有两个严重问题。

一个问题是中国财富大量外流,我们白白给别国送出大量便宜袜子。中国制造通过牺牲中国人财富,甚至牺牲员工的健康和自然资源,来参与国际竞争。

另一个问题是固定低汇率不可能长期保持出口竞争力,伴随出口增加,必然导致国内通货膨胀,导致人民币实际购买力下降。虽然央行通过发行票据对冲了一部分人民币,但依然抵挡不了货币的超发,到 2012 年年底,人民币总货币发行量已经接近 100 万亿元,而 GDP 才 50 多万亿元。美国同期对应 56 万亿元人民币,而美国的 GDP 是对应 100 万亿元左右。

我们出口了大量的袜子,换回来了大量的美元,这些美元并不在国内流通,而是经过外汇管理局转手又换成人民币。本来这部分人民币是对应美国的财富的,但因为汇率原因,这部分人民币购买美国产品的购买力太低,导致大家都不愿意进口美国产品,最后人民币只能在国内流通,最后导致货币大大多于商品,人民币只能贬值,这个过程也对应着通货膨胀。

买一送二的方式提升了中国企业的竞争力,毕竟产品销量增加,企业的销售额也随之上升,而且以人民币为形式的利润也不错,但这种低汇率的出口也会给国家带来通货膨胀的痛苦。

为了便于理解,这里做个极端的假设。假设人民币对美元汇率是

1∶1000，人民币对美元近乎成为无价值的废纸。再假设华为卖1000万元人民币的通信设备到美国，同时净利润率为50%，收回1万美元，1万美元到外汇局换成1000万元人民币，这样华为就有了1000万元的销售额，净挣500万元人民币。对于企业这个单位来说，这个汇率和企业看起来关系不大。

但对于国家这个单位来说，1000万元人民币的产品，只换回了少量可以忽略不计的美元，或者说换回了少量美国财富。相当于国家挖了个大坑，华为有了产品就埋在坑里，然后国家印了1000万元人民币给华为，华为赚了500万元，企业蓬勃发展了，国家通货膨胀了。

其实华为赚的这500万元人民币是赚中国人自己的钱，因为整个社会的财富并未增加。货币量增加，货币自然就贬值了，只是华为占有的总财富的份额增加了而已。我们的出口企业基本就是这么回事，只不过社会总财富因为美元的增加而适当增加，比国家挖个大坑埋产品略微好点。

中国CPI指数在加入WTO后一直持续高烧，其中肉类价格更是大幅度上涨。外汇储备不断创新高，通货膨胀难以遏制，这些现象表明，中国已进入标准的"米德冲突"。简单地说，就是固定低汇率下，失去了汇率的自平衡机制，带来巨量贸易顺差，贸易顺差导致国内本币泛滥，最后贸易顺差和通货膨胀并存。过大的贸易顺差和通货膨胀两个问题好比是跷跷板的两端，压下一个就会恶化另一个。比如为了解决顺差问题，就需要增加货币流动性，货币流动性增加了，只会带来更强烈的通货膨胀。

汇率优势隐含日后通胀痛苦

低汇率的学术说法叫人民币的价格扭曲，好比是武侠小说里的七伤拳，伤敌七分，自己也要受伤七分，甚至伤得更多。我们在利用汇率优势提升出口产品竞争力的同时，也隐含了日后通胀的痛苦。

如果企业不是靠真正的竞争力，而是靠国家政策去竞争，这个时间周期会很短暂。在这个过程中，要通过低成本卖产品，优化自身技术实力，逐渐转变成高技术高质量卖产品。因为政策受益有生命周期，迟早会面临更激烈的竞争。

3.4 低汇率的价值

低汇率的优势是降低出口产品的价格，提升中国制造的海外竞争力，劣势是会丧失国家财富，同时汇率的优势会随着出口的增加而逐步消失，消失的方式有两个，一是对内通胀，二是对外升值。

企业则可以利用这个时间差，打开国际市场。就是说国家在跳楼大甩卖，不仅仅是为了赔本赚吆喝，其实是为了给华为和海尔这种企业提供时间，让他们未来能在不赔本的时候，独立面对西方的竞争。

以前对政府这种行为不是很理解，觉得政府真傻，牺牲国家资产，带来通货膨胀，去换些莫名其妙的纸币。后来理解了，国家在下很大的一盘棋，是"在保增长的前提下，建立货币蓄水池，缓解通货膨胀压力，通过空间换时间，最终实现结构调整和产业升级目标"。

虽然企业的税负很重，大家怨声载道，但像华为和海尔这种以出口为主的企业应该感谢党，感谢政府。政府这么掏心掏肺地为企业打造出口优势，为的是"通过空间换时间，最终实现结构调整和产业升级的目标"。低汇率可以锻炼中国企业的海外生存能力，也能部分获得财富。

从企业的立场看，这个机会太重要了，尤其是亚非拉市场的拓展，省时省力，还能挣钱。富士康原来在台湾仅仅是个小企业，20世纪90年代左右敏锐捕捉到这个机会，在2000年后迅速成长为代工巨头。现在虽然人民币在对外升值对内贬值，但汇率优势依然存在，中国企业走出去开拓蓝海市场，依然是个好选择。

低汇率是个值得利用的时间差

如果不是固定低汇率制度，市场化的浮动汇率会根据财富的变化而变化，就不会出现固定汇率导致的购买力巨大差异，也就不会出现大量的外汇储备，汇率的变化，自然会平衡这个进出口关系。

如果国家早期竞争力不够，适度采取这个措施也不是不可以，至少可以打下一部分市场，培养了企业。就是说目前的固定低汇率制度，虽然损害了中国人的福祉，但也不一定不可选，参与别人成熟的国际竞争，必要的牺牲难免。

著名经济学家罗德里克也认为，发展中国家的经济发展和汇率有着强烈的关联关系，固定的低汇率使得本国产品在全球市场上更有竞争力，进而激励外向型企业的扩张。低汇率其实是对企业的一种补贴，弥补了发展中经济体存在的其他各种问题，比如制度方面的不足、管理方面的缺陷等。

小　　结

固定低汇率制度给中国制造的出口带来巨大优势。在海外有些地方，中国制造价格低得离谱。这种低价的竞争模式，是中国企业在海外的主要竞争力之一。

这种低价竞争力打压了欧美很多企业，使他们的一些家电、纺织等企业纷纷破产。伴随华为、中兴的崛起，通信设备商业受到很大打击，此时他们的技术和管理优势，抵挡不住中国制造的成本优势。

罗姆尼在其美国总统的竞选声明中说，只要他当选了总统，第一天就会宣布中国为货币操纵国，因为他认为"中国通过汇率操纵，打击了美国制造业"。中国未必是货币操纵，尤其是 2005 年后人民币也升值了 30%，但早期确实利用了汇率优势。

但汇率优势有着一定的窗口期，挺过这个窗口期，西方企业凭借自身的管理优势和技术优势，会再次成长起来。

这点从阿尔卡特、朗讯等通信公司中可以看出一些端倪，在 2010 年前，他们的盈利能力和市场份额持续下降，不得不合并的合并，售卖的售卖。爱立信被华为追得气喘吁吁。但到了 2010 年后，华为、中兴和爱立信主营业务的差距不但没缩小，反而有扩大的趋势，而且阿尔卡特、朗讯们，正逐步呈现企稳增长迹象。

4
得屌丝者得天下

4.1 人多力量大

经济学家张维迎曾经统计过，历史上国家财富和人口的关系，除了近代因为国家制度原因，导致中国和亚洲一些多人口国家落后西方国家外，大部分时间都是人越多，国家越富有，财富和人口数目基本成正比例关系。

人类有文字记载的历史是五千多年，根据经济史学家安格斯·麦迪森的研究，在相当长的时间里，各国或地区人口规模与经济规模高度相关，人口规模决定经济规模。

人口规模与经济规模之间的分离，是近二百多年发生的。以人均GDP衡量，过去国与国之间相差不大。例如公元1500年，最富国家的人均GDP是最穷国家的3倍；而现在，美国及少数发达国家的人均GDP，是落后国家的几十倍甚至上百倍。

为什么近二百多年里，各国经济规模和人口规模不再大致对等？简单地说，是因为不同国家走上了不同的制度之路，有些国家率先走上了市场经济的道路，激发起了民众的积极性和生产力，而有些国家没有，人虽然很多，但并没有充分利用起来。

尽管还有各种细节上的争论，但现代经济学理论和社会实践表明，市场经济是发展经济、改进民生的最有效手段。如果全世界都实行市场经济，全球市场充分开放，那么人均GDP的差异有可能逐渐消失。这正是过去30年发生的情况。中国等国的市场化改革，开始逆转过去200年里出现的世界范围的人口规模与经济规模之间的背离。

麦迪森曾估计主要国家的GDP占世界总量的比重。按购买力平价算，公元初中国西汉时，印度的GDP占世界比重1/3左右；到了1820年，中国的GDP占世界的1/3左右；1950年，美国的GDP占世界的1/4强（27.3%）。

所以，经济学家们有一个大胆的推测，按目前的趋势，未来50年、100年后，人类可能又回归到19世纪之前的状态，即一个国家的经济规模和人口规模相当，人口大国也是经济大国。当今，亚洲人口占世界的近60%。

所谓21世纪是亚洲世纪，也就是人口规模与经济规模关系的回归，或者说，是亚当·斯密1776年《国富论》中预测的西方世界与东方世界的均等化。现在已经可以看到这一趋势。

毛泽东时代曾经提过人多力量大，后来因为计划生育政策被修正了。改革开放后，尤其是加入WTO后，在全球化充分竞争下，人多的优势逐渐体现出来，人多人力成本就低，企业竞争力就强，中国制造借此腾飞，华为、富士康、比亚迪等都是很好的例子。

人多真的力量大

任正非说，经济全球化是最好的竞争方式。人的智慧和能力其实相差不多,只要不是偶然的原因,比如制度的束缚,大部分都是人多力量大。据统计,爱立信等西方企业的人力成本是华为的五倍。巨大的人力优势,一直是中国制造低价竞争的重要来源。

家在农村的人可能知道,农村一些家里孩子多的,因为土地等制度的限制,往往会更穷困。后来农村流行去打工,土地的限制条件不存在了,此时就完全是人口的竞争,这个时候家里孩子多的,往往成为挣钱最多的家庭。

随着世界的扁平化,虽然世界总财富在增加,但富有的国家和贫穷的国家会逐渐拉平,美国人吃麦当劳,中国人也可以吃。这就好比城市和农村,随着政策放宽,农村人可以进城工作。虽然社会总财富增加,但农村人和城市人的差距会缩小。这也给不发达国家,尤其是人口众多的国家,提供了巨大的机会。

中国人口出生率已经降到 15 ‰ 以下,中国新出生人口数量正在迅速下降。1990 年,中国新出生人口达到 2600 万的高峰,之后就一路迅速下降,1994 年降到了 1600 多万,到 2000 年,新出生的人口只有 1300 多万了。随着出生率的下降,人口的优势在未来的日子里会逐步降低。

4.2 "金钱模式"是当下中国最好的管理模式

我以前一直在华为做技术带团队,离开华为后去了一家中等规模的上市公司做专职的业务 HR(Business HR),负责一个产品线的人力资源工作,类似华为的 HRBP 经理。

该公司晚上和周末加班有加班费,而且审批的比较松,周末大量的人混加班费,有的甚至早晚打个卡就出去了。后来我们在一个周末突击检查了一下,发现确实如此,20% 左右的人刷卡后就不见了。检查后大家怨言很大，觉得公司不信任员工，不以人为本。

后来和公司一个基层管理者吃饭，谈到了检查加班之类的事情，该基层管理者高谈阔论，说我们不学习谷歌，不学习Moto，不仅上班要打卡，居然还查加班，太不思进取了，还说管理不是靠监控来实现的，而是要给大家充分的自由和尊重。

我们还发现一个现象，中国企业中员工离职的冲动和频率比较高，在中小企业更是十分常见，年离职率在10%都算很好的了，我当时负责的产品线一年离职率达20%，很多人走马观花般一茬茬地来和走。

很多有西方背景的管理者很不理解，觉得中国人太浮躁了，没有责任心，怎么刚到公司，就盘算着如何去下家挣更多的钱呢，一点职业操守都没有，遇到这些问题也一筹莫展。

我以前也觉得管理要给员工充分的自由，员工连卡都不用打才叫好呢。后来发现，如果真正想做到上下班不打卡充分尊重的地步，需要非常好的管理文化和组织形态，这在中国大部分企业中很难实现。在管理文化还未达到这个状态时，搞什么充分信任和尊重，最后只会带来更多的懒散和弄虚作假。

有人说中国几千年来留下的印象就是一个空落落的胃，中国人其实饿了几千年。所以中国人性格中一直有着一个巨大的恐惧感，恐惧挣不到钱养活自己，即使有了很多钱，这种恐惧感还会依然存在。

这种恐惧感让中国人更接近动物的本能，也使他们更焦虑和紧张，也更容易自卑。和西方人打交道，哪怕对方是个端盘子或开门的门童，对方都信心满满。而中国人要么因为贫穷而低三下四，要么因为富贵而趾高气扬。

这种性格特征导致中国人对财富非常渴望，只要有好的机会，薪酬哪怕稍微高点，都会考虑离职，这就导致了很频繁的人员流动。这种人员流动是因为大家都在为温饱而奋斗，还远远未到马斯洛所说的自我价值实现的层次。

许多发达国家的人并不会因为看到住别墅的邻居开了宝马，就羡慕不已，他们会安心享受属于自己的生活。中国人要是看到邻居开了宝马，自己还是自行车，心里肯定痒痒的，恨不得立刻在上面划个痕迹。西方人因为富庶而自信。

中国人的嫉妒心理让他们非常上进，也非常勤奋，所以中国人工作比世界上大多数人都刻苦，这点在整个东亚地区都很常见，包括韩国、日本、中国香港及中国台湾地区。

综上我们可以发现，中国人有两个典型性格特征：一是对金钱渴望因而流动性大，二是因为贫穷更愿意奋斗。从扬长避短的角度可以看出中国人更适合金钱式管理。就是给你相对高的薪酬，然后让你去付出超越大部分人的努力，比如持续的加班加点，严格的高压力。对企业来说，单位产出的成本是一样的，但员工个人报酬是增加的。

金钱式管理有两个要素：一是薪酬必须要在业界领先，要领先到员工离职找不到更高薪水的工作；二是要有恰当的企业文化和管理方法，能保证足够高的工作强度，通过高强度的工作带来高的产出，支撑薪酬的领先。

持续加班加点的高强度高负荷工作，显然要靠很强大的外力和管理才能实现，不可能在非常轻松的环境下实现，所以什么尊重啊、自由啊，都很难实现。

这点和华为早期的管理模式非常相像，业界一流的薪酬，业界一流的工作强度，按华为的话来说，这叫以奋斗者为本。华为一些高管曾说，外面请不到华为的高管，他们出不起那个薪酬。

虽然很累，很被动，但华为的离职率一直很低。即使现在分红竞争力大幅度下滑，依然很少有人愿意主动离职。大家虽然在嚷嚷公司不尊重员工，但看在薪酬竞争力的面子上，也都忍了过来。

当然这个过程中也会有人不愿意过这种生活，但从整个群体来看，还是有更多的人需要这样的模式，他们愿意通过奋斗，来改变自己的命运。

当然，随着企业的发展，或者企业中员工个人的财富增长，这个过程会逐渐改变。认识一个华为老员工，被上级批评了几句，就闹着要离职，因为老婆告诉他，尊严比财富更重要。之所以尊严比财富更重要，是因为老员工有钱了，放在十年前，财富就比尊严更重要。

任何人都希望既能轻松上班，又可以拿着高薪水。轻松上班是可以相对提高点效率，但如果你拼了老命上班，即使效率低点，创新能力差点，总体输出也一定会更多，否则就没有那么多可歌可泣的创业故事了。

中国人现在最缺的不是尊重和自由，而是钱

从马斯洛的需求理论看，我们还处于低层级的衣食住行等基本需求阶段，管理模式也需要匹配这个阶段。如果在基本需求阶段，过度强调什么尊重和自由，而不愿意支付员工相对更多的薪酬，预期与结果可能是南辕北辙的。

中国人现在最缺的是钱。几千年的历史需要，现在更需要。所以低薪酬低强度的老国企模式不适合，因为大家更需要钱；低薪酬高强度的忽悠模式不适合，因为很快会露馅；高薪酬低强度的创新模式也不适合，因为我们的创新能力和品牌不足以支撑高利润；只有高薪酬高压力的金钱模式最适合，只有这种模式才会良性循环起来。

不仅华为如此，宇龙的加班强度也非常大，台湾宏达电的老板更是早出晚归，据说韩国三星老总李健熙要求自己早上五点半上班，日本京瓷的稻盛和夫也谆谆告诫大家要努力，只有付出超越常人的巨大努力才能成

功。他们在管理上的核心竞争力，就是让员工付出超越常人的努力，获得超越常人的报酬，别无他途。

4.3 华为是典型的"金钱模式"

明朝戚继光打倭寇时候征兵，征兵条件是"祖上三代没有当过官，没有吃喝嫖赌的习惯，话不多，人老实憨厚，是农民，肌肉发达，头脑简单，指哪打哪"。

华为以前招聘也有个不成文的规定，更喜欢来自农村的苦孩子，他们认为这些孩子经历过贫穷，更容易奋斗。华为的同事们很容易找到共同话题，因为大家家境类似，不会遇到大学时穷孩子和富孩子没有共同话题的情况，深圳很多比较成功的公司都有类似的倾向。

任正非早年也经常写一些苦难是磨练之类的文章，他认为人经历过巨大痛苦后，会更坚强。其实这也要辩证地看，当苦难超越个人承受力的时候，就会把人压垮，苦难就是苦难，真正能从苦难走出来的人不多。

任正非在讲话中提到过，华为需要大量一贫如洗、胸怀大志的人。一贫如洗说明需要奋斗，胸怀大志说明有奋斗的潜质。而且华为当年在高校设立了寒门学子奖学金，旗帜鲜明地为穷人提供支撑。

任正非认为，一个有能力的人，八小时内能完成工作当然很好，但这些有能力的人会有更强的上进心，更愿意奋斗，再加加班也是更好的，也肯定会带来更大的收益。这就是华为的加班理论，虽然遮遮掩掩，但主题清楚。这点和上文的金钱理论一致，旗帜鲜明地希望你加班奋斗。

一贫如洗的人更容易艰苦奋斗，只有通过艰苦奋斗才有可能脱贫致富。贫穷到富有这个诱惑，可以让大家付出无限的努力，华为正是实现这个目标的舞台。现代社会，权贵化和资本化越来越明显，穷人家孩子上升的机会微乎其微，华为则是其中一个重要途径。

两年前一线城市生活压力大，房价高，很多年轻人回到二三线城市。到二三线城市后才发现，那里早已形成家族化利益链，没有后台，根本无法立足，于是只能再次返回一线城市。当时他们的口号是，"既然回老家拼不了爹，那就只能去一线城市拼命"。

希望家庭和事业平衡，希望能有个长假旅游的人不适合在华为，这种人在华为只会发牢骚。一贫如洗的人则不在乎这些，因为他们没有烛光晚餐的机会，只有奋斗才能改变命运。

即使华为若干年后没能成为百年老店，哪怕垮台了，华为也会因为他曾给一贫如洗的人提供了相对公平的奋斗环境而骄傲，这是值得我们永远尊敬的。

没有资格拼爹，那我们就拼命

华为借助大量一贫如洗的人的努力快速成长到今天，也会像中国制造业一样，面临人力短缺的问题，华为其实是农民工二代群体，区别只不过一部分农民工二代没考上大学去了富士康，而一部分考上了大学，来了华为而已。

华为内部论坛心声社区上有人发起投票问："你会愿意你的亲人来华为吗？"大多数人不愿意，也说明了这个问题，大家愿意牺牲自己，换取家人的幸福，这无可厚非，但不愿意再牺牲家人的幸福。不管未来国家和华为发展如何，随着农民工二代的减少，华为人力资源困境同样会呈现出来。

4.4　艰苦奋斗为梦想也为现实

任正非的文章中有句话说，"我们大多来自城镇、山区、农村……"

有些人对这句话有疑问，说不是来自这三个地方，那还能来自哪啊，总不至于是石头里蹦出来的吧。其实这里的城镇指的是小城市或小镇等，而不是那种大城市。

华为草创扩张时期，艰苦奋斗带来了丰厚的报酬，都富到了阳台晒钱的程度。全深圳人都知道华为有钱，这种余波到现在仍然存在。据说当年很多关内的女孩子为了认识华为员工，特地放弃关内良好的环境，到坂田这个荒凉的地方给领导当秘书。

那时的"贫穷招聘"策略发挥了很大的作用，因为华为彻底改变了他们的生活，改变了他们的地位，让他们有钱买车买房，从一无所有迅速蹿升到中产阶级，巨大的身份变化也带来无比的幸福感。很多人是到华为以后第一次坐飞机，第一次住高档宾馆，第一次吃上西餐。快乐背后带来的只能是对公司的忠诚和更加勤奋的工作，"士为知己者死，女为悦己者容"。

大家读历史也会发现，很多皇帝或大官都喜欢直接从底层越级提拔干部，并作为自己的亲信培养。这种方式很容易培养出属下对自己的忠诚感，因为他们知道，没有你就没有我今天，所以工作更加卖力，态度更加诚恳。如果是按顺序提拔，别人就会觉得没有你我也能升上去。

但穷人也有自己的缺点，比如对金钱的渴望过于迫切，生活压力大导致心态不好，或者看问题容易走极端，不够包容。

随着通信业竞争的白热化，华为的高待遇时代已经一去不复返。加上现在房价的迅速攀升，使大家越来越穷，使底层几乎看不到什么希望，"哀莫大于心死"，这种急剧的变化，使"贫穷招聘"策略的弊端迅速显现。

如果华为能让我很快脱贫，那我会感恩戴德。但一旦你不能让我脱贫，甚至让我觉得生活无望，则可能会带来更多的抱怨。到了公司大家年纪也都不小了，是成家的时候了，但买不起房，愈是渴望，愈是痛苦。

试想一个中等富裕家庭的孩子来了华为，可能待遇也一样，但父母给个首付，自己按揭买房、成个家还是很正常的，这样生活有了着落，工作上也会更踏实，也不会有那么多苦闷和压抑。

性格决定命运，但命运也铸就性格。贫穷的生活方式，带来了艰苦奋斗的精神，也带来了极端的品格和狭隘的思维方式。衣食足而知荣辱，整天为生存而烦恼，很难让他去包容什么。这种人一旦遇到重大挫折，他们所表现的反抗力也是巨大的。

人最困难的是认识自我

《史记》中有一个故事，说的是越王勾践的宰相范蠡在越国灭掉了吴国，报了仇以后便离开吴国，到山东做了商人，发了大财。一次他的二儿子在另外一个国家犯了死罪，范蠡就让小儿子带了千金去救。

大儿子知道后争着要去，于是他就让大儿子去了。大儿子去后找到国王的手下，许以千金。于是国王的手下在国王那里说了好话，国王下令免了二儿子的死罪。大儿子知道事已成，却舍不得把钱给出去。国王的手下又到国王那里说坏话，最终二儿子被杀。

大儿子回去见父亲范蠡，父亲说，我一直担心你办不成事，因为小弟是在糖水中长大的，不把金钱看得那么重，所以能办成这件事。而老大你是跟着我吃苦长大的，知道钱财来之不易，因而很有可能因舍不得钱财而办不成此事。❶

任何事物有优点就有缺点，我们利用"金钱模式"优点的同时，也要尽最大可能降低其缺点的影响，从而实现组织和个人的最大价值，否则会得不偿失。

---

❶ 覃维桓. 炒股入门与技巧. 北京：经济管理出版社，2005.

4.5 华为艰苦奋斗的传统

华为早期创业加班加点靠的是激情，到后期则靠的是压力传递了。

在华为，尤其是做研发，一周工作六天，每天晚上 9 点后回家是常态。晚上下班，在食堂吃完饭，然后回到办公室，里面熙熙攘攘热闹得很。2010 年中研软件部，主管凌晨 1 点后回家，员工半夜 12 点回家，周末也很少休息，而且长期如此。

当时就有人说，下班后如果你真的就回家了，会感觉很不好意思，都不敢走电梯，宁愿走楼梯多绕绕路，免得别的同事看到。而且很多华为主管喜欢通过各种手段强迫大家加班。

比如领导会晚上在附近转转，看看谁在加班，看到就拍拍肩膀鼓励下，然后开大会时就说，"有些人下班就回家做饭了，享受生活了，这样怎么能成为奋斗者呢？奋斗者应该全身心地扑在工作上，下班后也会在公司努力学习和思考"。

华为这种集体化的意识和长期的艰苦奋斗支撑了华为持续的竞争力，也是这种艰苦奋斗的加班加点，弥补了华为管理上的粗放。很多员工喜欢说，效率高不用加班。华为则会认为，如果效率高了，再加会班不是更好吗？

华为这种不人性的管理方式给员工带来很大的抱怨。曾经有员工表示，在这里苦点、累点，我都忍了，谁让我不是高帅富呢。可以说相当一部分人是忍辱负重地工作，争取那份不错的薪水。一些不适应这个文化的人，在解决温饱问题后，都纷纷离去。

华为每年招聘大量应届生，这些应届生许多因为受不了高强度的工作，干个三四年就走了，然后继续招下一批。每一批中总有一些非常能吃苦的，这些能吃苦的就留下来当干部，带领后面的应届生，就这样一轮轮地走下去。

华为很多干部都是早上7点前到办公室，晚上12点才走，他们说那时工作更安静。其他很多企业里，很多干部都想着如何享受特权，比如晚点来之类的，从来没想过多奉献，但华为这种情况较少，这也是华为干部选拔和企业文化的成功之处。

在华为工作很多年，我对华为这种文化一直不太认同，也不清楚是为什么。后来和朋友交流才发现，是因为华为的文化太强调集体意识和奋斗意识，忽略了个体对个体的尊重，太强调执行和统一意识，忽略了自由和创新。这种文化在模仿阶段没有问题，真正需要创新和引领的时候就困难了。

下班回家不敢走电梯

有个传说，一个日本总监到华为公司上班，一开始对下属说，不好意思，我们以后要多加班。一段时间后，日本总监离职了，说加班哪有这么加的。

华为通过利益分享机制，长期驱动了员工们的艰苦奋斗精神。加班可能会带来局部的低效，但长期的工作付出肯定会带来更大的产出。

4.6 《奋斗者协议》的故事

2010年前后任正非在华为南京研究所讲话。在提问时间，有员工问任正非，劳动法规定了有年休假，其他公司也都有，为什么华为没有。

任正非按通常的方式回答说，我们犯错误进了通信行业，进入半导体行业，进入了原材料是沙子的行业，竞争太激烈，所以通信行业需要更多的努力，才能赶上西方国家，还说我们唯一的途径是奋斗。

该员工听了很不爽，觉得太绕了，就继续质问任正非"请正面回答我的问题"。此话一出，下面鸦雀无声，没想到有人敢这么问，一度场面很尴尬。

后来我问当时坐在下面的员工什么感觉，他说两个感受：一是感觉问得很爽，问到大家内心里去了，为什么剥夺我们的年休假；二是这么咄咄逼人也有点不好，毕竟任正非是一个十分成功的人，在华为很受员工尊重。

任正非从南京回来后不久，就推出了华为创办二十多年来最让人难以理解的一幕——"主动"签订《奋斗者协议》。

《奋斗者协议》就是员工签订个协议，协议内容是自愿放弃年休假、陪产假、主动加班之类的。后来关于陪产假争议太大，大家觉得领导都休过了，就不让员工休了，于是把陪产假给去掉了，就剩下放弃年休假和晚上加班的加班费。

《奋斗者协议》的通知不能通过邮件发，有口头通知。《奋斗者协议》需要自己先申请，申请时公司大致通过口头传播个模板，然后大家照着稍微改动下。比如"考虑华为成长不容易，竞争激烈，我自动放弃年休假与公司一同奋斗，希望组织批准"等，写得非常有意思。

华为后来把员工分为奋斗者和劳动者，劳动者可以享受年休假，但不能享受超额的分红和奖金收益，奋斗者才可以。如果你不主动申请成为奋斗者，那你就是个劳动者，后续的薪酬奖金就会受到影响。

《奋斗者协议》推广一年后，外面都把这当笑话看。内部论坛曾经做过一个匿名调查，结果：总投票数130个，自愿申请的是16个，被自愿的是99个，15个非常不自愿。大部分都申请了，但基本都是被自愿的，这基本上反映了员工们的心声。企业的高压下，大家都只能在会议上说假话，对奋斗者一片拥护之声，私底下恨得要死。台上台下两个面孔——这个场景怎么这么面熟！

非常有意思的一幕

《奋斗者协议》是华为奋斗者文化走向极端的典型之作，也是华为奋斗者文化走向末路的表现。不仅没带来实际效果，还伤了很多员工的心。没签《奋斗者协议》的都被当成了非同路人，奖金股票受到影响，这帮人先后都离职了。明明是强迫签订，非要搞个主动申请，表里不一让更多的人寒心。

4.7 艰苦奋斗难以为继

1993年初作为软件工程师进入华为的刘平之前在上海交通大学当老师，在学校的工资是400多元一个月，这还是工作8年的硕士研究生的待遇。进入华为后刘平的工资是1500元一个月，比当时上海交通大学校长的工资还高。

刘平说，他第二个月工资就从1500元涨到了2600元，到1993年年底时刘平的工资已经涨到6000元一个月。初步估算购买力等于现在的月薪6万元，当时华为本科毕业的秘书月薪都四五千元，可想当时的薪酬竞争力是多么的巨大。

2005年华为一般硕士毕业三四年的员工即可以实现年薪30万元左右，很容易实现有房有车。其实很多人在工作四年仅仅是个基层主管时，在华为的年薪就可以达到50万元，可想而知华为的薪酬吸引力了。[1]

---

[1] 张利华. 华为研发. 北京：机械工业出版社，2010.

后来我离开华为到了另一家中等规模的上市公司，当时和一些总监级领导聊天，得知他们的年薪也才 30 万元左右，而且大部分人没买房，更不用说买车了。不得不承认，华为的薪酬竞争力很强。

高薪酬必然带来高忠诚，因为出去也找不到更好的工作，而且差距很远。所以大家艰苦奋斗是有物质基础的。尤其是以前选择余地小，很多生于六七十年代的员工经历过贫穷，更加珍惜这种来之不易的机会。同时当时的员工在国家大体制下成长，思维更容易归一和服从，也更容易接受这种集体化的文化和从上至下的灌输形式。

但华为现在的薪酬竞争力已经远不如以前，尤其是 2010 年后盈利能力大幅度下降。盈利下降带来分红和奖金下降，物质基础丧失。没有金钱的激励，大家也不愿意那么拼命了，艰苦奋斗的文化在继续贯彻中出现阻力。换句话说，随着盈利能力的下降和股票分红的弱化，"金钱模式"已经玩不转了。

分配方式决定企业文化

经济基础决定上层建筑，分配方式也决定企业文化。华为艰苦奋斗的企业文化根植于高水平的利益分配。随着通信市场的饱和及盈利能力下降，华为这种高水平高强度的分配模式和工作模式逐渐走到了尽头。

小　　结

华为的艰苦奋斗文化历史悠久，华为六条核心价值观中，新员工入职主要讲的就是"艰苦奋斗、以客户为中心和自我批判"。虽然大家不愿意明说，艰苦奋斗最直接的表现形式就是免费加班，不愿意明说很大一部分原因是不想付加班费。

艰苦奋斗确实能给企业带来更多的剩余价值，这一点华为主管们都清楚。很多主管为了让自己尽快出成绩，通过各种手段促使员工加班，早年是调查剩余工时，后来是晚上巡查。

随着企业薪酬竞争力的下降，艰苦奋斗的文化难以为继。而且现在越来越多的穷人上不起大学，或者不愿意上大学，导致华为的人力资源根基也受到影响，艰苦奋斗愈加勉为其难。

第二部分 企业执行三要素

5

组织是骨骼

上面谈了华为成功的三大战略要素：国内通信大发展带来巨大市场空间，汇率制度带来海外低成本，中国人的艰苦奋斗带来的劳动力低成本。但是，国内通信大发展的高潮已经过去，汇率制度的低成本优势也在逐渐降低，人口红利也在下降。

面对战略优势的改变，华为的战略执行究竟如何呢？华为的执行力到底来源于何方，从战略到执行的过程是如何演变的呢？为了便于分析理解，我们引入三要素模型：组织、管理、文化。

举个易于理解的例子：

大儿子、小儿子轮流给家人做饭。父亲规定：周一、周三和周五大儿子做饭，周二、周四和周六小儿子做饭，周日儿子们不定期上课，暂不规定。父亲每月分别给两个儿子1000元钱。

这里规定谁做饭就是最简单的组织，组织就是定义职责和权力的匹配和对等，并能达到某个目的的机构。职责就是按规定做饭，权力就是每人有1000元报酬。有职责无权力，巧妇难为无米之炊；有权力无职责，只能导致人浮于事。

大儿子和小儿子轮流做饭的规矩定下来了，权力和职责也很匹配，可以确保他们按计划开展，但不能保证用心做，一定做得好吃。

这时就可以规定，每次家人吃完饭投票，月底统计，得票多的多给500元零花钱。通过这种约定就会驱动大儿子和小儿子互相比赛做饭。这就是管理，管理就是通过客观的评价体系和激励制度，激发大家的努力。

因为大小儿子周日偶发性上课，不能确保可以轮流，这时就需要给两个儿子灌输一个理念，你们都是家庭的成员，每个人都有服务别人的时候，所以遇到定义不清楚的日子，你们要互相帮助互相弥补。这就是文化和价值观，组织和管理不可能把所有的问题细节都定义清楚，任务边界模糊不可避免，文化则可以解决这个问题。

再看几个可能发生的现象。

现象一：如果不给大儿子和小儿子定义一三五、二四六谁做饭，仅说你们两个做饭，你们要有奉献精神，要有责任意识，可能最终是谁都不做饭；这就是典型的组织设置不合理，却需要文化来弥补，最后导致组织松软。

现象二：定义了一三五、二四六谁做饭，但不给钱，或者只给少量的钱，大儿子和小儿子同样无法做饭，最后导致大家很失落，这就是组织权力和职责不匹配。只希望大家做事，却不给大家必要的支持。

现象三：组织定义清楚了，大家也知道干什么了，但没有评价机制，吃完饭就是爸爸偶尔提一下，或者不提。这样大儿子和小儿子就没了积极性，组织气氛沉闷。这就是评价不合理，不能区分出好坏，大儿子和小儿子都不会努力。

现象四：通过大家投票评价谁做得好吃，但评价是评价了，做得好的并无奖励，口头的都很少，这就是缺乏有效的激励，干得好和干得坏还是一样，大家同样不努力。

现象五：评价也合理，激励也恰当，但没有说清楚大家是一家人，彼此要相互协助，遇到周日或者平时大儿子和小儿子安排不过来，还是没人做饭，大家一起挨饿。这就是缺乏文化的熏陶，组织缝隙无人弥补。

现象六：评价也合理，也有文化，但规定做得好的每月给 10 000 元零花钱，做得不好的不给钱，试图拉开差距。两个儿子在这么巨大吸引力落差下，开始互相算计，甚至互相陷害，最后吃亏的还是大家。

现象五和现象六最复杂，责任分得再细，总有模糊的地方，这就需要文化来弥补。没有考核不行，大家不努力；但考核过度也不行，诱惑或压力太大大家会互相算计。

管理是个非常复杂的东西，既要有组织作为骨骼，也要有管理作为肌肉，更要有文化作为血液，管理和文化还需要适度，避免过度管理而导致组织"部门墙"。组织、管理、文化对于企业，正如骨骼、肌肉、血液对于人，这就是三要素模型。

组织、管理、文化三要素配合得当，企业就会生机勃勃，竞争力增强。三要素互相支撑，但不能相互替代。如果三者配合不合理，往往会带来各种问题。

如果组织设计不合理，权责不统一，这样的企业就是软骨病，缺乏一个坚强的支撑体。带来的现象往往就是管理层的不断谆谆告诫，比如说大家要能端到端，要有责任意识，要有质量意识等，或者说不要忽视测试问题，不要出现不以客户为中心等；反正到处都是"要""不要"。时间久了还会变成"一定要""坚决不要"。这也体现了管理越来越无力，只能通过这些空洞的词语来强调变化，其实什么问题都解决不了。

如果基本的管理不到位，实现不了"赏优罚劣"，企业就会患上肌无力，人才战略出现问题。带来的企业现象就是，大家都不努力工作，整天浑浑噩噩，找不到努力的理由，推一下就干一下，整个气氛都很慵懒。最后想干点事的人都会逐渐走掉，最后企业就会沦为一潭死水，进入恶性循环。

杰克·韦尔奇说过："我的工作就是将最好的人才放在最大的机会中，同时将金钱分配在最适当的位子上，就是这样而已。"他同时又说："我们寻找的管理者，是较之削弱、压抑和控制更善于鼓励、激发和唤起的各个层面的领导者。"

也就是说韦尔奇只干两件事，一是给适当的人搭建适当的舞台，二是客观评价他们的贡献，给予必要的激励。这两点做好了，他就是个卓越的领导者。韦尔奇做的就是搭建权责清晰的组织，并给予必要的评价和激励。

如果组织没有大家认同的文化，就如人患了贫血，面色苍白、劳累憔悴，事倍功半。体现在企业中就是花费巨大的力气在避免风险和漏洞上，可老洞补上了，新洞又出来了，而且还有些组织之间的配合空隙，无论怎么补都无法解决，最后往往是一抓就死，不抓就乱，上上下下都累得要死。

与大公司不同，小公司的组织有着天然的优势。创业初期一般人员比较少，大家的职责非常明确，此时不存在什么权利和职责不清楚或不一致的问题。

小公司一开始都是几个创业人省吃俭用积聚的钱，所以薪酬一般不高，但大家都知道干得好有收益，干得不好都完蛋，也不存在什么赏优罚劣的问题，所以这一点也没问题。

小公司因为有共同的梦想，创业初期往往大家也是志同道合的朋友，彼此往一个方向迈进，出现问题也会互相帮助，基本不存在非常清晰的分工和"部门墙"，所以文化方面也没什么问题。

从上面可以看出，创业型小公司组织、管理、文化都具有一定优势，在高效运营上具有天然的优势，这也是为什么很多创业型公司经常一干就是一个通宵的原因，小公司做产品的速度往往远远高于大公司。

组织大了才会存在管理的问题，大公司堆砌那么多人，往往带来非常低的效率，从这个角度看，把大公司拆分成小公司，未必不是个好选择。

5.1 组织设计

组织建立清楚了，管理才有意义，管理才有基础，组织是企业的灵魂和骨架，组织是支撑起一个企业的基本要素。

组织就是职责清晰，权责统一。良好的组织是基于人性最根本需求的一种体现。没有恰当的组织，管理、文化、自我批判等都是浮云。

看个华为内部刊物《华为人》曾报道的知名案例："马来事件"。[1]

2010年8月5日，一封来自新加坡电信的电子邮件发到了华为公司董事长孙亚芳女士的邮箱。主题是"新加坡电信对华为在马电国家宽带项目中一些问题的关注"。

尊敬的孙亚芳女士、主席：

今天距我们上次会面已经六个月了，在上次的会谈中，我们针对国家宽带项目，特别是 IPTV 部署向华为请求做特殊保障。

非常感激您的亲力赞助与大力支持，我们才得以成功在3月29日正式启动我们的新品牌并商用新业务。这次商用仪式由新加坡首相亲自启动与见证，非常成功！

然而，我们业务的商用并不能代表网络的成功转型，同时也并不说明我们拥有了一个充分测试、安全稳定的网络平台。

从四月份开始，我们开始与华为再度努力，力争开创国家宽带的未来。但非常遗憾，在过去几个月中，华为的表现并没有达到我对于一个国际大公司的专业标准的期望……过去几个月里，多个问题引起我们管理团

---

[1] 原载于2011年232期《华为人》。

队的高度关注和忧虑：

问题一，合同履约符合度和交付问题。在一些合同发货中，设备与我们在合同定义、测试过程中不一致。

问题二，缺乏专业的项目管理动作。在我们反复申诉中，我们刚刚看到华为在跨项目协同方面的一些努力与起色，但是在网络中，仍然存在大量缺乏风险评估的孤立变更。

问题三，缺乏合同中要求的优秀专家资源。来了很多不同领域的人，他们都擅长自己的产品，但都解决不了遇到的整网问题。

这就是《华为人》2011年底刊发的知名的"马电事件"，此文刊载后在华为内部引起很大反响。新加坡电信发现华为各个产品线配合很差，华为和爱立信设备能调通的，华为自己产品间调不通。

去了很多华为产品线总裁，去了都只保证自己的产品线不出问题，整个华为系统是否出问题则管不了那么多。最后客户CEO不得不投诉到华为董事长孙亚芳。但是投诉后，大家还是觉得不是自己的问题，投诉也无人关注。

《华为人》描述道：

投诉发出后，8月10日，孙亚芳从国外回来。期间，被告知马电有一封邮件，我们正在处理。一看大吃一惊："根据我的了解，客户把邮件写到这个程度的话，实际上是到了他们的底线了！"

看完邮件后，孙亚芳立即给某负责人打电话。这位负责人说"我们正在处理，看这个邮件怎么回"。孙亚芳又拨通了亚太片区总裁的电话。其回答说"我回国探亲了，探亲期间爷爷病重，我现在在老家"。得知新加坡事件中一些问题有关软件，孙亚芳于是拨打电话给软件公司总裁。软件公司总裁说"我们的问题今天已经全部解决了，不是我们的问题"。

究竟是谁的问题，问题出在哪里？孙亚芳继续打电话给全球技术服务部总裁："你有没有去现场？"对方回答说"我爸爸腿摔了，我回家看一看。我已经派了我的助手和地区部主管交付的同志去了解情况。"于是，孙亚芳转而向地区部总裁了解情况。地区部总裁说"新加坡交付问题我和新加坡代表处一起来抓一下，全球技术服务部总裁一周后要来新加坡支持……"一两天后，董事长秘书短信询问某负责人在什么地方，其回复说他在外地陪客户，不在新加坡。

至此，客户投诉信发出五天以来，没有一个能代表公司的人，能推动解决问题，大家都觉得和自己无关，要么有特殊情况。

《华为人》整体刊出后引起热烈讨论，光网络文章的回帖就有几十页，点击量也是创了报纸创办以来的纪录。外面很多人看了，也觉得文章写得很精彩，赞叹华为敢于暴露问题，敢于自我批判。

大家众说纷纭，有人觉得是人力不足导致的，有人觉得是绩效主义导致的，还有人说是领导价值观和责任心有问题。《华为人》在文章刊出一周年后，来了个答复，说是因为大家都不去提升自己端到端的意识，和大家没责任心导致了马电事件。

还有这样一个案例。

"数据产品线开发了一个盒式设备，单纯地追求节省物料成本而省下了某器件特性，从物料成本上看省下了3元钱，但对生产调测上来讲，单个设备就延长了测试时间2倍，工时折算增加了8元，到了用户的安装现场，现场调测时间增加了8倍，工时折算增加了30多元。"

一般遇到类似问题时，很多人尤其是大领导，喜欢高呼端到端的文化，端到端的意识，希望员工和主管尽量端到端地管理起来，不要只负责自己那一个领域。华为大会小会上，尤其喜欢提这些口号，包括一些质量意识的口号。

其实这种口号越多，越说明组织职责不清晰，意识和文化是建立在基本的正确制度基础上，你一个结构工程师，整天被别人考核结构的关键绩效指标（KPI），哪有时间关注什么端到端，想关注也关注不到啊。大家之所以这么喊口号，也是因为喊口号更容易操作，也不得罪人，多好啊。口号泛滥，正说明组织有问题。

对比上述关于骨骼、肌肉和血液的模型分析，可以清晰地发现"马电事件"是典型的组织制度设计不合理，责任和权力不匹配导致。

华为以产品线和大平台为组织设置模式，比如有无线产品线、网络产品线、终端产品线，还有市场体系、供应链体系等，导致大家都只关注自己领域，就算勉强定义了端到端的责任，但并没有对端到端负责的权力。面上看起来到处都是责任人，实际没有全局负责人。

组织的过度资源化板块化设计，导致大家没有全局的责任，研发就只管研发，测试就只管测试。组织中缺乏对公司整体负责的职位设计，比如跨组织有权力的项目经理、真正负责任的产品经理、能调动资源的解决方案经济等，大家都只承担自己产品线或某个领域的责任。所以不管大家如何高呼端到端责任意识，自我批判意识，也解决不了任何问题。

过强的考核导向，会恶化这种"铁路警察各管一段"的趋势。组织的资源化设计，导致大家对端到端有心无力，就算有这个职责也没这个权力，更何况这个职责也很模糊；过强的考核，让大家连端到端的心都没了。

因为没了实际责任人，就希望通过文化和意识来弥补，于是大声喊什么要有全局意识和责任心，大家在一条船上等，但由于脱离实际组织支撑，对文化和意识期望过高，最后都流于形式。

组织形式是公司的骨骼，是支撑公司业务的物质基础，没有合理的骨骼，光靠大家的主动性解决不了根本问题，良好的组织形式是决定组织是否高效的根本。

关于公司的组织形态很多，对内比如开发部门，主要就纠结在项目型和职能型上，就是矩阵的强弱问题。对外主要聚焦在开发和市场是否有统一的责任人，有端到端的职责和权力。

组织方式是一个企业的核心竞争力，组织形式的好坏，就是舞台的大小，决定了个人能力的发挥。任何企业运营优化的第一步，就是组织架构的构建和优化。

好的组织形式大家职责清晰，资源充沛，有着用不完的力气。不好的组织，要么职责不清晰，要么职责和权力相脱节，最后把一个个生龙活虎的小老虎，圈成了死气沉沉的病猫。

5.1.1 矩阵组织看起来很美

知识型企业一般有四种组织形态：创业型组织、资源型组织、项目型组织、矩阵型组织（如图5-1所示）。

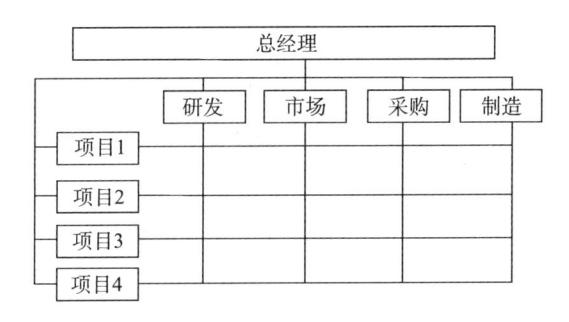

图5-1 常见矩阵组织

准确地说，创业型组织并不是单独的一种组织形态，而是一个组织成长阶段。创业型组织人数不多，虽然也有软件部、硬件部之类的资源部门，但项目经理对整个项目有绝对的话语权，项目运作效率高，大家更容易齐心协力地干活。

随着组织的扩展，创业型组织逐步扩大，各资源部门也不断膨胀，此时就形成了资源型组织，比如硬件部、软件部。此时的项目运作往往挂在某一个资源部门，通过该资源部门调动整体资源，这种组织模式很容易导致"部门墙"现象。

项目型组织就是完全以项目的方式运作，资源部门处于弱势。项目中人员是临时组织的，项目完成后大家就解散，准备承接下一个项目，项目型组织效率高，不足是资源难以重复利用，易带来资源浪费。

管理团队为了解决资源难以调动和资源复用的问题，往往会把资源型和项目型组织综合起来，从而选择矩阵组织，这样资源可以复用，也无"部门墙"，矩阵组织看起来很美。

先看个案例：

一个有十家连锁店的饭店，每个店需要红烧肉师傅的工作量是0.1，可能一个红烧肉师傅资源可以共享给所有的连锁饭店，资源的共享性不错。

如果只是一家非连锁的、单独的饭店要卖红烧肉，要么单独请一个高水平红烧肉厨师，要么其他（比如做炒饭的）师傅兼职。这样要么导致浪费0.9的人力，要么不够专业。资源共享和专业化，是大企业的优势所在。

2009年前，华为的组织模式是典型的资源型组织，开发体系内部有软件部、硬件部、结构部、测试部等。一旦有项目了，如果项目是偏硬件的，就由硬件部牵头做，偏软件的就由软件部牵头做。

资源主导模式的组织"部门墙"厚，资源难以统一调度，也无专业的项目管理人员。如果项目不是自己部门主导的，因而体现不出本身部门的绩效，大家配合度差。

2009年华为开始大力推行PDU产品开发部的组织优化，就是把以前大的烟囱型资源部门，组合成以交付特性为主的集团军，从而提高执行效率和交付质量。简单地说就是在原先以资源为主导的组织里，成立了单独的项目管理部，通过项目管理部统一管理项目，资源线继续负责技术储备和人员培养，项目管理部负责交付项目。

大公司的组织竞争力，就在于能最大可能地共享专业资源，共享专业平台，从而实现低成本竞争力。矩阵组织就是实现资源共享和效率优先的一个组织模式。

矩阵组织看起来很美，但平衡难度较大。容易带来负面作用，即沟通成本大、干部多、组织多头管理、组织运作容易低效。如果矩阵设计得不好，综合实力甚至远远不如小公司和完全以项目为导向的组织模式。

矩阵式运作牵涉很多职能部门，职能部门很容易找到理由拒绝业务部门，因为责任容易推脱，比如还有其他项目更忙；业务部门也很容易找到延迟项目的理由，比如说硬件部不配合；而且即使业务部门有人有点雄心干点事，也被内部推动的事情给弄心灰意冷了，要么求爷爷告奶奶靠私交，要么吵架升级找领导。

思科在矩阵组织方面运作得比较不错，其组织形态早期采用"大企业事业部、小企业事业部、运营商事业部"等以业务形态为主体的组织形式，但发现这种组织形式容易带来组织内部资源浪费，互相开发重复产品，好比十家连锁饭店各卖各的红烧肉。后来又改为职能部门的矩阵形式。职能部门之上建立理事会和工作组，通过理事会和工作组来运作矩阵项目调动职能部门资源。思科为了解决部门间组织资源难以调动互相推诿的问题，设法让理事会成员承担职能部门领导职责，同时强化对协作的考核。

爱立信的矩阵组织里，项目经理有着很大的权力，项目经理不调用资源部门的人力，资源经理连办公室房租都没钱付，更不可能无缘无故地设置什么多余干部，所以爱立信是典型的项目主导型矩阵组织。

华为的矩阵组织虽然有项目线，但项目经理缺乏考评权力，干点事非常痛苦，往往要和各个资源经理吵很久。而且华为一直是资源型主导的组织，组织的变革并未撼动原有的利益格局，弱势的项目线根本无法约束资源线，虽然有项目组织，但并无有效地调动资源权力。而且组织变革过程中凭空增加了项目线的管理组织，多了一倍的干部。

组织：矩阵组织看起来很美

设计不好的矩阵型大公司的竞争力，在某些方面小于无矩阵小公司创业型组织，小于项目型组织，又小于矩阵良好的大公司。也就是说拥有十家连锁店的饭店如果红烧肉师傅共享不好，还不如各自请个红烧肉师傅。

如果一个大公司不能有良好的组织形态，内耗也会非常惊人。企业管理大部分情况下其实不是提升卓越绩效，而是尽量避免内耗而已。离开华为后，去了另一家公司，他们也学华为的矩阵组织。学习后，干部数目大大增加，责任更加模糊，员工不知道听谁的，最后不得不取消矩阵组织。

5.1.2 组织生产关系和组织生产力

企业中大部分组织都是矩阵型的，很少有纯项目型纯资源型的组织，只不过矩阵的规模不一样。为了便于评估健康度，评测这个组织是否符合公司要求，这里我们设计矩阵组织两个特征量：聚焦性和职能性。

聚焦性就是这个组织里是不是把相关业务集成交付，组织间沟通是不是直接高效，能否高质量及时地服务客户。

职能性就是组织是不是能充分利用平台，资源是否充分利用，是否做好技术共享，人员是否能获得很好地培养。

当一个组织很多部门开发相同产品，很多功能重叠开发，说明这个组织聚焦性太强，共享不足，比如组织划分了过多的小事业部，大家在进行大量重复的工作。

当一个组织内部复杂，会议和汇报很多，干什么事都需要推动，都需要扯皮吵架，可能就是因为组织的职能性太强，聚焦性不足。一个组织过于单一平台化，就会造成管理维度过大，沟通成本高。

职能性的增加也许会带来资源共享的好处，但都是要以丧失聚焦性为代价的，聚焦性和职能性是个需要平衡的过程。不同的组织有不同的管理成熟度和员工成熟度，所以不同的组织也要匹配不同的矩阵平衡度。

对于西方相对管理成熟的企业，可以有相对强点的职能性，从而提升资源复用率和充分性。因为成熟的企业可以通过高水平的管理和企业文化规避"部门墙"，提升因职能性导致下降的组织效率。

相对于一个管理不是很成熟而且"部门墙"很厚的企业，则需要相对弱的矩阵形态，尽量避免因为职能性资源性太强而大大影响效率。矩阵平衡度不好所导致的沟通和管理成本实在太高昂，管理学统计若沟通时间占总工作时间的70%以上，则低水平的沟通会严重拖垮组织。

这就好比政治经济学中的生产关系和生产力的关系，生产关系和生产力是需要匹配的，当生产力发展到一定程度时，高级的生产关系才适用这个生产力，如果把先进生产关系套用到落后生产力上非但不能提升生产效率，还会降低生产效率。

生产力就类似于企业的管理成熟度和人员成熟度，以及这种成熟带来的组织高度融合，也可以称为组织生产力；生产关系就是组织矩阵的组织形态及衍生出来的流程，也可以称为组织生产关系。

当企业发展到一定程度时，就是全矩阵形态，也就是内部资源共享最充分的形态，人与人之间都没了扯皮。这好比共产主义，是追求的终极形态，也是不太可能达到的形态。经常有人描述谷歌和海底捞火锅的管理模式，他们人人激情洋溢，内部从无"部门墙"，资源利用最大化，他们就是企业发展比较成熟的形态。

通过高水平的企业管理实现了近似全矩阵形态，这种全矩阵形态带来了高昂的战斗力，而且全矩阵的成熟形态内部考核指标也可以弱化很多。任何大企业都是逐步从聚焦性演变为职能性的过程，逐渐从业务性过渡到职能性的过程，都是逐渐解决"部门墙"走向内部资源最大化的共享过程。

组织竞争力：聚焦性和职能性是组织的两大特征

小公司有着天然的管理高效率，但也有着天然的资源低效率。不同的组织阶段要适配不同的组织形式，才能发挥企业竞争力。组织是否设置合理，要通过审视其聚焦性和职能性，是不是"部门墙"厚，是不是重复开发等。

对于中国大部分企业来说，由于缺乏科学的管理基础，矩阵组织、往往带来的是内部沟通复杂、管理者居多，最后仅仅是管理层看起来很美，实际效果反而得不偿失。

5.1.3 华为的矩阵组织

"推动"曾经在华为非常流行，也是个很让人讨厌的词，也是让华为员工深恶痛绝的词。"推动"产生的根源就是组织设计过于复杂，彼此都有了推诿的理由和空间。这些协调推动工作耗费了员工大量的时间，也带来了产品的低质量。如果实行聚焦性强的组织形式，则部门和员工很少有推诿空间，因为职责明明白白。

这也直接导致两个现象：一是基层主管没时间钻研技术，而且工作强度特别大，大部分时间都在协调推动上，虽然也很忙，但浪费了宝贵的智力和经验资源。另外就是华为非常容易走出"霸气"领导，因为强势更有利于推动相关周边资源，一些不够霸气而有能力的主管或员工很容易心灰意冷，最终离开公司。

这是典型的组织生产关系超越组织生产力的症状，复杂的组织设计，带来了开发过程中职责和权力不匹配，职责清晰，权力渺茫。华为为了同时实现业务聚焦性和职能共享性，设计了非常成熟的组织形态，但内部管理成熟度及员工成熟度和该组织形态严重脱节。

这导致员工工作非常辛苦，也导致产品质量降低。为了解决低质量问题，于是又设计出很多复杂的组织和流程，于是员工聚焦工作时间更少，最后进入恶性循环，质量越来越低。而且我们还增加了很多对组织不信任的监控，希望通过周边部门的管控降低业务部门的质量问题，这也额外增加了组织的复杂度。

华为的组织：会议多，干部多

人都是趋利的动物，组织的设计要精细，要能深入到人的内心实际需求，能通过职责来克服人的惰性。

华为一些不恰当的矩阵组织形式，导致内部管理非常复杂低效，干部比员工多，会议时间比干活时间多，这样的组织肯定低效。

为了解决这个问题，要么在矩阵中建立强项目导向，让项目经理有绝对的考核权；要么解散矩阵组织，或降低矩阵的规模，降低管理的幅度，从而提高管理效率。

5.1.4 产品经理缺位

某项目立项开发的时候，一线驻外办事处呼唤炮火的声音很强，推动研发尽快立项。原因是客户已经下采购订单，就等米下锅了，如果不尽快完成开发，市场会受到极大损失，甚至会影响市场格局，其他厂商可能会进入。强烈要求研发产品必须2011年2月底做到TR5（开发完成节点），可以进行小批量发货。

研发根据实际能力情况，尽最大可能只做承诺到2011年3月底TR5。

研发投入大量人力、物力，按照承诺在 3 月底做到 TR5。

但是 TR5 过后，从 3 月到 12 月，进展很不顺利，货物已经到达办事处，但是由于种种原因，如与客户的框架协议、客户的预算、服务的商务原因等，迟迟没有开通，而且什么时候开通遥遥无期，这个项目最后申请终止。

类似上述的案例还很多，一线在呼唤炮火的时候，力度非常大，于是研发投入大量人力、物力，一线最后并没有实现需求，所有的研发费用都由公司来承担。

表面上看是因为一线不负责任，胡乱呼唤炮火，本质上看还是组织设计不合理，产品经理缺位，或者说产品经理职责不统一，这是大的端到端的组织缺位。

此时的组织是指跨越开发和市场以及采购的一种完整的产品组织。PDT 是华为产品开发团队的名称，PDT 经理就是理论上的产品经理，是最小的交付单元负责人。

平台化的组织设计，导致 PDU 开发部和外部市场脱节，市场的需求源源不断地传回来，研发于是就累死累活地去开发。开发后，却发现市场上并不需要这种产品，而真正需要开发的产品因为人力不足质量无法保证。

这种种问题，是因为缺乏一个真正的责权一体的组织，缺乏一个能平衡前方和后方的真正责任人，这个责任人就是真正的产品经理。如果有个责任人，自己能去平衡需求和后端的资源，他自然会去考虑如何才能使资源最大化，自然会在需求和价值间平衡。

此时虽然有个需求规划的组织，但需求规划部门对外欠缺深入了解市场，对内不理解开发细节，最后往往规划出来的需求并不是市场真正需要的，起不到真正的筛选和缩口的价值。

华为的 PDT 经理更多的来自开发部，对市场和采购约束力有限，管理幅度太大，或者说管理的约束路径太长。PDT 经理拥有很强的实现产品盈利的职责，但不拥有端到端的权力，或者拥有很弱的权力，自然无法解决产品开发的问题。

华为为了解决过度加班，需求质量不高的问题，于是就提出开发和业务分权制衡，希望开发部门和业务部门能对着干，敢于对前方需求提反对意见。但还是解决不了根本问题，因为开发和前方的平衡将带来大量的扯皮，最终不仅丧失价值需求，还会使效率大大降低。

需求和人力的矛盾很大部分是因为需求的管理缺乏真正筛选，导致后方只能被动接受前方大量缺乏深刻理解、仅仅是从自身利益最大化的一些想法，后方付出巨大努力往往却忽略了真正高质量交付的机会。

产品经理的缺位：激发自我约束远比外力约束高效

离开华为后，给另一家公司做管理咨询，发现他们遇到的问题和华为一模一样，虽然开发部门整天开发新产品，但真正卖出去的却很少。

他们的组织设置模式和华为类似，有市场部、需求规划部、开发部，还有产品经理，需求经过规划部规划，然后由开发部开发，开发完成后拿出去卖。

而本来承担产品经理角色的人，对内缺乏对开发资源的调度，控制不了输入，对外无法控制市场资源，控制不了产出，最后仅仅是个信息搜集者，这样作出的产品可想而知市场竞争力有多差。

5.1.5 利益和权利的再分配是组织变革最大的制约

华为传统组织形式和大多数企业一样按资源化运作，权力和责任的分配按资源形式运作，考核和利益分配也是基于资源部门设计。后来华为开展组织变革，试图建立有资源线、有项目线的矩阵形式。

组织变革过程中，方案设计得很复杂，但最终并未带来好的结果，一是干部增加很多，二是责任更加模糊。以前一个大部长下面有几个开发部、测试部等，年终述职一般都是看看各个部门做了哪些工作，获得什么奖励。所以各部长都很关注能给自己部门带来亮点的工作，很关注能给自己带来突出成绩的关键过程指标。

组织项目化后，部门的很多工作被项目管理部承担，所以说资源部门的职责和工作范围降低了，此时资源部门是不需要原来那么多干部的，组织优化不是凭空增加干部，而是干部及利益的转移。

有的公司主管就是希望自己的组织最大、人员最多，不管有没有活干，人多就是最大的追求目标，所以大多都很喜欢招人，似乎这样才能说明自己的权力大、职位高，这也说明人和职责权力在大家心中的重要性。组织变革就是革了这帮人的命，同时还指望这帮人来执行，结果可想而知。

变革其实不仅变的是组织，更是利益，所以风险巨大。历史上无数次变革都失败了，不是因为变革的方向不对，而是触及的利益太多，阻力太大。不把利益问题解决，很多变革都容易流于形式，都是形似神不似。有时利益问题才是隐藏在变革后面的根本动力或阻力。要解决这个问题，要么提前做好利益分配，要么通过组织手段强制化，否则很难做得彻底。

组织变革的利益再分配

矩阵组织本来就复杂，在没解决好利益再分配基础上的华为矩阵组织变革，凭空在项目线上增加了一倍的干部，导致华为干部数量庞大。

组织的变革困难在于利益再分配，为了降低阻力，利益的重新分配要提前考虑。变革终究要靠干部自己来变，如果把他们自己的利益变没了，谁会支持你呢？

5.1.6　组织变革的刚性和柔性

李鸿章在历史上备受争议，教科书上从来都说李鸿章是个镇压太平天国的刽子手，是个签《辛丑条约》丧权辱国的汉奸，是个守着强大北洋军舰拒不出战的懦夫。但实际上他破除重重阻碍，对一些新技术的引进，作出了极大的贡献。

晚清时期，很多在西方成熟多年的新鲜技术引入中国时，无不受到强大的阻力，顽固派和一些被顽固派鼓动的民众成了阻挠变革的强大力量。

李鸿章在修铁路时，有人说"铁路逢山开路、遇水架桥是惊动山神"，有人说修铁路，洋人入侵更方便，更有人说"观该臣筹划措置之迹，似为外国谋"。

面对巨大的阻力和一些不怀好意的诋毁，李鸿章从来没有放弃建设铁路的信仰，当然也没有一味地蛮干，并没有为了自己的变革而冲撞的头破血流两败俱伤。

在争议最激烈的时候，李鸿章悄悄开始试探性地动工修建开平煤矿唐山至胥各庄段的铁路，以便运煤，铁路建成后，他才正式奏报清廷，并有意将其说成是"马路"。后来还借着海军衙门的机会，说服了奕䜣，建设了唐芦铁路，后来还延长到了大沽、天津等。李鸿章就是采取一点点来、稳步前进的策略，硬是一点点修成了铁路。

李鸿章在巨大阻力面前并未简单地以大无畏的信仰和热情去拼命，而是在有策略、有步骤的情况下稳步推进，最终实现了铁路建设。既实现了目标，也保存了实力。也许有人说他圆滑，但解决问题才是最终目的。

关于组织和人的变化是非常困难的，既牵涉理念的变化，也有利益的纷争，搅和在一起更是十分复杂。即使你把未来说的非常有道理，通常也难以带来变化的顺利进行。有时能推动顺利进行的只能是组织巨大的失败。所以历来看出变革重要性的人物层出不穷，执行的人也很多，但真正能把变革成功贯彻下去的却鲜见。

变革的刚性和柔性

刚性是变革的信仰，变革的意志和方向。柔性是妥协，是平衡，甚至是双赢。是一种最大可能降低阻力的执行方式。

任何变革都会面临无比巨大的阻力，因为变革必然牵涉利益的重新划分，变革者在考虑刚性的同时，更要有柔性的手腕。通过刚性明确意志和方向，通过柔性在平衡中前进，只有这样才能最终获得成功。如果只考虑刚性，而忽略了柔性，自身的生命或利益受损不说，更有可能因为变革失败带来的坏影响严重制约后续变革者的进程。

在华为的时候，经常因为华为强大的执行力而苦恼，很多事情都是一刀切，缺乏符合一线实际的管理方法，当时觉得这种强推的管理模式不好，如果能让大家先自己摸索，然后再总结汇总就好了。

后来到了另一家公司，该公司在人力资源方面非常宽松，什么活动都不强制推行，流行的话就是"你们自己说服业务部门去解决"。

他们走到了华为的另一面，但大家把各类人力资源、组织政策和各级主管沟通后，往往会带来各种不同的阻力，很多活动都做不下去，薪酬调整做不好，任职资格做不好，组织评估做不好，连两个业务部门的职务都有不同说法，最后一团散沙。

从上面两个极端可以看出，不顾业务部门差异的强推容易带来不适应，完全放纵业务部门自己的考量，也会因为大家的惰性难以推动，两个极端都要不得。组织有必要的统一落实的力量，同时兼顾业务部门的特殊情况，才是最合适。最合适的常常都是最模糊的，都不是非黑即白的，这也是管理的魅力。

小　　结

公司刚创立时，效率一般都很高，除了创业者的激情外，组织简单高效也是一方面原因。

随着组织壮大，管理者开始追求完美主义，比如资源共享、能力提升等，最后组织看起来完美，但效率更低下了，最后作出来的东西比创业时还少，效率还低。

矩阵组织十分复杂，牵涉管理的横向和纵向匹配，也牵涉汇报的对象问题，如果不能合理地设计和优化，将是一团非常复杂的乱麻，令人望而生畏，很可能最后会拖垮组织。

开发体系外的组织也要建立真正端到端的组织，让产品经理承担起真正产品的经营职责和权力，避免有职责，没权力，最后影响产品的开发。产品经理的端到端，其实就是一个个微型的事业部，实现最小跨度的管理。

5.2　组织评估

1707年10月，一个浓雾迷漫的夜晚，大英帝国几乎损失了整整一支舰队。但事前并没有发生激烈的海战。[1]

克洛迪斯利·肖维尔海军上将把自己在大西洋所处的位置算错了。他的旗舰撞上了英格兰西南海岸外锡利群岛的礁石。这支舰队的其余舰只盲目地尾随其后，一艘接一艘地撞上礁石。结果，四艘军舰和两千多条人命葬身海底。

---

[1] [美] 马库斯等. 首先，打破一切常规. 鲍世修，等，译. 北京：中国青年出版社，2011.

对于这样一个自命不凡的海上大国来说，这一悲剧的确令人难堪。不过，如果我们公平对待克洛迪斯利·肖维尔的在天之灵，我们就会了解到，虽然经度和纬度的概念早在公元前一世纪就已问世，但直到1700年，我们尚未发明一种测量经度的精确方法；也就是说，当时没有一个人能准确知道他们在海上究竟向东或向西航行了多远。

而像克洛迪斯利·肖维尔这样的职业航海家，要估计自己的航程，也只有靠猜测航行的平均速度，或在船的一侧扔下一段圆木，看它从船首漂到船尾要多长时间。既然当时使用的测算方法如此原始，那么这位海军上将酿成大错，也就情有可原了。引起这次惨祸的原因，并不是这位海军上将的疏忽大意，而是他缺乏测算某种他深知对航行至关重要的数据（经度）的能力。

这个故事说明准确的衡量很重要。准确的衡量不仅在航海中需要，在组织中也需要，只有正确评估组织情况，才能做好组织的优化和改进。判断一个组织的好坏，经营指标是一方面，组织能力也是重要方面。经营能力是现在的挣钱能力，组织能力是持续的挣钱能力。

5.2.1　组织约束路径模型

约束路径，即如果项目里的某员工不执行任务，项目经理能通过有效渠道约束管理到该员工的通道长短。关于约束路径的长短可以根据组织形态计算，比如假设"1"个人力就是"1"个单位，项目经理直接管辖，则可以定义为"1"，因为项目经理可以通过考评权利直接要求该员工做事。

如果不是直接管辖，项目经理为了让 A 配合工作，需要先找上级项目办公室，项目办公室再找上级开发大部长，就是说一直找到能约束 A 员工的上级为止，然后大部长再找小部长，小部长再找资源经理，资源经理再找 A 员工。这里的约束路径就是"5"。如果是"0.5"个人力，则把这个

"0.5"乘进去，这样就可以度量组织的复杂度了。如果一个组织的平均约束路径太长，则肯定带来推动和沟通的高成本。

举个例子，如果产品线产品经理驱动的是平台部甚至其他体系的员工，推动就复杂很多。因为万一平台的员工不配合，有效约束路径是项目经理需要先找自己部长，部长再找产品线总裁，产品线总裁再找研发体系总裁，研发体系总裁再找公司总裁，公司总裁再找其他体系领导，这么一级一级走下去，路径非常漫长（如图5-2所示）。

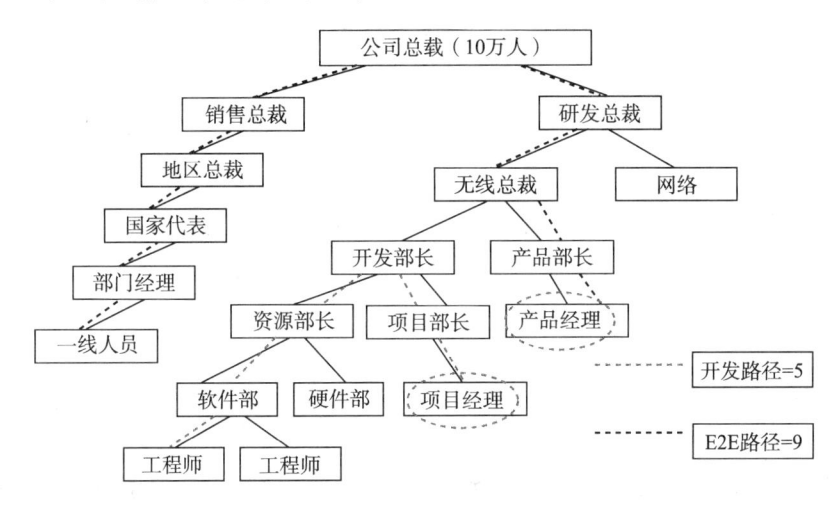

图5-2 平台化组织路径图

约束路径越长，执行力越弱，效率越低。约束路径其实就是考评路径，谁给我发钱，谁就能支配我做什么，是影响员工行为的一只无形的手。

公司达到一定规模，就会推行事业部制，事业部制在组织的末端实现有效闭合，决策往往到事业部总裁阶段即可结束，事业部里的产品经理对研发和端到端（E2E）的约束路径也短很多，这样也提高了执行力，提高了决策效率（如图5-3所示）。一般的组织约束路径长度不宜超过"5"，超过"5"以后，这个组织扯皮就会大幅增加。

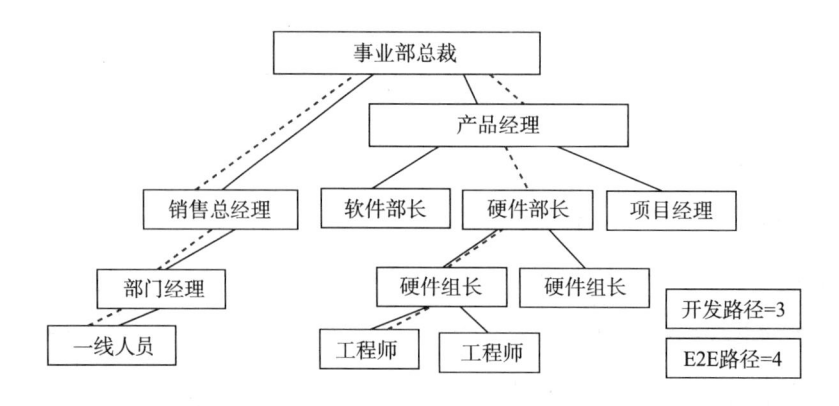

图 5-3 事业部制组织路径图

可能有些情况下约束路径并未体现，比如员工自觉性好，对应部门组织气氛好，则项目安排了就能按部就班地完成。但在员工自觉性一定的基础上，或者说在目前大部分企业的员工素质模型上，约束路径大小是决定项目执行是否高效和成功的关键影响因素，爱立信和思科也不例外。约束路径不仅可以用来解释组织内部复杂会议多、效率低的根因，还可以通过约束路径长短来分析组织成功率和针对性地优化组织或优化项目运作。

组织约束路径：约束路径的长短可以把项目约束力数字化

组织约束路径模型通过数字化，把组织的执行效率可视化，便于决策机构搭建更合理的组织。

约束路径作为一个数字化指标，可以作为大组织的诊断参考，约束路径体现的组织共享性和职能型的平衡。在项目成立后，可以通过评估约束路径的大小来评估项目的风险，避免项目后期推动困难，导致产品质量低下。

组织约束路径大小的诊断和评估，就是衡量组织健康度、衡量开发过程中的职责和权力的匹配度过程，约束路径太大，自然权力就小，权力的满足度小于项目需求度，自然开发起来就困难。好的组织才会有很好的执行力,这也是设置事业部制的根本和魅力所在。

5.2.2 腾讯的组织

创业之初,腾讯的组织结构主要分四块,除马化腾外,其他四个创始人每人单独负责一块——张志东负责研发;曾李青负责市场和运营(主要和电信运营商合作);陈一丹负责行政、人力资源和内部审计;许晨晔则负责对外的一些职能部门,比如信息部、公关部等。

这种平台化的划分,是小公司早期必然的组织形态,也是典型的中国企业组织形式。这种状态在规模小时,管理的维度不大,能够满足要求,但当组织扩张后,则无法跟上腾讯发展的脚步了。当时腾讯公司管理层开始商讨,把公司过去几百人时的组织结构调整为与几万人的公司相匹配的组织结构。

最终,腾讯被划分为8个系统,所有的一线业务系统被整合为4个事业部(BU)——无线业务、互联网业务、互动娱乐业务和网络媒体业务。另外两个系统分别是运营支持系统和平台研发系统。拥有电子商务等长期项目的企业发展系统和职能系统则直属于公司最高层管理机构——总经理办公室。

这次组织调整中,腾讯还首次设立了执行副总裁(EVP)的职位,由7人担任,每个人都负责一个具体的业务部门。而马化腾则抽身开来,留出更多精力进行公司长远规划和产品规划方面的工作。

依靠QQ这款中国网络业绝无仅有的"杀手级产品",腾讯几乎可以进入互联网上任何一个领域,并获得足够量级的稳定用户群。

组织机构的调整为腾讯带来了新的动力,自此之后,腾讯产品四处开花,业务也开始腾飞。目前,腾讯形成了100多项全业务线的产品,并提出"一站式在线生活平台",进而延伸为"做互联网的水和电"。

腾讯：管理自闭环的效率会大幅度提升

随着公司规模的扩大，管理幅度也会增加，此时唯一的途径就是改变平台战略，建立独立作战的事业部，事业部相当于在创业的小公司，这样就可以降低组织的管理维度，让组织再次焕发活力。

据说，阿里巴巴也在事业部化，把原来的组织拆分成十几个独立的事业部，这也是降低约束路径，通过管理自闭环，提高决策效率，提高运营质量。

一些公司的事业部制并不全面，不少仅仅是开发独立了，开发和市场采购等还是平台化的，这种事业部并未解决管理维度大的根本问题，也无法带来组织的活力和效率。

5.2.3 度量驱动管理

本人离开华为后去了另一家公司，当时负责一个产品线的人力资源，相当于沉下去的干部部。刚开始去的时候，大家普遍有种疑惑，觉得也搞不清楚你们人力资源干什么的，就是话说的很好听而已。

当时和大家沟通一些管理方面的方法技巧，让大家注意和员工沟通，做好目标管理、做好适当的表扬等，提高基层管理水平，大家也不是很乐意，不觉得这东西有什么用，觉得浪费大家时间。

后来我把盖洛普的 Q12 组织气氛调查和 MFP 职业经理人反馈计划引入，你不学可以，但我要调查你的组织和个人管理水平，然后排名，把你的管理能力量化出来，给你的上级看。同时也说清楚，你的组织氛围好坏，就代表了你管理能力的高低，这是有数据支撑的。此后大家的学习劲头明显改变，不再推三阻四，开始愿意接受一些新理念。

华为的人力资源体系最大的优势在于建立了有效的闭环，无论是绩效管理还是组织变革，都能通过有效的后端审视来发现问题，并不断优化，从而促进变革的顺利推进。但某些领导过于强势的作风，现在也令华为面临着反馈失真这一问题。

以前有幸和华为某大领导共同开研讨会，一开始大家还讨论得比较热烈，半小时后就大领导一个人说了。说了几小时，大领导累了，于是批评大家，说你们怎么不发言呢。大家说，我们一发言你就打断，我们怎么发言，大领导表示他不打断了。下午又热烈讨论了半小时，后来又是大领导一个人说了，说累了又批评，你们怎么不发言呢？

因为领导太强势，有时你发表点不同看法，领导就会冷嘲热讽，比如说你绩效不好，说你不奋斗等，从动机就否定了你的行为，可想而知哪还会有人敢反馈真实信息呢？

度量：度量也是一种反馈

任何东西，无论物质的还是精神的，只有有了反馈和度量才可能变得更好，没有反馈，就无法获得有效的推广信息，不利于变化和推广。卡普兰也说过，没有描述就没有度量，没有度量就没有管理，没有管理就无法实现目标。

度量有很多种，正规的数字问卷是度量，访谈观察也是度量。不论什么形式，得到有价值的反馈是最重要的，否则组织就失去了纠偏的能力，最终只会离正确的道路越走越远。

上市公司的季度财报也是一种度量方式，通过财报的晴雨表来驱动组织的改良和优化。华为一直不愿意上市，说是担心晴雨表和资本市场影响了华为的长期战略。其实资本市场对短期的关注也是一种控制风险的方式，一般上市公司一两个跌停板，管理层压力就很大，这个驱动力让企业不断思考和进步，非上市公司缺乏这种立刻的纠偏模式，虽然说大方向上更好把握，但也带来更大的赌博，也可能导致更大的风险。

小　　结

组织评估在业界有很多方面，有针对整个人力资源体系的组织评估，有针对经理人的评估，甚至还有针对变革的评估。

评估就是发现现状，从而解决问题，不知道现状如何，自然无法知道如何改变。正确合理地运营好评估和度量，往往会有力提升管理的有效度。

5.3　如何开个高质量的会

5.3.1　华为内部的会议现象

2011年元旦后春节前，任正非突然指示华为内部的心声社区给他整理下网友的意见，党委的员工关系部立刻动员起来开始整理。当时分三个模块：基层管理、文化和价值观、人力资源，我负责汇总整理基层管理模块。

整理完后领导带我们去见任正非。任正非所在的办公楼楼层很高，是仿古式建筑，外面看起来是秦砖汉瓦，里面也装修得中西合璧。办公楼里人很少，很安静。

任正非来了，一手拿着老花镜，穿着一件浅色薄毛衣，看起来精神还不错。任正非用一口带有贵州口音的普通话说他正在写明天市场大会的发言稿，看了我们给他整理的材料，觉得很好，欢迎大家批评。

整理给任正非的三个模块主要是论坛上员工反映比较热烈的问题，其中包括会议多、领导多等，当时给任正非总结的一些关于会议的现象如下：

◎ 某次与其他部门的同期兄弟吃饭，他说了句很经典的话：今天开会的结论，就是召集更多人开个更大的会。

◎ 10个人里面7个领导3个工程师，7个领导开会争抢这3个工程师，所以尽管公司人数越来越多但感觉却越来越缺人了。有一次申请的一个研发兄弟在一线干活，还有两周就回去了，这时机关有紧急工作计划，要求一线提前一周释放人员，一线答复视项目情况尽力争取，但机关死活不同意，拉着地区部一堆人和一线一起，七八个人开了一个小时会，就为了让一线承诺这个人能不能提前一周回去。

◎ 在公司内部，会议室资源最为紧张，AT会议、ST会议、部门例会、业务会议，还有项目会、协调会、沟通会……有无数多的会议，但很多会议往往又议而不决、决而不行，于是再次开会协调、沟通。如此循环往复，常常把人拖得半死不活，而问题仍然摆在那里不得解决。

◎ 几年之前，常给我在华为的同学打电话，经常晚上9点多打过去，还听见键盘噼噼啪啪地响，一句话"在加班，没重要的事待会给你回"。最近几次给他打电话，听见他小声说"在开会，待会我给你打"。

华为内部会议：不在开会，就在开会的路上

很多人觉得在华为白天没时间干活，因为要开会，只能晚上加班赶点活。不仅领导会多，员工也很多会。华为有句名言就是，"不在开会，就在开会的路上"。

会议多的原因有很多，既有组织复杂协调量大，也有会议不遵守规则，低效低质量，很多会开了很久不知道干什么，吵来吵去也没什么主题，最后不了了之。

5.3.2　会议低效的几个原因

组织设计不合理会导致会议增多，除此之外从会议本身来看，会议低

效现象可能和以下几个原因也有关系：❶

◎ 会议发言之随意化。在与会人员地位相当的情况下，常常不经主持人同意，随意插话、"七嘴八舌"打断别人发言。这不仅仅是不尊重他人的发言权，而且也侵犯了其他人听取发言人言论的权利，进而使得与会者几乎无法针对发言人的言论展开有意义的辩驳和讨论。

◎ 会议议题之杂乱化。有时这可能是会议组织者在较短时间内安排了太多议题，但更多的时候安排的议题并不多，但会一开始议题就"发散"，从一个议题迅速偏离到其他议题，或者从一个议题又"离散"出无数议题，最终没有哪个议题能获得充分讨论，与会者也未能深入理性交流。

◎ 会议进程之专横化。在许多协商会议中，经常出现多数方漠视少数方权利，以各种手段阻止其发言的情形。这可称为"多数方的专横"。而"少数方的专横"也不鲜见。即使少数方的发言权和表决权得到了充分尊重，会议已按"多数决"原则和民主程序作出了有效决定，少数方仍感觉事与愿违，拒绝接受会议的决定，不达目的，誓不罢休，以致会议陷入僵局。此外还有"主持人的专横"。利用主持会议的权力，主持人将自己的意志强加于人。

◎ 会议论争之粗鲁化。我们时常可以看到许多会议从平静开始，很快变成大声争吵，接着演变为指名道姓的人身攻击，再升级成对对方发言动机乃至对其人格和道德的怀疑。更严重时往往还从语言"暴力"发展到"肢体冲突"。会议不仅没有解决问题，反而增加了仇恨。

◎ 会议决定之草率化。许多与会者尚未获得应有的发言机会，许多观点和意见还未能得到表达机会，一些重要的相关信息在会议上未及披

---

❶ 《罗伯特议事规则南塘实验》，载于《南方周末》，2009年4月2日。

露，主持人在辩论尚未充分、表决时机并未成熟的时候，就强行将议题付诸表决。会议决定的草率，还表现为后续会议或个人轻率推翻以往会议的正式决定。如果某个会议的决定能够被轻易推翻，那么人们注定也就不会审慎对待以后的会议活动，因为一切都可以轻易被改变，审慎已无必要。

◎ 会议时间之冗长化。有时就因为主持人所期待的某种"皆大欢喜"局面未能形成，担心表决结果可能会造成与会人员之间的"分裂"而不愿将议题付诸表决；有时是因为主持人所期望的某种完美方案尚未出现，或者主持人预计到他所期待的某种特定结果大概不会出现，他也拒绝将议题付诸表决。这种会议久拖不决的现象不仅导致时间的巨大浪费，并且也是对某些会议人员要求的表决权利的明显侵害。

◎ 会议活动之形式化。对于一些会议的组织者或主持人而言，重要的已经不再是在会议上充分讨论、协商，进而作出合适的决定，而是要确保将他们事先已经确定的决议内容在会议上顺利通过。为了达到预期目的，他们通常采取诸如"突然袭击"、"限制发言"、"缩短会期"、"虚构或隐瞒信息"等方法操控会议进程。

上述会议的种种弊病其实并非中国企业所独有。在欧美国家的历史上，类似的现象曾经比比皆是。例如，英国议会早先开会时，也没有什么像样的议事规则，在很长一段时间里，他们的会议是粗鲁、混乱、不体面的，后来才朝着统一和严谨的方向不断演进。

为了疗治这些会议之病，西方国家尤其是在美国发展出了一套系统的、科学的、具备宪政文化精神同时也富有可操作性的议事规则。其中最杰出的代表就是《罗伯特议事规则》，它是西方议事规则的集大成者。

《罗伯特议事规则》深谙人性之道，其介绍的规则有极强的针对性和实用性。基于共同的人性，东西方的民众在会议中遇到的问题经常是相同或相似的。因此，借鉴了英美国家议会法的《罗伯特议事规则》，对于中国社会同样具有重要而深远的意义。

议事规则：通过规则提升效率

其实企业和社会是相通的，企业为了追求利润，追求成长，就必然要建立一套公平高效的机制。这些机制根源于大家的自私和利益，通过这套机制建立了一套彼此制衡的高效运作模式。

这些议事规则不仅解决了纷争，还是民主社会的基石。民主不仅仅是有了选票，更需要一套完善的议事机制。现在很多人在呼吁民主自由，也有更多的人在默默耕耘着支撑民主自由的议事制度，如果大家的议事水平提升，也是对中国民主化进程的巨大贡献。

5.3.3 《罗伯特议事规则》如何提升会议效率

开会时我们经常有下述遭遇：

（1）想发言的时候抢不上话，插不上嘴（除非你拔高音量，摆出强势的样子）；

（2）还没说完就被别人打断（除非你说得又快又不喘息）；

（3）有人能说得滔滔不绝，想打断都打断不了（除非你用粗鲁的语言发起攻击）；

（4）你一言我一语，你一句他一嘴；说拢了，会议成了个别人的表演；说不拢，恶言相向，演变成吵架；

（5）几个人同时张嘴，发现有冲突又同时停止，半秒钟后又同时张嘴；

（6）几个人同时说，谁也不让，谁也不停，不管别人听不听得清。

这样的会议比比皆是，除了那些会使用粗鲁的、强势的、聒噪的方式垄断发言机会的人，我相信没有人喜欢这样的会议。这样的会议显然不公平。在这种不公平的条件下，要么会议不了了之，要么形成了决定没人愿意去做，所以这样的结果也没有效率可言。那么怎样建立秩序呢？

中国人绝顶聪明，这么简单的问题不可能找不到答案——一个一个说嘛，一次只让一个人说，一个说完下一个再说。

这个答案不错。但是还不具有"可操作性"。因为问题又来了。让谁先说呢？谁更有权威谁先说？谁更"牛"谁先说？谁更年长谁先说？谁更专业谁先说？这些都不行。一来这样会导致先说话的人永远都先说；二来"强势"的人或所谓"专业"的人先说了，后面的人还敢说吗？三来要是好几个人都觉得自己更"牛"，怎么办？有人又提出一种办法：按座位顺序轮流说，就像玩"杀人"游戏一样。这个看起来合理，但是也有问题。

《罗伯特议事规则》的一条重要原则：每个人享有平等的发言机会，发言权要通过公平竞争取得。而所谓"发言权"是这个意思：你取得发言权，你就可以发言；你发言的时候，你正拥有发言权；你说完了，你就交回发言权；下一个拿到发言权的人继续发言。

那么怎么竞争呢？形式上总要体面吧，但又不能太复杂。我想这会唤醒大家童年的记忆——举手。没错，举手是我们能找到的既简单又体面的"竞争"方式——谁先举手谁先说！

有了"举手竞争"是不是就有了发言秩序呢？还没有。接下来又有问题：谁来判断举手的先后、然后说"请某某发言"呢？此时我们需要找一个人来专门负责"分配发言权"。所谓"分配"可不是想怎么分就怎么分，必须按照"谁先举手谁先发言"的规则进行，发言权的分配问题是解决会议的公平与效率问题的一个关键。谁先谁后由这个人说了算，没有他的准许，不可以随便发言。而且我们还在一定程度上希望这个人有一种"权威感"，这样大家都愿意听他的，可以降低出现混乱的可能性。我们把这个称为会议的"主席"。

现在我们至少解决了一个问题：让谁先说的问题。可问题还没有完。一开始列出的6种现象，似乎只有（1）、（5）、（6）得到了解决。现象（2）和（3）提出了一个问题：可以打断别人的发言吗？

大家有不同的观点是很正常的事情，可以等人家说完了你再说。你觉得别人说得不对不足以成为你打断别人的理由。那么谁来打断呢？既然我们已经把"分配发言权"的权力交给了"主席"，那么"打断超时发言的权力"也应该交给他，这样他可以收回发言权，然后等待其他人举手申请发言。所以，主席有责任为发言计时，并在发言时限到来时打断发言人，收回发言权。

又解决了一个问题。还剩一个现象（4）。这里面的问题是：一个人的发言次数应不应该也有所限制呢？针对一个问题，发言的总次数必须有所限制。主席要对已达限制次数但又举手的人说，"同一问题每人只能发言 n 次"。以此来拒绝分配发言权。

会议效率提升：会议质量决定着企业管理水平

公司开会可能没那么复杂，但基本道理相同。通过主席的合理安排和大家举手，实现会议的合理开展，提高会议效率与决策质量。

公司的会议可以不严格按照这套规则，但必要的发言权要保证，我们经常见到大领导滔滔不绝讲半天，然后就散会，这样的会议未经大家充分讨论和交换意见，显然无法为后续高效执行提供帮助。

小　　结

华为会议室的墙上贴着"八荣八耻"的一些条幅，比如"以不发言为耻""以不准备为耻"等，看的人觉得不太舒服，开个会有那么骄傲和无耻么。

以前参加华为的管理培训，核心团队的运作里重点也提到了如何开会，包括分配发言权、会议主席的职责等，这些开会的方法也是通用的，企业不追求这些方法像《罗伯特议事规则》一样完善和复杂，但基本的规则和方法还是需要掌握的，高质量的会议是良好组织的生态特征。

6

管理是肌肉

很多人问我，为什么华为员工有这么大的积极性，不管方向是否正确，都拼命往前奔，加班加点地往前冲，这种拼命的动力来源于哪里？这一章我们就来探讨这个问题。

骨骼搭建好以后，组织就基本有了框架，辅以必要的流程，大家职责清晰，知道该干什么，方向和目标清晰。

但只有组织上的权责统一，知道自己干什么，还无法实现有战斗力，因为没有动力去支撑大家好好干，为什么要好好干。

管理就好比是组织的肌肉，是组织中"赏优罚劣"的能力，是利益的分配方式。在这个框架中，干得好的和干得不好的要区分出来，区分出来后还要以必要的薪酬激励。同时大家有成长的通道，这样组织才能往健康方向发展。通过基于利益分配的管理，组织活力就能激发起来。

效率问题就是利益分配问题，包括短期利益分配和长期利益分配。只有建立了大家都有梦想的分配制度，才可能提升组织的绩效，大家才愿意拼命。华为的拼命就是建立在高水平薪酬竞争力基础上的。

如果做不到最关键的"赏优罚劣"，组织就会逐渐往"熵增"方向发展，大家都会逐渐不努力，组织气氛也会越来越慵懒，最后沦为一潭死水。企业没有收益，员工也没有干劲。赏优罚劣和成长通道就体现在绩效管理和任职资格上。

绩效管理是对员工当下获利能力的认可，是对你付出的回报。通过绩效管理拉开员工之间的差距，实现横向的压力差，通过横向的压力差，让员工更加努力工作。

除了当下回报外，员工的能力提升带来的个人增值同样很重要，任职资格就是对增值的认可，通过任职资格的评定，确认员工在公司的价值，让大家都有前进的动力。同时通过级别的差异和适度的荣誉认可，建立起有落差的纵向压力差，通过纵向压力差，驱动大家自己和自己比，从而不断成长和进步。

组织的成功和战斗力就来源于这两个压力差，没有绩效管理就失去了横向的压力差，没有任职资格就失去了纵向的压力差，如果两个压力差都没有，那组织就是一潭死水，毫无生机。不仅是组织，人生也一样，没有压力和动力，永远是无聊的一生。

华为是国内比较早引入完整任职资格体系的企业，早期在秘书体系试点，后来推广到全公司。秘书体系分为初级秘书、中级秘书，一直到助理、高级助理等；秘书体系外还建立了管理体系和技术体系等，基本覆盖公司全部的体系。

管理任职就是常见的组长、经理、部长、总监，一直到总裁，这个体系大多数公司都有。

技术体系分为助理工程师、工程师、高级工程师、主任工程师，一直到首席科学家等，这个技术体系的建立为华为从事技术的人才建立了清晰的成长通道。

支撑该体系的是对应的薪酬体系，不同的等级有各自的薪酬范围，薪酬范围边缘可以适当重叠，但总体保持上升的趋势。任职资格和薪酬体系对应后，就能实现对技术人员的有效牵引，让大家长期安心技术的钻研。

虽然任职资格体系已建立标准，但标准还需要人去判断，需要有个规则和组织去保证标准有效落实在人的身上。华为因此花了大量力气，建立了不同等级、不同技术领域的技术要求，同时通过管理团队的有效评议，来保证这个体系的有效运行，尤其要做到公平公正。

华为2006年成立了三个管理团队：跨部门委员会（MC）、办公会议（CT）、行政管理团队会议（AT）。管理团队之外，还有各级技术委员会来处理技术和任职等问题。

跨部门委员会：公司各级跨部门委员会（Management Committee，简称MC）是为保证业务流程端到端协同运作，而在实体组织架构上设立的跨部门、跨流程团队，是保证公司业务目标达成和治理理念落实的重要组织载体。

办公会议：公司各级实体组织作为端到端流程的重要环节，在相关跨部门委员会集体制定的路线和方向下，通过强化本实体组织的运营管理和能力建设，来保证对委员会所做的跨部门决策加以有效落实。

公司各实体组织的办公会议（Staff Team，简称ST），是实体组织进行日常业务协调与决策的平台，为保证执行的高效，采用行政主管权威管理制，同时通过集体议事，集思广益，避免或弥补主管个人管理的风险性和片面性。

行政管理团队会议：为保证各实体组织内各级干部任用推荐和员工评议、激励等重要人员管理工作的客观性和规范性，提高决策质量，经公司授权各级实体组织的行政管理团队（Administrative Team，简称AT）遵照相应管理规则，开展本实体组织内干部任用推荐和员工评议、激励的相关

工作。❶

决策机制：对于一般性或例行性的工作，可以采用会签方式。对于涉及干部任用推荐和员工评议、激励的重大议题，原则上应采用会审方式进行，会前酝酿，会上讨论，全体成员集体表决。

上述的 ST 和 AT 就是保证规则落地的有效手段，也就是华为的核心管理团队。关于考核排名、任职资格评定、员工任命等，都通过这两个组织来实现，对最大程度保证公平公正，起到了非常大的作用。

任职资格和绩效管理构成了整个管理的两大核心，这两个核心有效保证员工的薪酬激励和长期发展，这两个问题的解决，为组织带来长久的战斗力。

在这两个活动中，最重要的是公平公正，公平不是绝对的，但适度的公平是必要的。如果组织不能公平公正地评价出好坏，还不如不评价。所以华为在这上面花费了巨大精力，不仅建立详细的评价规则和流程，还通过组织有效地保证公平的实现。规则和组织，是保障实施的关键手段。

6.1 两个压力差的构建

高绩效的组织和低绩效组织差别很大。低绩效的部门，组织氛围差。员工每到星期天下午，就心情烦躁，不想遇到周一，每天早上去上班就感觉很难受，非常不想看到我的直接主管，能请假就请假。

高绩效的组织，会对上班有渴望，迫切希望实现自我价值，双休时都心里很担心，觉得这样是不是就少贡献了，我负责的那个重要工作，出成绩是不是就会晚几天，是不是单休更好。早上上班，也是兴冲冲地，浑身

---

❶ 《华为管理者人力资源宣讲材料》，2009 年。

是干劲。

其实两种组织下工资是一样的，企业付出的成本也类似，但企业获得收益差别巨大。这也说明组织管理的重要性，组织管理中最重要的活动之一就是绩效管理，其次是任职通道建设。

从个人经历来看，基层管理者做好绩效管理关键要做好三个动作：目标、沟通和表扬。

我们发现如果大家的目标不清晰，不知道自己工作的价值和意义，工作就是应付差事，做事低效率、低质量；对前途茫然，工作没有激情，离职率居高不下；一般只聚焦眼下的短期工作，大家无法获得有效牵引，无法实现自我管理。

如果大家目标清晰，目标有效牵引工作，知道自己工作的价值和努力方向，工作有激情；个人也能得到成长，对未来有信心；长期目标和短期目标清晰，员工工作有干劲。

如果不做好充分沟通，大家被动执行，缺乏思考，没有成就感；上下级关系冷淡，缺乏信任和团队合作；信息传递低效不完整，容易引起误解；缺乏思想层面的沟通，也无法激发主动性。

沟通充分情况下，员工知其然，更知其所以然，更能激发主动性；组织气氛融洽，大家更易合作；信息传递充分，交付质量高；员工的意见获得尊重，员工更有成就感。

沟通占管理者30%~40%的工作时间，沟通包括传达和聆听，是管理者最重要的素质之一。企业和个人的竞争力在于沟通能力，尤其是在现代复杂的需要协作的工作环境下，沟通更显得重要，没有良好的沟通能力和技巧，工作很难做好。

员工需要表扬，员工得不到恰当的表扬或有效反馈，就不知道自己干得好坏，效率低下；员工不知道做到什么程度才是好，会使工作有很大的盲目性；缺乏表扬的组织内，无法形成你追我赶的局面，缺乏正向的标杆牵引，组织气氛低沉。

员工若知道自己做得好与不好，可以针对性改进，避免盲目性；大家都希望向标杆学习，热情很高，充满激情；表扬要公开，批评要私下；表扬让员工心情愉快，更易发挥潜力，尤其是知识性劳动。

人的潜力在大部分情况下都没有发挥出来，一般企业里能发挥出个30%就十分客观了，想把剩余70%发挥出来要靠平时的表扬。激励可以有效地提升员工的热情，从内心里激发战斗力。拍拍肩膀，员工士气高昂也不是没有道理的。

在做好目标、沟通、表扬这三个动作的时候，还要关注五个点，这五个点也是员工最关注的：第一要给员工讲清楚目标；第二要对员工做的工作有适当反馈，告诉员工他做得怎样；第三要给予必要的资源；第四要员工同时有成长的机会；第五要有适当的回报。

6.1.1　华为绩效管理的演变

华为学习通用电气公司的活力曲线，每半年开展一个绩效管理循环。每个循环分为四个动作：目标设定、绩效辅导、绩效评价、绩效沟通。活力曲线理论上需要有10%的末尾淘汰率，但不同时期执行不一样，大部分情况下不会达到这个比例。

通用电气公司前CEO杰克·韦尔奇提出的活力曲线，也有人称为末位淘汰法则，认为任何组织中，都可以把人分为前20%、中间70%和后10%，后10%需要改进或淘汰，通过这种方式来发挥人的极限能力。韦尔奇所推崇的"活力曲线"，被认为是给通用电气带来无限活力的法宝之一。

每个周期员工分为五个等级：A、B+、B、C、D。A为绩效前20%者，C、D为后20%者，其中C的定义为绩效输出不低于公司成本，D的

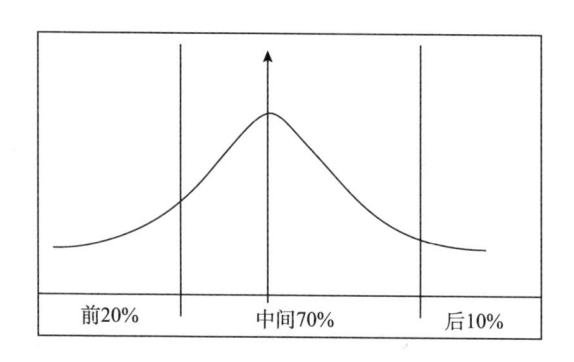

图6-1 活力曲线

定义为绩效输出低于公司成本。

华为学习活力曲线之前的绩效管理和现在大多数企业差不多，按季度由主管打个考评。没有什么规则去定义如何打，也没有组织去保证公平公正。工作基本是按项目来，也会有季度初的个人绩效承诺（PBC）。但绩效管理过程比较粗放和随意，沟通也比较潦草，基层的管理水平比较低。

华为2008年进行了绩效改革，把人力资源组织建立在基层组织上，成立了BHR（HR Partner）组织。BHR的选拔要求很严，必须是基层业务主管，希望把人力资源和业务合成为一张皮。BHR和基层主管密切合作，通过培养基层管理者水平，来实现高绩效的组织文化。

改革后华为的绩效管理复杂了很多，从早期目标的制定，到后面绩效的辅导，都多了很多动作。最后的绩效评价，不再是个别主管说了算，而是早期有360度调查，后期有核心管理团队进行集体评议，一定程度适当保证了考评的公正性。公平公正是绩效管理的核心要素。

同时华为认为，我们现在绩效管理更多地关注管控，忽略了对员工的激发。员工感知是被动参与，干活用四肢多于用脑子，创造力和工作热情被抑制，所以希望通过绩效改革来提升。

改进前具体的表现为过于关注指标的牵引，忽略个人和组织成长，以计划监控替代绩效辅导，关注事过多，关注人过少。改进的目标是重视愿景和目标牵引，鼓励员工积极参与，给予更大的发挥空间。营造激励最佳绩效氛围，适时帮助解决问题，把关注人放在首位。同事沟通过程平等真诚，相互信任。

不过复杂的绩效管理也一定程度增加了很多工作量，导致基层主管大部分时间都在管理和沟通，在技术贡献上下降不少。

华为绩效管理：公平公正是绩效管理的核心要素

中国企业从以前的吃大锅饭突然转变为自谋生路后，一直没找到好的管理方式。大多都是简单任务下发，然后是一吼二骂三拍桌子。

在这样的环境里员工像机器人一样仅仅是上级分配任务和执行任务的工具，员工被动响应任务，得不到有效激发。如果企业在高速增长中还好，一旦增长平缓，士气十分低下。

这种管理模式和项目管理专业人士资格认证（PMP）培训中的基本一致，更多地关注资源和进度，非常适合松散的项目型组织和生产线管理，可以带来规范有计划的交付。

但现代知识型工作条件下，仅仅关注这些显然不够。如何激发起更广大员工内心的动力，让员工有激情有责任感，才是更重要的管理方式。绩效管理的核心还是绩效评价，通过评价驱动高绩效，但公平公正的评价是绩效管理的核心要素。

6.1.2 目标很重要

有一匹白马和一匹黑马，它俩一起长大，直到都能参加"工作"。有一天它们分别被两个人牵走去做不同的工作：白马跟了唐僧去西天取经，黑马跟一位农夫去磨房拉磨。

白马临行前，黑马流着泪跟白马说，"兄弟啊，西天那么远，你跟唐僧去，会吃很多苦的，不如跟农夫讲讲，让你跟我一起去磨房拉磨吧"。白马听完黑马的话什么也没说，含泪跟黑马辞行后跟唐僧去了西天。

多年以后，唐僧终于从西天取经回来，白马和黑马终于又见面了。黑马用鼻子碰碰白马的脸，怜惜地说："兄弟啊，这么多年你跟着唐僧吃了不少苦啊，你看都瘦了许多呀！当年你要听我的话留下来和我一起拉磨该多好啊，你看我，吃得好，睡得好，每天又不用担惊受怕，还有匹母马陪我……"

白马笑了笑对黑马讲："是啊，这些年我跟着唐僧是吃了一些苦，不过我也见了不少世面，在很多艰难的时候我陪唐僧一起度过，还好我们终于到达了西天，把佛经背了回来，这些苦没白吃，除了这些丰富的经历外，佛祖念我取经有功，已经封我做佛了，我马上要去西天佛办去就职了，我是来跟你辞行的。兄弟啊，你以后好好保重自己啊。"白马说完就化做一道金光而去，只留下黑马站在那里独自发愣。

一样的时间，一样走了十万八千里，一个拥有了美好的经历，取得了真经，达到目标成了佛；一个却只见过磨盘石，日出而作日落而息，不知道还要在原地转多久。

类似的故事很多，任正非也喜欢给大家讲一个故事：

欧洲文艺复兴时期，有天中午知名画家达·芬奇路过一个工地，酷暑时节阳光正毒，达·芬奇看到师傅们正挥汗如雨地砌着砖头。

达·芬奇好奇地走过去问一位师傅，"能告诉我你在干什么吗？"这位师傅没好气地瞪了他一眼说，"你没长眼睛啊，没看见我在搬砖头吗？"

达·芬奇只好去问第二位师傅。这位师傅亲切多了，回过头平静地说，"我在砌一堵墙"。然后继续他的工作。

达·芬奇还是不明白，就去问第三位师傅。这位师傅从容地停下手中的活，转过身面带微笑地看了看他，又看了看工地，然后微微仰起头充满神往地说,"我啊,我在建一座教堂"。

多年后,达·芬奇再次经过,又好奇地去当年的工地看了看。他发现说自己搬砖头的依然在搬砖头,说自己建教堂的已经是牧师了。

目标:定位决定地位

每个人在工作中都应该有个目标,有个理想。理想有短期有长期,如果没有理想工作就没有激情,就没有动力。

目标制定后,首先要切身体会一下,比如闭上眼睛假想一下,假如半年后目标实现了,自己是否会有很好的感受,是不是觉得很有成就感,自己也能有很大的收获和成长。如果做不到这一点,感觉完成后平平淡淡,做完就做完了,则目标制定就失败了,很难激发起激情和执着,也很难有高质量的交付。

目标制定不能只顾着结果的伟大,更要考虑可实现性。别制定个很难实现的目标,还振振有辞地说是为了激发你更大的潜力,是为了让你找下够不着的感觉。无法实现或实现特别困难的目标就是没目标。很多人就容易犯这个错误,目标制定的太离谱,不考虑大家的执行阻力,兄弟们看着遥不可及的目标,最后不得不离开。

有个段子说,一家三口在沙发上看电视,父亲渴了,叫三岁的儿子弄杯水来,儿子从沙发上爬下来,一会儿抱着杯水回来了,父亲接过杯子喝了一口并表扬了儿子。母亲问:"他还没水缸高怎么能弄到水?"父亲苦思良久痛苦地得出结论:"只有马桶。"

结论:上级给下属布置超乎难度的任务时,结果也往往会出乎意料。

在企业管理中,很多领导人将目标点设定得非常清晰,一味只让员工千方百计达到目标点,可是对于企业实现目标点的现有资源与条件,尚未盘点清楚就慌忙冲上前线。结果往往是要么无功而返,要么功亏一篑。这就好比打仗，目标是拿下敌军的山头，但总得清点自己有多少战士，有多少可以正常使用的武器，除了这些硬件之外，还要清楚我们都有哪些资源与优势，比如，是擅长地道战，还是远距离发射炮弹等，只有将这些搞清楚了我们才有可能打胜仗。否则就有可能走冤枉路，甚至会付出惨重的代价。当然，目标设定也要防止进入另一个误区，避免出现为了目标而目标。

6.1.3 什么是好目标

黑熊和棕熊喜食蜂蜜，都以养蜂为生。它们各有一个蜂箱，养着同样多的蜜蜂。有一天，它们决定比赛看谁的蜜蜂产蜜多。

黑熊想，蜜的产量取决于蜜蜂每天对花的"访问量"。于是它买来了一套测量蜜蜂访问量的绩效管理系统。这个由先进的计算技术支持的系统耗资不少，但也的确能准确记录每只蜜蜂每天的工作量——在它看来，蜜蜂所接触的花的数量就是其工作量。在季度中期，它公布每只蜜蜂的工作量；另外还设立了奖项，奖励访问量最高的蜜蜂。但它从不告诉蜜蜂们它是在与棕熊比赛，它只是让它的蜜蜂比赛访问量。

棕熊与黑熊想得不一样。它认为蜜蜂能产多少蜜，关键在于它们每天采回多少花蜜——花蜜越多，酿的蜂蜜也越多。于是它直截了当告诉众蜜蜂：它在和黑熊比赛看谁产的蜜多。它花了不多的钱买了一套绩效管理系统，测量每只蜜蜂每天采回花蜜的数量和整个蜂箱每天酿出蜂蜜的数量，并把测量结果张榜公布。它也设立了一套奖励制度，重奖当月采花蜜最多的蜜蜂。如果一个月的蜜蜂总产量高于上个月，那么所有蜜蜂都受到不同程度的奖励。

三个月过去了，两只熊查看比赛结果，黑熊的蜂蜜不及棕熊的一半。黑熊大惑不解，自己花钱费神设立的绩效评估系统怎么会不管用。这时，蜂王告诉它，蜜蜂的访问量每月都增加一成以上，而每月产蜜量差不多下降一成以上。黑熊非常生气，连声问有没有谁偷吃了蜂蜜？

蜂王说："没有谁偷吃蜂蜜，问题出在没有足够的花蜜来酿蜜。为尽可能提高访问量，蜜蜂们都不采太多的花蜜，因为采的花蜜越多，飞起来就越慢，每天的访问量就越少。您有没有注意到，在给工作量最大的蜜蜂发奖的时候，其他蜜蜂立即一齐发出不满的嗡嗡声？蜜蜂之间竞争的压力太大，一只蜜蜂即使获得了很有价值的信息，比如某个地方有一片巨大的槐树林，它也不愿将此信息与其他蜜蜂分享。您要是早说您是在与棕熊比赛，而不是在让我们比谁访问的花多，蜜蜂们的工作是否就会大不一样了？"

黑熊这才知道自己的做法不太对头，于是虚心地向棕熊请教。

棕熊说："我之所以让蜜蜂们专注于采集更多的花蜜，是因为花蜜才是与最终的绩效直接相关的。你的评估体系很精确，但你评估的绩效与最终的绩效并不直接相关。枝节越多，越容易走入歧途，越容易忘掉最终目的而把手段当成目的。"

棕熊说："另外，你的奖励方法也有问题，本来是为了让蜜蜂搜集更多的信息才让它们竞争，由于奖励范围太小，为搜集更多信息的竞争变成了相互封锁信息。我的蜜蜂不一样，因为我不限于奖励一只蜜蜂，为了采集到更多的花蜜，蜜蜂相互合作，嗅觉灵敏、飞得快的蜜蜂负责打探哪儿的花最多最好，然后回来告诉力气大的蜜蜂一齐到那儿去采集花蜜，剩下的蜜蜂负责贮存采集回的花蜜，将其酿成蜂蜜。虽然采集花蜜多的能得到最多的奖励，但蜜蜂之间远没有到人人自危相互拆台的地步。激励是手段，激励单个的蜜蜂更是手段的手段，相比之下，怎么激发起所有蜜蜂的团队精神才更重要。"

目标制定：请给我结果

绩效评估是专注于指标，还是专注于最终目标，管理者须仔细思量。激发员工之间竞赛固然必要，但相比之下，激发起所有员工的团队精神则尤显突出。只有每个人都表现出激情与才华，积极合作，才能发挥团队的最大力量。

对于知识型工作者来说，这些操作空间能显著提升个体的创造力和成就感，最大可能地挖掘每个人的潜力和智慧，真正发挥所有人的能量。而且这种目标制定方式，也更容易把"要我做"的被动接受，转变为"我要做"的主动创造。从而带来更多的成就感和归属感，提升整个组织的工作效率。

反过来说，如果主管不信任下属，觉得自己能力强，过于牵涉具体操作方法，比如这个实验怎么做，这个方案怎么拟等，这种越俎代庖的目标制定方式非但不能提升工作效率和质量，反而扼杀了员工的创造力和热情，制约了大家的主动性和积极性，时间久了大家也懒得去思考了。主管都想好了，大家自然没什么想头了，按指示做就是。所以工作也会越做越被动，工作效率也很难提升。这种目标制定方式把知识型创造型的设计开发，管控成了操作型机械型的生产制造，不利于组织目标的达成，也不能有效促进员工的成长。

而且主管距离目标细节相对遥远，很难真正听到炮声，再加上主管的天赋也是有上限的，就算真的想到了方案，也未必比员工想出的更合理。制定目标如果过于细腻，其实也是一种越级管理，越级管理经常会扼杀被越者的创造力和责任感。

盖洛普也说，在大部分情况下，只要明确目标，员工应自行寻找对他们最合适的路径。在现实生活和工作中，两点之间最短的距离不是直线，而是阻力最小的路径。不同的人面临不同的阻力，会选择各不相同的最佳路径，所以主管也切忌不应做管头管尾的碎嘴婆婆。

真正合理的目标既要能体现对员工明确而清晰的要求，又能给员工提供能充分发挥才华的舞台。制定的目标要充分信任员工，授权员工，能牵引大家去主动思考积极创造，要让员工有独立思考和追求最佳的权力和动力。这样的目标制定不但能带来高质量的交付，高效率的工作，也有利于员工的快速成长，实现组织和个人的双赢。

6.1.4 中间辅导

2008年刚上任华为基层管理岗位时，一开始不知道如何下手，自己来公司也没多久，很难有那种发号施令的影响力。当时领导告诉我，应该找大家来开会，开会达成一致后再执行会好些，但后来发现也不是那回事。

工作一筹莫展，绩效也不太好。后来参加了公司组织的一些基层管理者转身的培训，学习了如何沟通、如何表扬等基本知识，确实有不少收获。

结合培训的知识，后来为了了解大家的工作进展，我坚持每个月找员工单独沟通一次，把这个月进展和下个月计划列出来，并把大家做得好的地方重点标注，做成月报的形式，在内部邮件里发给小组全员，并抄送给上级领导。

这个活动坚持下来后，我发现执行力显著提升，大家的工作激情和氛围也有很大改善。这个活动坚持了很多年，后来被作为部门优秀实践进行了推广。通过月报的形式清晰地表明大家的工作，而且还抄送给有考核权的上级领导，是一种权力的借用，换句话说，虽然作为基层组长我没有考核权，但我有把信息传递上去的话语权，这就是一种变相的考核权，通过这种考核权强化了组织的执行力。

利用这种执行力，指出了大家工作做得好的和做得不足的，也保证了大家工作的节奏感，给予必要的反馈，避免工作长期无进展没人问，或者做得好，也没人关注，通过有效地反馈和激励，提升了组织的有效性。

通常项目周期长容易带来疲惫感，不好管理，员工的创造性和热情都显著下降。通过对一个个小项目的有效反馈评价和改进，比如按月度总结工作进展，阶段性的反馈和评价等，这些措施能实现个体的认同感，改进了方法和思路，通过实现不断改进的目标，从而保障大项目的最终成功。

绩效辅导：适当的反馈对提升绩效非常重要

所谓绩效辅导是指管理者与员工讨论有关工作进展情况、潜在的障碍和问题、解决问题的办法措施，明确员工取得的成绩以及存在的问题。它贯穿于整个的管理过程，不是仅仅在开始，也不是仅仅在结束，而是贯穿绩效管理的始终。

绩效辅导最重要的价值就是告诉员工做得怎么样，给予必要的反馈。如果员工不知道做得如何，即使目标清晰，也同样会很迷茫。

中间辅导里一些关键动作要澄清工作进展，表扬做得好的，同时沟通员工工作过程中的困难，并提供有效帮助。

绩效辅导不是一个固定有型的动作，而是管理者一系列管理动作，在工作需要时随时的沟通都是辅导，并不是说月度沟通或者周报就是辅导。基层管理者要把绩效辅导做到业务一线，实现走动管理，这样才能真正把大家激发起来。

6.1.5 绩效评价和沟通

华为在绩效周期将结束时，部门会以三级部门为基础，通过集体评议的方式进行绩效排名，最后给员工按 A、B+、B、C、D 共 5 个级别进行标定。

奖金和配股都是按照这个级别进行分配，这是华为价值分配的关键环节。评价是为了分配，否则评价毫无意义。虽然这套绩效管理遭到很多员工的批评，但个人认为还是有很多值得大家借鉴的地方。

任正非曾经有句名言，说他在华为二十年做的最重要的事就是分钱，把钱分好了，组织就活了。公平公正是分钱最关键的要素。华为提前会建立一个任职资格体系，每个人有对应的级别，每年考评定下来后，再跟任职资格匹配，比如16级基本薪酬多少，16级的A、B+、B、C、D分别是多少等。因为有等级对应的奖金标准在约束，官僚体系的权力一定程度上受到制约，奖金和股票会在一定范围内波动，员工的利益能获得一些保障。应该说，华为在这点上的做法，是值得很多企业学习的。

评价和沟通：绝对的公平没有，但值得企业努力接近

公平公正是绩效评价和沟通的最核心要素，也是绩效管理最后的高潮，对公司来说员工的价值已经实现，对员工来说，现在正是兑现的时候，所以希望尽可能实现公平公正的程序和结果。

绝对的公平公正是没有的，员工也要能接受适度的模糊，毕竟知识型劳动难以评价，这一点也要在沟通中传递，真正有上进心的人，是不会在乎这些点点滴滴的。

6.1.6 绩效评价要和薪酬激励结合起来

离开华为去了另一家公司，大家普遍对绩效和考评不感兴趣，觉得无所谓，只要不是D，要做什么改进计划即可，组织气氛很差，很多优秀的人才离开。

后来发现，大家不感兴趣的原因是虽然有了A、B、C、D，但并未和薪酬激励结合起来，或者结合得比较松散。得了 A 也不会涨工资，得了 B 也一样，所以大家都对绩效评价很淡定。

后来回过头再想华为的情况，发现华为建立起了一套完整的评价体制，也建立了支撑评价结果的一系列分配机制。这两点对于良好的绩效考核非常重要，没有这两点，绩效管理就会流于形式，不会带来任何价值。

如果考核很好，但并未获得很好的激励，就会让大家觉得白忙活了，一些优秀的人才自然会不再努力，一段时间后，他们就会觉得很无聊，认为失去成长空间，最终逐渐离职。

良好的评价机制也一样，如果组织不能分出谁干得好，谁干得不好，那么绩效管理反而会恶化了组织，一些优秀的人才同样会走掉。一个组织如果不能发现优秀、改善落后，那么这个组织将会面临巨大的危险。

在做绩效评价的时候，级别的不同同样要体现，或者说绩效评价也要和任职资格对应，13 级的 A 和 15 级的 B，他们应该有自己的薪酬范围，而不是随意制定。企业中没有任职资格体系，大家就会觉得没有奔头，组织就会丧失活力。技术体系的任职资格格外重要，如果没有技术体系的任职资格，大家都会往管理线上挤独木桥，最后也会浪费大量技术人才。

小公司可能没有必要把任职体系做得那么复杂，但基本的职业通道和薪酬通道是必要的，这个通道是员工努力上进的动力，是生活的方向。

绩效：不增加待遇的管理都是"耍流氓"

以前觉得打好 A、B、C、D 就是绩效评价了，其实评价后面需要很多东西支撑，包括薪酬激励的对应、公平规则的建立，没有这些复杂的体系支撑，绩效管理要么流于形式，要么带来更恶劣的不公平，恶化组织战斗力。

在一些不是很规范的企业里，因为薪酬竞争力不足，很多管理者不敢拉开差距，他们觉得本来薪酬就不高，拉开差距是不是员工的感觉就更差了。

后来发现，即使薪酬竞争力不是很强，如果不能把薪酬差距拉开，干得好的员工仍会感到很憋屈，他们看到别人不努力，获得类似的报酬，很容易就不努力工作了，时间久了，就会离开公司。

所以任何情况下，都需要建立一个能区分好坏的组织，总薪酬水平的高低不是拒绝区分好坏的原因。薪酬的拉开不仅是对优秀者的物质表扬，更是优秀员工一种精神上的自我实现。

薪酬拉开后对应的是相对公平公正的评价，只有有了公平公正的评价，拉开的薪酬后激励才有价值。公平公正的评价需要一套相对完善的规则和一些尊重群体意见的组织，而不是规则不清，只由少数领导随意指定。薪酬拉开和公平公正的评价，是一个组织必不可少的管理重点。

6.1.7　基层管理的转身

员工在职场中有两个转身，这两个转身对于一个职场人员非常重要。一个转身是从单独的领域交付至端到端的全流程交付，这就好比从一个软件工程师成长为一个系统工程师，从交付一个节点，到理解整个产品的过程。另一个是从独立贡献者到管理者。在从独立贡献者转变为管理者时，由于对管理者的价值和贡献不清晰，迈出的管理步伐不够坚定，在转身时非常容易犹豫，总担心转身后做不出成绩，也不知道如何作出成绩。很多人容易沉浸在以前作为优秀的独立贡献者的工作模式。这一个转身相对比较困难，此时必要的培训和实践非常重要。

华为公司组织的基层管理培训中有个研讨非常值得大家分享：养猪场里有头别致的猪，这头猪会唱歌跳舞。请大家研讨，如何看待这头猪。

大家都知道华为提倡的是干一行爱一行，大部分的观点都是既然养猪是为了卖肉,对于这个猪来说,就应该安心养身体,不要费心劳神去唱什么歌,最后还降低了产肉率。

当然也有人认为,对于养猪场的老板来说,猪产肉最终还是为了盈利,至于是产肉盈利还是唱歌开演唱会盈利,并不重要。既然这头猪会唱歌跳舞,显然是旷世奇猪,不如继续挖掘这头猪的优势,相信带来的价值远超过这头猪去产肉。

这个故事给我留下很深刻的印象,它教我如何去思考发挥组织的长处,开始思考一个一线经理人的价值。任正非说,"猛将必发于卒伍,宰相必取于州郡,没当过基层管理者的人,不能提拔为中高级干部"。当过基层管理者后,后面的管理行为和动作也就水到渠成了。

基层管理的转身要做好几个角色。首先要从以前的只关注人,到关注人和关注事,能通过凝聚人来带团队;还要能给团队成员一个清晰的任务和目标;同时还要能通过以身作则,一身正气,给予团队正向的引导,从而带来高昂的战斗力。

基层管理中主管与下属抢功的问题也很常见,论坛上很多人骂直接主管,说屁事不干尽抢功了。其实这是直接主管短视的表现,员工作出成绩,主管应该把他凸显出来,让上面知道你的团队有人作出成绩了,团队作出成绩自然主管也是有功劳的,而且把员工的成绩提出来,员工也很开心,工作激情也更浓厚,这样就获得双份的肯定。

如果主管抹杀下属的成绩,把什么都当成自己的行为,那就是杀鸡取卵,不仅降低了自己的领导能力,也深深伤害了员工的心,就算这次勉强获得上级肯定,但长此以往终将一无所有。主管越无私,越让下属有成绩,就会越有"私";主管越有私,越和下属抢成绩,就会越什么都没有。

转身：职场转身很重要

第一次管理的转身最痛苦，但也最重要、最难忘。转身要关注很多东西，并不仅仅是任务分配和催促员工，还要建立一个良好的绩效氛围，帮大家解决问题。

因为第一次转身一般都是从技术专家过来的，以前做技术的那一套和带团队的那一套差别非常大，所以此时必要的管理培训就非常重要，通过培训梳理清楚大家的职责和一些基本方法，然后在工作中不断揣摩，才会真正有所进步。毛泽东说过，革命路线确定以后，干部就是决定要素，基层干部更是非常重要，基层干部的培养也十分重要。

6.1.8 横向和纵向压力差的构建是激发组织的关键行为

绩效考核带来的薪酬差距是一种横向的压力差，是以绩效和贡献为基准，人为拉开彼此差异，让员工和员工比，利用这种差异激发员工努力工作。

任职和未来薪酬的变化，是在时间的维度上构建这种压力差，是一种纵向的压力差，让未来的自己与现在的自己比，激发自己更努力工作和成长。

参加过军训的人应该都知道，解放军一个重大的训练活动就是"比"，个人和个人比，连和连比，团和团比，甚至连叠被子都比，在这种比较之间，实现大家的努力训练，力争上游。组织的活力就来源于空间上的自己和别人比，时间上的现在的自己和过去的自己比。

这种压力差就好比是有落差的大河，会生生不息，充满生机。如果没有这种压力差，水就不会流动。就算勉强扔进一颗石子，短期内会激起些波浪，但也会很快再次趋于平静。

组织也一样，如果不能持续地构建压力差，也会因为熵增的原因而归于低效。组织有这种天然的熵增冲动，因为如果不努力可以获得一样的报酬，自然就没人努力。只有人为构建这种压力差，才可能避免这种熵增带来的低效。人都有追求，都是有爬梯子的冲动的，所以压力差不仅要构建出来，还要讲出来，这样大家才会看到目标，更有激情。

拉开差距构建压力是需要勇气和成本的，必须要能通过合适的程序，能保证必要的公正性，否则只会更加恶化组织。绝对的公平不存在，但总体的公平十分重要，值得企业不懈追求。压力差和公平在一起，组织才能真正激发起来。

华为做得最好的地方就是把这两个压力差发挥到了极致，而且华为在做绩效考核和任职资格方面花费了巨大精力。为了保证绩效考核的公平性，对基层管理者进行一轮轮的培训，评价前一次次地讨论和排队，耗力惊人。任职体系也引进了知名咨询公司，是各业务部门最重要的工作之一。

曾经在华为绩效为 A 的员工奖金是绩效为 B 的员工奖金的 2.5 倍，绩效为 B+ 的员工所得奖金是绩效为 B 的员工所得奖金的 2 倍，因为这种薪酬的差距，绩效好的年薪是绩效一般的两倍左右，这让华为员工为把工作做好愿意付出巨大的努力。

正如前文所述，华为的任职资格也很完善，包括技术通道、管理通道，后面还增加了项目管理通道。技术通道还设立了首席科学家、研究员等职位，这些职位不仅最高可享受副总裁级薪酬，还享有被宣传和认可的荣耀，名利双收。这些通道让员工对自己的未来有清晰的认识，也有了努力方向。

很多小公司只关心做业务，觉得业务好了一切都好了，而忽略了两个方向压力差的构建，最后组织有种巨大的无力感，甚至十分混乱。小公司通常又是总经理说了算，大家平时关系也不错，于是就成了大锅饭。大锅饭表面上是照顾兄弟义气，看起来很公平，其实是伤害了真正努力的人，是最大的不公平。

压力差的构建十分重要，但压力差设置过大也会有很大的负面影响。华为2008年推出新的绩效管理，因为设置了过大的薪酬差异，导致大家都不合作，"部门墙"很厚，大家觉得与其帮助别人作出团队绩效，还不如耕耘自己一亩三分地，做好自己绩效重要。最后公司不得不降低了奖金的过大差异。

日本的企业也会对员工进行对比，稻盛和夫还发明了阿米巴的方式更精确地对比，他们比的过程中为了避免彼此的不合作，比的是为组织的贡献和荣誉感，大家觉得为企业做了贡献很骄傲，也就不会因为对比而忽视企业利益。可能日本企业更容易培养这种荣誉感，这与日本特殊的文化和危机感有关系。

光控制压力差还不够，组织文化建设也很重要。任何管理都需要人来执行，而且再精细的管理和考核都会有边界模糊的问题，此时就需要文化来弥补和润滑，通过文化来凝聚大家，来实现团队合作。这一点中国的火锅名店海底捞做得就很好，他们通过关心员工，激发起了员工的责任意识，最大可能降低了"部门墙"。

压力差：水有压力才会流动

水有压力才会流动，人亦如此。横向纵向两个方向的压力差激活组织打破了"大锅饭"政策，解放了生产力，是中国企业一个巨大的进步。中国许多企业都在打破"大锅饭"的阶段中。杰克·韦尔奇说过，"我的工作就是将最好的人才放在最大的机会中，同时将金钱分配在最适当的位子上，就是这样而已"。不仅要分现在的钱，还要能分未来的钱。公平公正地构造双方向的压力差就是一种激活组织的分钱模式。

6.1.9 绩效管理遇到的两个问题

故事一：动物庄园

古老的东方大地上正在进行着轰轰烈烈的变革，一只伟大的传奇式动物土狼，经过多年的艰苦奋斗，在华夏大地上创建了自己的动物王国，这个王国以土狼作为全体臣民的图腾对象。

动物王国成立初期，社会资源极大丰富，稍事努力就会有丰富的回报。尽管内部管理不太精细，但动物们仍过得非常滋润，成了很多动物羡慕的对象。

若干年后，动物王国越来越庞大，影响力日渐扩散。但和其他一些动物王国的激烈斗争中，动物王国显得越来越吃力。此时位居领导地位的，都是当年打天下的老功臣，他们的战斗能力很强。

领导们一般都管理很多动物，不可能对所有物种的业务都了解。比如一条叫"大黄"的狗就管理着鸡、鸭、鹅等家禽部；一头叫"得力"的猪则管理着马、牛、羊等家畜部……面对敌人的腾腾杀气，领导者们整天冥思苦想，有的头发想白了，有的头顶想秃了。

不知道是哪个动物，一不小心在什么地方听到了"管理"和"量化"两个词语，于是奉为经典。大家从此欢欣鼓舞，他们终于找到了自己的管理方式。虽然对手下的业务不太懂，但可以把手下的工作量化啊，把手下的工作做成一个个数字样的东西，自己虽然懂得不多，但每天比数字，总可以搞好管理了吧。

首先从家禽部开始，家禽部主要分六个部门：公鸡部、母鸡部、公鸭部、母鸭部、公鹅部、母鹅部，当然除了这六大部门外，还有个测试部，主要负责监控前六个部门的工作。部长"大黄"决定，凡是产蛋的部门，产蛋量每天不低于1个/只，以后每年需提高20%。公鸡部每四个"打鸣"抵一个蛋。公鸭、公鹅等，由于既不能产蛋，也不能打鸣，集体辞退。

家畜部相对复杂些，因为牛不仅能耕地还能推磨，羊不仅能挤奶还能剪毛，马不仅能拉车还能驮货，量化起来格外复杂。本着"有条件的要上，没条件的创造条件也要上"的原则，部长"得力"决定，牛拉磨转一圈算"1"个工作单位，耕地一亩算"10"个工作单位；羊产一公升奶算"5"个工作单位，产一公斤毛算"10"个工作单位。马拉一公里车算"5"个工作单位，一吨货物算"5"个工作单位。今年每只动物完成1000个工作单位，明年提升23%，达到业界领先水平。

其他部门也都类似，能量化的要量化，不能量化的也要量化。一些聪明的基层领导觉得这样可能不太合适，一直拖着不办。于是大领导们就把他撤换掉，让愿意这么做的领导来做。

刚开始的几年，王国的表面实力节节攀升，产蛋量、产奶量等连年翻番，形势喜人。领导们整天比数字，虽然很累，但很有成就感。都觉得自己太伟大了，这么大的企业都管理得井井有条，自己真是天生当领导的料。

可随之也有些问题产生，比如公鸡打鸣，为了多争几个指标，公鸡们天一黑，就开始狂叫，吵得全王国都睡不好觉，大家一个个都无精打采的。还有就是鸭和鹅觉得自己下这么大的蛋，却是和鸡一样的工作单位，觉得很不公平，所以蛋越生越小。到后来，鸡、鸭、鹅们虽然每天都生很多蛋，但加起来还没以前一个大呢。虽然指标上去了，但总重量却下降了。

更严重的问题还在后面，由于公鸭、公鹅等没有明显绩效，都被辞退，王国里的鸭、鹅繁殖都由公鸡代劳，公鸡工作量异常饱满，个个累得要死，还经常吃力不讨好，后来整个家禽部生出的后代，都是些不鸭不鹅的东西。

家畜部也有严重问题，由于部长"得力"对马、牛、羊的具体工种不了解，导致下属们怨声载道。有的甚至利用政策的漏洞糊弄领导，有的因为政策导向问题只干某一件事。比如量化只定义了牛拉磨的转数，却没定义磨出东西的重量，所以牛一天到晚只拉空磨转，领导还以为他多勤奋呢。羊也是天天喝水，然后挤出大量稀稀拉拉的羊奶。马就更有意思了，每天拉着空车绕着森林转。虽然大家都累得要死，可作出的东西却越来越少。

后来领导也意识到了这个问题，做了些改进，比如限定牛磨出的面粉量而不是转圈数，可最后牛磨出的面粉虽然量大了，但都又粗又难吃。不管领导们怎么努力，问题总得不到改观，因为基层动物对自己的业务最精通，不论领导怎么定义，总能找到糊弄领导的方法，反正领导也不太懂。

情况越来越糟，想通过量化的形式来提高管理能力，从而提高王国综合国力的愿望，也一直没有实现。王国的领导们累弯了腰，累白了头；基层同志们累得妻离子散，苦不堪言。究竟是领导错了，还是基层同志错了？

故事二：西天取经归来

唐僧师徒历经九九八十一难，终于取得真经。拿得经书时，佛祖告诫道，这些书不得进水，不得暴晒，须得通风。否则经书就会腐烂，就需要重新取经。

在回大唐的路上，他们又遇到了一条河，这条河叫阴沟河。河水不深，但河面很宽，河上经常下雨，通过河面时间不能超过十分钟，否则就会被河里的妖怪吃掉。

师徒经过讨论决定，利用河边的树木建造一条船，用船把经书载过去，唐僧当仁不让地成为造船渡河的项目经理。

6 管理是肌肉

唐经理根据四个徒弟的专业特征，把工作进行了分工。

白龙马对方向比较敏感，负责驾船；沙僧懂得水性，负责造船身；猪八戒在高老庄给岳父盖过房子，负责遮雨篷；孙悟空要兼职除妖，就负责简单的经书通风设计。分配完任务后，每个人也领了一套KPI回去，比如载重比、通风率、过水率等。

开工会上给大家分配任务，唐经理觉得猪八戒办事一向毛手毛脚，就唠叨说，"防雨设计是整个渡河的短板，猪八戒你要不把防雨做好，经书淋湿了你可承担不起啊"。又觉得沙僧不善于沟通，担心他造的船会漏水，就语重心长地对沙僧说，"你所负责的领域是整个项目的关键技术瓶颈，你可千万不能拖项目的后腿啊，你的过水率要世界领先啊"。唐经理觉得把这些任务这么一分下去，大家各自完成任务，项目自然就成功了，这个项目经理负责监控大家的进度，协调下资源就可以了。

项目开工会大家开得战战兢兢，都担心自己一不小心就拖了项目后腿，那就吃不了兜着走了，所以都格外小心。对别人的关注，对整个项目的关注都少很多。可以说除了唐经理，大家几乎都不把整个项目的成败放在心上，总是关注自己负责那一块。

开工会一结束，项目就轰轰烈烈开始了。

猪八戒经过唐经理的批评，觉得压力很大，但心里也不是很服气，凭什么说我是短板，我还觉得大师兄的通风设计是短板呢。为了设计好遮雨篷猪八戒走遍了整座山，终于在一个偏僻的河边找到了可做雨篷的大蒲叶，并背回了很多。

一开始猪八戒担心若遮雨篷设计得太严密，经书会因为不通风而发霉。但想到如果因为自己没密封好，经书被雨淋坏自己责任就大了。再说就算经书因为不通风而发霉，那也是大师兄的事，和自己没关系。而且如果大师兄的通风孔设计太多，还会影响自己的防雨设计呢。想到这里还是觉得关键是自己不出问题，不被唐经理批评，至于别人是否好操作，项目能否成功则显得不是那么重要了。

沙僧本来就内向敏感，经过唐经理这么一"点拨"就更紧张了。于是选择最好的大树，建造最重的船，一定要把船做得滴水不漏且风雨无阻。白龙马觉得船建的太重了，可能十分钟时间过不了河，甚至还有搁浅的风险，就和沙僧商量能否降低点重量。沙僧用自己的专业知识解释说，这个河水湍急风高浪远，船不重肯定翻掉，所以不能再轻了。白龙马造船方面不太懂，也就由他去了。后来船要开时，沙僧还是觉得有漏水或翻船的风险，又偷偷地在船底钉了几块厚木板。

装载着经书的大船出发了，白龙马费尽力气船还是走得很慢，这船被沙僧造的太臃肿了。后来唐经理亲自出马当了回纤夫，才好不容易把船拉到对岸，差点就因为超过十分钟而被妖怪吃掉了。可到岸后打开一看，所有的经书都发霉了。原来猪八戒为了防雨，雨篷做得太密实，影响了经书的通风，一船的经书就这么毁了。

从上面两个故事中，我们看出两个问题：

问题一：指标不是万能的，有些目标指标是无法描述的，指标过多，易导致系统缺乏配合。

故事一的指标定得很细致，看起来也很科学，但执行者可以有很多理由去造假，就算你改进了指标定义方法，还是有造假的手段，指标好了，结果最后未必好。故事二不同领域指标互相冲突，一个高了，另一个就低了，难以平衡。

考核和指标可以把组织和个人的工作明确化，打破"大锅饭"，让人有明确的努力方向，在组织中还是有一定意义的。比如分田到户的单干就比人民公社产粮更多。卡普兰也多次强调"如果你不能量化就无法衡量，无法衡量就无法管理"。从以前的"大锅饭"到后来的考核清晰，指标明确，对中国企业来说也算是个大的进步。

但我们也应清醒意识到，不完善的考核也会带来一些严重的问题：一是团体指标分解到个体时，容易导致追求个体利益最大化，只关注个体利益而忽略团体利益；二是对过程的指标考核很容易追求短期利益最大化，导致对全局的忽视；三是知识型劳动的考核很难做到绝对公平，过于拉开的绩效考核也会打击组织的士气。形象点说对过程或个体的考核最终目的是为了团队或结果的收益，但不完善的考核往往会恶化这个收益。

如销售额的设定，如果为了短期内销售额提升，就有可能不择手段地涸泽而渔，最后给公司带来长期的负面影响。再比如研发内部各部门，测试往往就为了测试，开发就为了开发，只关注被考核的和自己相关的指标，根本不把产品的成功与否放在心上。有这样一个笑话：若公司领导提出质量有问题时可以把进度缓一下，于是很多项目到时间也不结项，而是故意拖一拖，这样看起来显得比较重视质量。

曾经一帮朋友一起讨论如何考核看大门的保安，如何让保安看大门的同时，也能关注公司的整体利益，比如有人绕过大门、翻墙进去这种模糊的职责。如果定义保安KPI仅仅是看这个大门，保安对整体的安全性就会忽略。如果定义保安也和公司整体盈利也有关系，好像也不太靠谱，完全不定义保安职责和KPI好像也不太合适。

其实这也是大家目前最常遇到的问题，不可能有一种考核的东西能把问题完全定义清楚，唯一的方法就是考核加文化的综合管理。对于保安，必要的考核很重要，但为了保安关注组织利益，就需要让保安具备一种文化或价值观，或者是责任心的提升。

指标：过度指标化是对管理的庸俗化

通过制定详细的规章制度，对于制造型企业简单产品的管理来说是可以胜任的。但对于知识型复杂型企业则是远远不够的，因为前期不可能把所有的细节都定义清楚，产生结合地带在所难免。

考核牵涉人内心的利益追逐过程，适度的指标和绩效考核满足了基本需求，过度的指标却扼杀了更高层次的心理需求，如彼此的合作、对整体利益的关注。

马斯洛的需求理论里从来都是先满足低级需求。因为过重的考核让大家实现自己目标都非常辛苦，整天担心自己没有好绩效，担心工资被别人拉开太多，根本无暇顾及他人及组织的目标。

目前许多公司为了提升个人间协作，提倡员工为团队作贡献，不要过于拘泥于个人眼前利益，希望通过团队的指标考核来弱化个人的利益关注。个人认为，这种通过新指标来解决老指标问题不太可能实现预期目的。

对于员工来说，组织之间带来的利益波动，传递到个人的影响十分轻微，带来的收益也仅仅是可能性。员工不会为了组织的整体变好，而放弃聚焦自己业务所带来的更大收益。这个措施至多使员工不明确拒绝组织目标，但还是无法激发起主动性。

网上说爱立信某领域考核方式就三四个，《哈佛商业评论》说海底捞火锅店连营业额都不考核，李开复说谷歌也没提那些复杂的考核方式，人与人之间充满了无私和奉献。有些地方不考核却越做越好，有些地方考核得越来越复杂，做得却越来越差。所以考核要适度，要保证不使大家吃大锅饭，也尽量不要太极端导致只关注个体和局部利益。

很多企业一直很迷恋考核和指标这个工具，总觉得时时刻刻要把员工管住，生怕组织失控，生怕员工偷懒，希望通过准确的考核和激励来最大可能实现组织的发展。或者说我们的管理缺乏有效手段，对考核依赖过度。但考核也是把双刃剑，需要综合考虑平衡性，要避免到处都是指标和考核而扼杀了整体竞争力。

早年华为聘请的管理顾问在对华为进行现状调查时,给出一个结论:相比较其他国内外公司,华为有一种"自愈合"机制,每当业务出现问题时,周边相邻的单位总是会主动寻求最快速的解决方案,而无须上升一共同的主管协调。"胜则举杯相庆,败则拼死相救",共同分享胜利果实,出现问题大家共同努力解决的精神,使得客户接受和信任。"我们总是把自己的脸打肿,告诉客户我们有多胖,客户将信将疑地看着我们。一年后我们真的实现了!"一位同事曾这样回忆。

问题二:收益差距过大,恶化组织氛围。

华为学习IBM,实行激发优秀员工,拉开收入差距进行绩效管理。推广绩效管理的第一年,考评A是考评B奖金的2～3倍,考评B+是考评B的2倍,当时的目的是拉开差距,激发优秀。

一个周期下来投诉无数,后续的工作难以开展,因为大家觉得干的工作差不多,待遇差很多,而且彼此看着都不顺眼,比看竞争对手还反感。

如何分钱是门大学问,也相当麻烦。分得太平均大家就没了上进的动力,反正干多干少都一样,优秀的人才因为得不到认可就会走掉。但分得太有差距,则很容易带来大家的不合作,因为分得少的会觉得自己与分得多的没有那么大的差距。

差距太大很容易产生不公平感,影响彼此的协作,对于一个企业来说,不公平感是个灾难,发钱有时非但不能提升组织绩效,甚至可能恶化组织关系,降低效率和质量。

如何分钱才能最大可能实现激励少数优秀也不至于伤害大部分人是个很复杂的事情。按照任正非的话来说,我们要"深刻理解部门之间的相互关系,深刻理解人与人之间的关系"。

假设员工绩效分A、B、C、D四等,A是最优秀那批人,D是最不优秀那批人。如果不把A分出来,则希望上进且确实优秀的A没有发挥的舞台，如果不把 D 区分出来，则大家都没了压力感，丧失压力，人难免会惰怠。但中间段员工区分过大则不太好，而且本来中间段区分度就不高，差距太大伤害大部分人的心。

绩效考核的区分要有个度，不能搞平均主义，也要避免过度区分个体差异，通过两端的区分驱动优秀和鞭策后进，有了这种提醒已经足够。分钱不要把大部分人的差距拉得太开，要让大部分人都能分享到企业的成长和利润，培养对企业和工作的认同感，培养和谐的人际关系。薪水拉得太开，很容易导致彼此看着不顺眼，影响最后的工作氛围，到时候好不容易打造出来的组织气氛，发一次钱损害一次，得不偿失。

利益分配过程中不仅要实现激励和鞭策，更要牵引协同，就算不能牵引协同也不能伤害协同。我们现在宣传只有组织的成功才有个人的成功，组织成功了大家的综合考评就会好点。希望在这种定位下，员工自然会聚焦组织合作。制度设定者妄图通过组织的牵引，来实现个人间的合作，这个想法还是有点天真了。

我们设想下，两个组织各 40 个人，组织绩效好的假设考评为 A 的由四个增加为五个，组织绩效一般的考评为 A 的由四个降低为三个，组织好的奖金比一般的多 20%。对于员工来说，组织之间带来的这种波动，传递到个人的影响十分轻微，带来的收益也仅仅是可能性。

形象地说，员工做一件不合作的事可以提升个人绩效，做另一件事可以提升组织绩效，员工不会放弃提升个人绩效的时间去服务组织绩效的。虽然组织绩效对自己也有好处，但这种好处还不足以胜过个人绩效带来的好处，所以依然难以牵引员工对组织的协作，除非你把组织间的差距拉的十分巨大，但这显然是不可能的。

在企业实际运行中，这种制度不会带来这种一厢情愿的结果，该不协同的个人还是不会协同，该不协作的组织还是不会协作，制度设计者在设计这个制度时根本就没考虑到人性，或者说把问题想得太简单了。任正非所说的考核导致局部利益最大化还是会发生，或者说试图通过分钱来牵引协作也是不太现实的，历史上成功的企业案例较少。

协作：绩效考核应科学，企业文化是关键

韦尔奇指出，一个组织中有20%的人是最好的，70%的人是中间状态的，10%的人是最差的。一个合格的老板，必须随时掌握那20%和10%中人的情况，以作出准确的奖惩。最好的应该马上得到奖励，最差的必须马上走人。这样，公司内部的气场才会充满活力，员工也才干劲十足。

所以考评过程中要注意区分人群的大小，不宜把所有员工都区分那么清楚，奖金服务大多数人，让大多数人满意是主要目的。同时保留对少数特别优秀的人的激励和对少数人的提醒，这样就可以避免发钱反而带来组织的伤害。

当然，不同组织状态可以适当调节，一个比较成熟的组织，大家都比较努力工作，则可以按上述方式来，区别出少数优秀的和不合格的，对于一些缺乏战斗力、内部氛围散漫的组织，则需要严格区分，通过相对清楚的排队把大家驱动起来，避免因为"大锅饭"导致丧失斗志。驱动起来后，再考虑适当弱化区分。

通过组织的绩效和团队成功来牵引员工的协同和无私解决不了根本问题，因为组织间的利益倾斜很难达到平衡不协同所带来的个人收获，只有通过企业文化和价值观的传承才可能有好的结果。

小　　结

第一个层次，能区分出员工干的好坏，并能对好坏给予对应的薪酬，员工能在这个组织中实现基本目标，组织也具备赏优罚劣的基本功能。这

个层级的绩效管理是基本及格的水平。

第二个层次，绩效管理不仅是一种区分好坏的管理工具，还能通过管理对员工实现思想上的沟通，并对员工进行有效激发，能让员工付出超出期望的努力，并处处超出期望的贡献，在这个过程中，员工的精神状态和身体状态都达到最佳。如果要达到这个水平，不仅需要有对人和业务的深入了解，还需要有"道"和"术"的统一。

几年前一篇《绩效主义毁了索尼》的文章影响很大，文章说索尼抛弃了早期的激情精神，"激情集团不在"，过度依赖绩效主义，最后导致索尼的大幅度衰退。

套用企业运营三要素模型来分析，激情集团是文化和价值观的范畴，早期在一些优异创业者领导下，发挥了巨大作用，带来了非同一般的生产力。

但任何企业，完全只靠激情或文化是难以持久的。因为企业规模大了，人的性格差异多了，很难再靠这种单一价值观就支撑起整个企业运营的大厦。此时适当的绩效主义也是十分必要的。或者说企业发展到一定规模，绩效管理或绩效主义和"激情文化"就需要同时存在了，过度依赖于某一个管理手段，都很难持久和支撑长期成功。

万科的王石曾说，绩效主义像企业脓包，无论何企业，只要实行员工收入与业绩完全挂钩，一些扎实工作就易被忽视，破坏员工对企业的信任。绩效导向和人文关怀同等重要。企业阶段不同，员工情况不同，考虑的重点就不一样。

放弃考核，直接按照激情集团去打造的难度实在太大，否则国内的管理者也不用这么劳心劳力做什么绩效主义了。适度的绩效考核是第一步，也是最容易实现的一步，只有绩效考核做好了，企业发展了，然后通过逐步的文化和价值观建设，才有可能建设成为大家理想的那种状态。

6.2 教练式辅导

6.2.1 教练式辅导的两个故事

某人常跟一个朋友一起打球，老实说，两个人的球技差不多，但朋友是个热心肠，常常喜欢指正对方的错误。甚至在他举起杆子正要打下去时，朋友还在吆喝："轻点，重点，看球，挖深一点……"❶

有一次朋友好心地说："你打球的时候，双脚的距离太大了，我的教练说，要跟肩膀的宽度相同，这样球才会打得好。"

他听了朋友的话，可是那场球他并没有打好，在朋友告诉他双脚的距离要跟肩膀一样宽之后，他每次打球时的注意力都集中在自己的双脚上，没有好好地看着球。

虽然朋友也是一片好心，可是，听了朋友的话，自己就不由自主地紧张了起来。最后这个人终于忍无可忍，告诉朋友，请他别在那里吆喝，因为那样会令人紧张，反而打不好。

再看一个故事。

高维少年时是个优秀的网球运动员，曾拿过全美青少年第七名的好成绩，从 1971 年开始，他一边做网球教练，一边做教学研究工作。

1975 年，高维宣称自己找到了一个不用"教"的办法就可以让任何人更快地学会打网球，并且出版了一本书《网球的内在诀窍》。不过当时没人相信他的话，后来，电视台以质疑者的身份组织了 20 个从来没有打过网球的人作为试验者，要求高维教他们打网球，并现场直播。当然，他们的

---

❶ 徐斌，魏婕，西楠. 教练式领导力. 北京：人民邮电出版社，2012.

目的是证明这是一场骗局。

20个从来没有碰过网球的人在这一天懒洋洋地来到了网球场，他们也不相信会有这样的事情，可以在20分钟内学会打网球。

其中一位叫莫莉的女人甚至穿一条像木桶一样的长裙，当时她的体重达170磅，并且已多年不运动。她本来想过来说自己不参加了，结果，她被选为第一个被教学练习的对象。这个穿裙子的胖女人，拿着球，像第一位上电视的人一样，内心充满担心和恐惧。

这时高维来了，瘦瘦的，总穿着一条有时代特色的喇叭裤。他轻轻地挥着球拍，告诉莫莉，不要去担心姿势和步伐的对错，也不要一副竭尽全力的样子，其实很简单，球飞过来，用球拍去接。接中了就说："击中(Hit)"，如果落到了地上，就说"飞弹（Bounce）"，莫莉就照着他的话去做，一副无所谓的样子，反正不是击中就是飞弹，一切易如反掌。

接着高维告诉莫莉，留意球飞来的弧线，留意聆听球的声音，把焦点聚集在球上。在这样的留意中，人们看到，电视中的莫莉击中的机会明显多了，飞弹的时候少了。

最后三分钟的时候，高维开始教莫莉网球中最难的部分——发球。高维对她说，想想你是怎么跳舞的，哼着音乐也可以。闭上眼睛，想象着跳舞的样子。然后睁开眼睛，随着节奏发球！

——所有电视观众都看到了，在最后一分钟里，穿着窄裙的莫莉在场上跑来跑去，虽然很不方便，但是很自如地在打网球了！这时她也承认："如果老是想怎么动反而就打不好了。"高维鼓励她集中精神去做些事情，忘却了恐惧，结果她成功了。[1]

---

[1] 梁立邦. 企业教练：领导力革命. 北京：经济科学出版社，2005.

故事：忽略过程，聚焦目标

第一个故事里，当我们说"我不会去想它"的时候，我们就会去想它，似乎我们倾向于去想我们不想做的事情，却常常反而去做，怎么会这样呢。其实是这种否定形式表达的劝告，总是在不知不觉间将我们的注意力投送到我们不去注意的地方。

试想看，如果对自己说，不去想一个红色的苹果，结果如何？你想的还是红色的苹果。假如，你想绿色的苹果，是不是可以达到你想要的成果。在潜意识中，注意力就等于事实，你将注意力锁定在哪里，你就会得到什么样的事实。

第二个故事里，高维忽略了一些过程的东西，直接聚焦在目标上，通过目标引导过程，避免过程对结果的干扰，最后实现了快速学会网球的目的。

教练式辅导就是首先从体育行业里的教练传递出来的，教练型领导力令无数欧美企业获得巨大的成功，如可口可乐、IBM、英国航空等。专家预测：未来数年间，其将成为最热门及最具潜力的新兴技术，教练型辅导是 21 世纪职业经理人的新角色。激发员工的创意与潜能，调动积极性，是新经济时代企业管理者的真正使命。教练是贩卖可能的事业，当事人若看到可能，便会更有信心，发挥潜能。

6.2.2 教练式辅导的 GROW 模型

教练式领导力是个很大的范畴，包括教练型组织、教练型文化。教练型领导主要是指一种以人为对象，实现激发人的主动性的一种管理方式。教练式辅导是教练式领导力的一个重要分支，教练式辅导主要是 GROW 模型，GROW 由四个步骤构成，分别是 Goal、Reality、Option、Will。

第一步是 G，Goal，即目标。教练通过一系列启发式的提问，帮助被辅导者找到自己真正期望的目标。

这里主要探索被沟通方的需求和目标，不管是工作中的，还是个人发展过程中的。比如团队下一步的目标、销售业绩、利润指标、成本指标、财务数据等；个人来讲，涨工资、提升、新项目，换个好公司、进修学习等。

我们这里主要探索的是个人目标，与你息息相关。目标应该能够带给你积极的改变，目标是你经过争取可以实现的。

什么意思呢？你公司门口的街道准备拓宽，改善交通状况，跟你个人有直接关系吗？除非你是交警，或者你是城建。你手头的业务还忙不过来，你会积极去参加关于街道拓宽的思想交流会吗？所以只有能跟你直接相关的工作业务，或者个人发展方向直接有关的目标，你才会集中你的注意力。

第二步是 R，Reality，即事实和现状。围绕目标搜索相关事实，包括可能遇到的困难情况、资源情况。这个过程需要教练帮助被教练者拓展思路，找到超出自己目前所能看到的内容和维度，发现更多的可能性。

不管要实现哪些事情，都要从脚下开始。从你目前的立足点开始。这是最最基本和最简单实用的法则。所以做任何事情之前，分析一下你的现状，重点在于了解"已经有什么"。

整体的 A 到 B 过程就是教练型领导的基本教练策略，关注全面的、整体的、系统的，也是教练型领导的工作方向与重点。教练型领导需要通过聆听与发问的技巧帮助当事人理清 A 点、确认 B 点，并且取得当事人的行动承诺，愿意为自己所发现的更多通道去尝试、去挑战、去行动，最终实现目标，取得卓越成果。

第三步是 O，Option，即方案的选择。基于事实和现状，我们有什么选择，有哪些路径可以达到目标。由于被教练者看到了更大的现实可能性，从而开启思路探索到更多的方案选择，最终找到最佳的方案。

这一步相对来讲比较简单，运用你的知识和能力，对于多个实现途径和手段进行投入产出比较，要做到的是"有效率"地实现分目标乃至最后达到总目标。怎么有效率，只有你自己了解。

第四步是 W，Will，意愿和决心。最后进行总结和制定详细计划。在实际的教练辅导过程中，教练将采取更多方法激发被教练者充满热情地去行动，并予以支持和检查，再次进行阶段性的辅导，直到达到教练目的。

首先要了解，意愿和决心是可变的，如果不加以重视的话，在执行过程当中，意愿和决心是呈平滑下降特征的曲线，当这一曲线达到了不能体现执行这一目标与从事其他事情的不同和区别时，你就会放弃努力，转而去做能够提供新鲜体验的其他事情，也就是我们所说的"放弃"。

执行过程当中，一方面你可以重复或加固对于目标实现特征的再描述，另一方面要体现实现过程的意义，也就是说把实现过程中遇到困难、解决困难的经历，转化成继续执行的动力。克服障碍、解决困难，绝不是一个被动的构成，恰恰相反，这个过程是提供执行动力的"发动机"。

善于运用这个特点的人，把"困难"换了说法叫"挑战"，能够完成"挑战"带来的除了物质意义外，还包括更重要的心理满足感。所以完成一个"挑战"后，回味一下，分析一下是如何成功的，这个过程你就在吸取动力。

GROW 模型：一个引导正确思考的方法论

GROW 模型就是一个沟通模型，通过一种有效的方法，使被沟通者获得清晰的目标，并承诺实现目标。他不是一个教你做事的模型，而是一种引导你自己做成事的模型。

这种方式不同于传统的压迫式沟通，而是通过循循善诱的方法，激发和鼓舞对方去思考和承诺。通过这种方式，使目标更清晰，也更能获得被沟通者的认可，从而提升组织绩效和个人绩效。教练认为，任何事情都一定有更简易、更迅速、更有效的方法。只有当事人才是解决问题的专家。

6.2.3 教练式辅导 GROW 模型使用实例

工作也罢，生活也好，很多道理是相通的，以前我在华为的领导和我说，运用了华为的绩效管理方法，儿子的功课明显长进了，用了教练式辅导，儿子的学习积极性也更高了。

通过教练式辅导牵引员工思考，激发员工为了自己的承诺去努力，而且员工能顺着思路去思考还是很有成就感的。

实例一：

我曾经在华为中央研发部担任部门经理，当时负责户外通信产品温度控制的设计和开发，解决户外柜的散热和太阳辐射影响等问题，配套一些户外基站及户外接入柜等应用。

员工 M 是部门骨干，半年一度的绩效目标制定过程我就采用了教练式辅导的方法，提前先根据自上而下的组织战略解码和自下而上的员工想法，拟定大概组织目标，准备好大致的发问提纲，定个会议室或者一个安静有座位的地方，约定好 1 小时左右的时间。

探索目标（G）：教练式辅导需要在一个非常轻松的环境下开展，这样彼此更容易交流，也更容易激发被辅导者的思考，太强的压迫型，下属就会太紧张，失去思考，需要寻找在吸烟室抽烟碰巧遇到的那种感觉，所以教练式辅导又称"烟友型"辅导。

以前遇到过个领导，辅导方法就是压迫型，一开始就先批评你一顿，然后逼迫你去承诺去想。这样的效果非常差，因为在这个环境下，人不可能有机会去思考自己的资源到位情况，计划是否合理，只是想着赶紧跑，最后只能是流于形式。因为企业主管大多是压迫型，所以更喜欢这种自上而下的压力型交流。

最好的管理是自我管理。当事人的自信建立后对工作有了更良性的推动，也会使更多人受到正面影响，每个人都能感受到生活的美好。企业中每一个员工都能做到这一点时，其实已经实现了教练型领导的最高目标：不再采用过去的"上级强迫式管理"，取而代之的是让员工自我管理，变"让我做"为"我要做"，实现自动自发、自主管理。

弄个简单的开场白，比如最近如何啊，周末去哪玩了等。然后询问你是否知道部门对你负责这块温控业务的定位。小 M 回答是两个目标，一是高质量满足要求，二是实现降低成本。

再问，满足质量要求需要达成什么结果。小 M 回答，质量不出问题，设计满足要求。针对低成本问，你觉得成本降低多少才有竞争力，成本控制到最低了吗等。如果对方回答不了问题，那就提示下，比如对成本降低到多少不清楚，就可以说，曾经有个数据大概可以降低 20%，对被沟通者适当引导。

通过上述探索性问题，来廓清被沟通者需要达成的目标，通过启发性发问，让对方主动思考需要面对的问题、组织的任务、自己的职责等。通过对方自己说清楚职责，比指派后对方轻易许诺要高质量得多。这里最重要的问题就是不要告诉对方答案，哪怕是自己知道的，也不要立刻贩卖给对方，要让他自己思考自己明白。

现状分析（R）：上述目标沟通澄清了两个问题，一是质量零事故，二是成本下降 20%。这里就要澄清达成目标过程中现状如何，有哪些资源。

这时可以问，你觉得达成质量零事故的可能性有多大，实现 20% 成本目标的现有支撑是什么。小 M 可能回答，以前有很多设计经验，还有一些半成品的设计工具，如一些理论计算方法等。降低成本方面也有一些经验，可以借鉴爱立信的一些设计方法等。

然后还可以问，达成这些目标，还需要哪些帮助等。小 M 可能回答，还需要一些风量测试工具，一些仿真软件的许可等。这里作为组织者，就需要承诺一定的资源支撑，比如测试工具什么时间点买到，软件许可什么时候上线等。

在理清现实过程中，有以下几点需要牢记：建立信任关系，鼓励当事人表达真实想法，发现问题，建立愿景。在每个人的内心最深处，所有的行为都有正面的动机。只要把行为和行为背后带来的价值和意义与其未来的理想联系在一起，他就会采取行动。

方案选择（O）：弄清了目标，确认了资源，下一步就需要选择方案了。比如控制成本，可以问，你现在可能的方案或方向是什么。小 M 可能回答，优化风道，提高风量，然后选择小直径的涡轮风扇。可以再问，如果风扇不行怎么办。小 M 可能回答，两个涡轮风扇互相干扰，可以考虑两个小风扇，更换一个大风扇。

总结和承诺（W），这里就可以对上述沟通做个承诺和计划了，因为上面把目标、资源、方案都搞清楚了。所以这里就可以问，你打算接下来怎么计划。小 M 可能回答，一月做方案，二月做对比，三月出样机等。这样计划就基本制定了。

这些沟通完后还有个重要步骤，就是畅想目标是否吸引人。是否吸引人有两个方面，一是目标的价值，目标价值大自然吸引人；二是目标的可行性，即使价值大，若无法达成目标，那结果就是无效。

在设定完目标后，要让自己放松，去预演目标，想象目标的达成，要从视、听、感三方面的多重感官去体验目标达成的情况。可以想象当时所看、所听、所感受的情况，越逼真越易达到目标。若你在想象时，感觉极为强烈，好像已到达未来的场景，这份目标应该是符合你实际情况且较易实现的目标，否则目标的实现不容乐观，因为潜意识及内在的推动力可能不够。

教练式辅导不仅在工作上很有用，在人际关系、子女家庭教育上也很有价值，因为道理都是相通的。这里再说一个生活中的案例。

实例二：

一女同事小 N 和我聊天，说想离职了，因为婆婆带孩子不顺心，想离职自己带孩子。

探索目标（G）：因为生活上的事情，就随便闲聊了，因为牵涉离职不离职的问题，所以客观的立场还是要把握的，不要为了让对方不离职，而有着倾向性引导，那就得不偿失了。

所以第一个问题就是问，离职后的目的是什么。小 N 说，婆婆带女儿时，自己看着不顺眼，比如该盖被子不盖被子，该洗奶瓶不洗奶瓶。觉得女儿跟着婆婆受苦了，所以希望离职自己带。

然后问，上班的目的是什么。小 N 回答，是为了挣钱。我又问，挣钱的目的是什么，是不是为了子女以后有更好的教育，更好的家庭环境。小 N 若有所思地答道是啊。

然后我又问，婆婆带孩子虽然有这个那个问题，这些问题是不是不严重。小 N 想想说也是。然后我又问，这些不足是不是可以改进呢？小 N 未作声。然后我又问，你离职带孩子，可能这些小问题解决了，但是不是更有利于女儿以后的成长呢？小 N 想了下说好像也未必。最后第一步沟通完，得出的结论是，不离职可以挣钱，是为了女儿的生活，离职也是为了女儿，综合考虑不离职带来的收益更大，至于婆婆的问题，可以采取沟通的方式解决。

现状分析（R）：第一步澄清了目标，就是和婆婆更好地沟通，解决那些问题。这里问的第一个问题是，婆婆为什么会这样，比如吹风扇不给女儿盖被子。小 N 回答是婆婆不听她的意见。然后问，为什么不听她意见。小 N 说是因为婆婆和她关系不好，沟通不畅。然后问为什么沟通不畅，小 N 说可能是因为平时对她要求太多了，反感了吧。或者自己缺乏和婆婆的沟通，导致问题恶化。

方案选择（O）：这里方案选择比较简单了，我问小 N，她觉得什么措施可以让婆婆听她的建议。小 N 说和婆婆改善关系。我问如何改善关系呢，小 N 说多和她沟通，不要对她指手画脚。问题解决。

总结和承诺（W）：上面问题已经清楚，方案也确定，接下来就是制订计划了。直接问小 N，你觉得接下来该怎么做，小 N 说，今天晚上回家深入沟通下，然后制订个计划，同时要求每次和婆婆交流前，深呼吸 10 次，想想该如何入手。

实例：激发被沟通方的主动性

正如同高明的企业家是借力高手、资源整合高手一样，成功的教练型领导更善于引发员工智慧，充分调动员工的积极性，让员工在前台充分展现自我才能，将自我价值的实现与企业目标的实现有机结合。

教练型领导是引发者，把员工带到企业提倡的方向；同时也是带动者、鼓舞者，还像是啦啦队长，鼓舞士气，采用种种方法将每个员工的才能、积极性淋漓尽致地发挥出来。教练式辅导的优点，是激发被沟通方的主动性，实现服务性管理。

当然，教练式辅导也不是万能的，没必要什么事都教练式辅导，有些简单的短期工作，直接沟通即可，比如让员工明天早上提交周报，晚上定个会议室等，就没必要去教练一圈了。

另外有很多类似关于 GROW 这种方法论的东西，不一定严格按照这个逻辑来，也不一定要把四个动作都做完。只要把问题理清楚，现状搞清楚，计划制订好即可。若严格按照这个动作来做，则又成了非教练式的思维了。在早期对教练式辅导不熟悉时，参考一下还是可以的。

前段时间，就教练式管理和管控式管理展开过一个争论，就是著名的"虎妈事件"。一个华裔母亲在美国抚养了两个女儿，她的管理模式非常强势，要求女儿一天到晚学习，还要求弹钢琴之类的，最后两个女儿还真的不错。

当时虎妈曾说，在你们美国，儿子胖得不得了，你们也不敢说肥啊、肉啊，看儿子吃肥肉也不敢批评，怕伤害了儿子自尊心，儿子连小学数学都不会，也不敢说，怕影响了儿子的创造力，最后导致美国高中生的算术水平不如中国。[1]

这就是教练式和管控式的区别，教练式管理更容易培养天才，因为他们自我获得了激发，不足是有些人无论如何也激发不了，比如美国的教育模式。管控式管理的优势是善于制造统一模式的人，大家都能学得不错，但很难有天才。

企业里在运用的时候，要综合把握度，对于需要激发型的工作就采用教练式辅导和沟通，其他的则不必强求。

小　　结

教练技术认为，任何人做任何事都是为了满足自己内心的深层需要，而愿景能调动潜意识中为自己带来好处的根本动因，从而引发行动。因此，愿景管理能够调动每一个员工的积极性。

教练型领导人会利用一切时机教育员工、启发员工，让员工从日常工

---

[1] 陈鸣，陈铁梅. 载于《南方周末》，2011.

作中的顺利、失意、欢欣、落寞中学知识、长经验。其实教育员工最好的方式就是"视工作场为道场"：将工作的场所作为提升员工、历练员工、培养员工的最佳场所；将支持别人成长作为自己工作中的心态与行为指导准则。

据统计，在这个世界上有5%的人属于先知先觉，善于自我检视并及时自我改善；另有5%的人极端固执与自我，活在自己的世界里，藐视一切；其余90%的人都可以有机会、有空间接受教练。激发员工的创意与潜能，调动积极性，是新经济时代企业管理者的真正使命。

6.3 如何提升组织战斗力

组织战斗力和组织气氛相关，这里的组织气氛在业界有明确的定义，一般也叫组织敬业度，它并不仅仅是一种气氛。一般组织气氛是指人们在特定的条件下，在某个组织、群体、部门工作的总体感觉，是工作场所具有的氛围。组织气氛是个人和群体的行为模式、价值观、政策、规范和工作流程等综合作用和影响的结果。

好的组织气氛可以促进组织绩效的提高，有助于提升组织生产力、利润和顾客满意度，并可以减少员工流失和事故的发生。

著名咨询公司盖洛普通过100多万份的调查和众多数据分析，得出了12条影响组织气氛的要素，并把这12个要素构建成了12个问题，即Q12。组织成员通过回答这12个问题，可以衡量出组织的敬业度即组织气氛，组织的敬业度是组织效率的根本保障。

《首先打破一切常规》是一本著名的介绍Q12的书，它的中文版序言里写道，他们曾在中国一家大型国有企业实施Q12的评估，这家企业各部门、各班组在Q12上分数有很大差异，最佳的在盖洛普数据库中排名在前

10%，他们的效率很高；最差的在后10%。随后对先进部门经理进行调查，欣喜地发现，他们事前虽然对Q12一无所知，但管理实践却与Q12惊人的相似，业绩也是全公司最好的。

盖洛普的12个问题是：（1）我知道对我的工作要求吗？（2）我有做好我的工作所需要的材料和设备吗？（3）在工作中，我每天都有机会做我最擅长做的事吗？（4）在过去的六天里，我因工作出色而受到表扬吗？（5）我觉得我的主管或同事关心我的个人情况吗？（6）工作单位有人鼓励我的发展吗？（7）在工作中，我觉得我的意见受到重视吗？（8）公司的使命目标使我觉得我的工作重要吗？（9）我的同事们致力于高质量的工作吗？（10）我在工作单位有一个最要好的朋友吗？（11）在过去的六个月内，工作单位有人和我谈及我的进步吗？（12）过去一年里，我在工作中有机会学习和成长吗？

十二个问题得分最高为5分，最低为1分。比如针对第一个问题，我知道对我的工作要求吗，如果非常清楚就回答5分，根本不清楚就是1分，介于清楚不清楚之间，就可以填写中间分数段，分数衡量目标的清晰度。

国内很多咨询公司在Q12的基础上衍生出了很多问题，其实未必就比这12个问题好。这12个问题聚焦在直接经理层的管理能力上，便于发现基层管理问题，也便于优化解决问题。一旦问题设置过多，牵涉范围太广，效果可能会越来越差。

我曾经接触一家公司，每年有个满意度调查，问题几百个，包括食堂满意度、前台满意度、薪资满意度，这些调查完了，一时也改变不了，年年调查年年如此，最后就只能流于形式。Q12的调查，可以清晰看出管理者管理能力的高下，直接针对性地改进，非常便于操作。

华为一直把Q12作为三四级部门，大概有100人的规模团队的考核标准，如果他的团队分数比较低，就说明这个主管管理能力有问题。导致华为在做这12个问题的组织气氛调查时，曾经面临大量的作假行为，而且屡禁不止。每次组织气氛调查前，主管都会暗示或明示一定要填高分，说这和组织绩效有关，就和年终奖有关，不填好就会被查到，最后导致都是虚假数据，导致华为的组织气氛调查基本失去意义。

华为因为并未采用第三方调查，数据后面的填写分数的人很容易被查到，而且还一度在这12个问题上增加了两个问题，比如你是否认可"艰苦奋斗，以客户为中心"的内容，想把华为价值观贯彻进去，最后调查发现无任何区分度，也就没什么意义了。

组织气氛的提升是一个系统工程，包括绩效管理中的目标制定、教练式辅导等，也包括沟通能力、激励方式等，但最重要的还是直接主管，直接主管是导致组织气氛的最重要要素，公司的战略、领袖的魅力都是弱影响，基层管理者的管理能力格外重要。

6.3.1 激励是一种伟大的生产力

日本有个著名马拉松选手曾经屡获大奖，大家很好奇他如何实现这么好的成绩。他说，每次长跑前他都会去把马拉松的全程分成很多小段，并做好标记。每次跑完一小段，就觉得自己实现了一个目标，为下一步努力积攒信心，就这样一小段一小段地跑，最终实现目标。这个马拉松选手通过自我表扬，激发内心的潜力，最终战胜对手。

现代成功心理学认为，人的潜力大部分情况下都没有发挥，都被掩藏起来了，一般企业里员工若能发挥出30%的潜力已经十分客观了，尤其是知识型劳动。想把剩余70%潜力发挥出来不是靠严抓严管，因为谁也不知道他在想什么，他可以面对电脑无所事事却装着很严肃认真，而且知识成果很难界定工作量。或者说严抓严管只能从低于10%提升到30%，更多的潜力挖掘还是要靠有效的激励，包括马拉松选手那种自我激励。

除了表扬这种正向激励还有批评这种负向激励，必要的批评也能让大家更深刻认识到自己的不足。有时适当批评一下，你会发现员工立刻精神抖擞，工作立刻严肃认真起来。

很多基层管理者也曾接受过简单的培训，也会谈到有效激励，但理论的东西一般不是很深刻，很多东西还是亲身经历了，再反过来体会更好。盖洛普的Q12里也提到了主管是否表扬员工，我当时接受培训时就被要求回去一定要经常表扬，回来后却不知道怎么表扬。每人每天表扬一次，还是一周表扬一次？是口头表扬，还是邮件表扬？而且表扬时也觉得不太好意思。

后来经过多年的摸索才逐渐总结出一点经验，比如说如果你的影响力还不够大，大家觉得你的表扬不够力度，就可以把邮件抄送给上级领导。对其他部门的表扬也要抄送给其直接领导，这样效果往往会好很多。而且表扬的时候可以说的具体些，要对事不对人，不要说某某很不错，而要说某某做的某件事确实改善了多少，提升了多少，这样客观的评价别人才不会觉得评价者高人一等，才会觉得确实是这么回事。心理学上对关于如何评价对方也有说法，比如对方那件事情确实做得不好，不要一上去就说你如何如何，这样会引起抵触情绪，而是要说我感觉如何。这一点在后面的章节里还会详细阐述。

举个例子。比如唐僧生病休假，孙悟空代理基层管理者，猪八戒某天挑担日行100里，平时猪八戒只能日行80里。孙悟空就可以表扬猪八戒超越平均水平25%，表现十分出色，还可以把表扬邮件抄送给病中的唐僧。

但千万不能简单地说八戒干得好，因为这样一说，就容易显得你孙悟空成了仲裁者，无形中增加了彼此的距离感和厌恶感，你孙悟空凭什么可以表扬我啊。但拿他的成绩和客观条件比，就很有说服力，被表扬者也会受到有效激励，也不会觉得低你一等。当然也不能直接去表扬猪八戒比沙僧强，那样结果更差。但要注意表扬不要过于频繁，确实找到突出贡献点再表扬，表扬要真实客观。不要为了不得罪个别人就所有人都表扬一圈，所有人都表扬就是没人被表扬。

激励：千万不要吝啬表扬

良好的相互关系和频繁的表扬，是一个健康工作场所的重要特点。激励可以有效地提升员工的热情，从内心里激发战斗力。表扬也是一种反馈，是对员工工作好坏的一个评价。对过去工作的必要及时反馈不仅能让员工觉得有成就感，也会建立一种公平公正的工作氛围，否则干好干坏都一样，最后所有人都向低水平看齐。人都有惰性，虽然每个人都希望自己能努力工作，就算主管对自己不反馈，自己也要努力工作。但时间久了，个人的意志很难坚持长久，此时必要的表扬好比是清凉油，不断地提示员工要努力奋斗，实现自我价值。

6.3.2 沟通也是一种伟大的生产力

人作为使用符号和语言的动物，必得通过符号的中介作用才能彼此沟通，德国思想家恩斯特·卡西尔认为，把人与动物更精准地区分开来的，其实是人创造的符号和语言。

人作为符号的动物，首先要凭借由人自己创造的符号作为中介来认识自己、认识世界。沟通正是通过符号的中介作用与周围的世界展开对话的开始，就企业而言，沟通正是交流管理的第一通道，在多数情况下，沟通的符号运用有七个方面的要素，即沟通者、编码、信息、媒介、解码、接受者、反馈和噪音。

它们可以解读为：谁、说什么、怎么说、以什么方式传递、向谁说、如何接受、又有何效果。"communication"（沟通）一词源于拉丁语 communis，意为经过沟通双方建立起某种"共同"。沟通，是建构和谐、建构起为实现共同的战略目标而形成的"共同体"最为重要的途径。任何缺乏沟通的组织都不可能达成三个统一：统一目标、统一认识、统一行动。一个"同床异梦"的组织是最没有战斗力的组织，它最终必将分崩离析。

先说沟通者，他是信息发布者，他当然是沟通价值的发掘者。沟通者，是处在某种组织构架中的人。因此，沟通者能发掘出多大价值，与他的影响力大小、社会等级高低相一致。当然，沟通者的影响力与个人因素——由德、识、才、学、体五个方面因素所形成的人格魅力与沟通效果成正比。

一个组织之所以混乱，是因为得不到准确的指令；一个组织最终的败落，是因为发指令的人缺乏权威；一个朝令夕改的总经理，必将把这个企业拖垮。我们应当去努力完成的是，在适当的时间、适当的地点、适当的条件下发出指令。当然，你首先要是与你身份相称的权威。❶

以前认识个老板，大家调侃说，这个老板开会上提的要求大家先别做，等到下一次开会他还记得，或者还这么说大家再动手。因为这个老板有太多的话说了就算了，或者说了很快又变了。这么做对组织有着巨大的杀伤力。

再说编码。大量的事实证明，在沟通过程中，"怎么说比说什么更重要"。一个盲童站在路边乞讨，他的脚边放着一顶帽子，手上拿着一块牌子，上面写着："我是个瞎子，请帮帮我"。人们匆匆而过，帽子里没几枚硬币。一个好心的过路人拿过牌子，另外改写了一句话，结果施舍的人大增。为什么呢？那牌子现在是这样写的："今天是美好的一天，可是我看

---

❶ http://bbs.tianya.cn/post-187-551891-1.shtml。

不见它。"改写后的这句话无疑更能唤起人们的同情心。沟通能力也是一种生产力！即便做乞丐也得会说。沟通要有质感，要把抽象的道理使之形象化。

　　沟通的第三个要素是信息。这里我们必须强调，未经筛选、七零八碎的信息不仅成不了生产力，它很可能成为某种"污染源"。此地所说的信息是指按某种目的经过编码整理之后的信息，因此，信息是发布者希望与期望的接收者之间沟通的内容。值得注意的是，它的发布形式在很大程度上取决于传递信息的媒介。

　　媒介的选择与运用，在沟通的七个环节中排在第四位。媒介是信息的携带者，是信息发出的方式，组织以各种形式向成员提供信息。在新兴的互联网时代，媒介的选择与运用将直接影响到沟通的效果与力度，但相当一部分管理者却忽略了这一点，请多多关注媒介的多元化。

　　沟通七要素的第五、六要素是解码与接收者。要完成沟通过程，信息必须为接收者所解码。接收者的解码信息框架与沟通者的意图越接近，沟通的效果就越好。解码对沟通者的重要性是强调接收者取向。企业战略目标与接收者取向是否一致，将会直接导致解码的成功系数——正确还是被误解。

　　这些，实际上和沟通中的第七个要素"反馈"有着最为直接的关系。理想的沟通应该是一个双向交流的过程，接收者与沟通者之间存在着一个科学的反馈系统。反馈循环为接收者的反应提供了一个渠道，使得沟通者能够在第一时间作出判断：信息是否被接受，是否产生了希望的反应。

　　准确把握沟通七要素，沟通理应贯穿于整个组织活动中，它是使事情在组织中得以完成的过程。

沟通：现代企业的竞争在于内部沟通的低成本

　　信息的传递和输入是最终项目成功的必要条件，没有正确的输入，一切都是空谈，工作中很多人什么都没搞清楚呢，就埋头干起来了。组织目标下达也并不是简单的几句话，而是一个充分的信息共享库。

现代分工细致化、知识化，此时沟通更显得重要，不仅是客观条件的沟通，更涉及思想层面的沟通。其实人和人之间差距并不大，并不是说你是主管就一定比别人聪明，只是往往不同的人站在不同的立场，所掌握的信息不同，对目标的把握程度不一样，所以沟通十分必要。

沟通方式很多，面对面、邮件、电话等，不同的方法有不同的特征，但面对面是最好的沟通模式，因为邮件有滞后，而且不充分，只适合一些正规的场合，电话有时缺乏思考的空间，一旦没话说就挂了。但面对面的沟通成本比较高，具体的方式需要当事人自己去衡量。

大多数人认为，现代企业和个人的竞争力在于沟通能力，尤其是在现代复杂的需要协作的工作环境下，沟通更显得重要，没有良好的沟通能力和技巧，工作很难做好。

以前公司有个主管，他提出的任何意见，下面都要无条件执行，如果指出什么问题，他就会说，你这人绩效不好，你这人不努力，你这人能力不行，通过怀疑动机来否定别人的意见，最后组织内只会是死水一潭。缺乏有效的上下级沟通，很容易带来组织的崩溃。

6.3.3 榜样和仪式的力量

每年年终，各公司各层级的晚会都在轰轰烈烈地上演。比如华为就有产品线级的、子产品线级的，一直到部门级的，每到年底各大饭店都高朋满座、觥筹交错。

记得在华为的时候，一些秘书为了筹办一场晚会，人都累瘦了好几斤，晚会前一天晚上还要通宵在会场布置。而且晚会涉及大量演员和工作人员，无不是企业成本。晚会本身花费甚巨，既劳民又伤财。那晚会究竟有什么意义呢？难道就是大家一起听听跑调歌，看看山寨舞，抽抽洗衣粉之类的"大奖"吗？

历代王朝的皇帝即位，往往会举行盛大的典礼，很多年轻的小皇帝没见过这么大的场面，往往都吓得浑身发抖，恨不得仪式立刻就结束。

这些仪式本身其实并不能带来多少快乐，甚至劳累和痛苦更多。仪式其实带来的是对变化的认同，对新规则的宣布，也是提升执行力的过程。如果皇帝登基偷偷摸摸就上台了，大臣和人民对新皇帝的认同度就会弱很多，后续的执行力也会减弱。

大家发现结婚等重大生活变化也会宴请宾客，举行固定的活动。结婚仪式也不仅仅是为了热闹、为了走个形式，而是一种对新生活的认可和昭告天下：我们结婚了。结婚仪式可以很简朴，但不能没有，这也是很多女孩一直斤斤计较的地方。很多男生不理解，为什么老婆非惦记着婚礼，是不是觉得钱多了没法花。其实婚礼是对老婆加入生活的一种庄严承诺，一种对合法同居的认可，降低后续融入大生活的阻力。

美国总统去某地演讲，一般都会带着特殊的讲台和相关的配套措施，这些表面上不增值的活动往往会给演讲带来很大的隐性作用。很多中国人觉得仪式这东西很虚无，没有具体作用，能忽略就忽略。其实仪式不仅能带来迅速融入团队的切合力，更是对未来的一种尊重，通过固定的仪式，大家更容易接受新的变化。

年会和颁奖也是一种仪式，这种仪式除了具备仪式固有的功能外，还可以利用年会与颁奖的机会巩固企业的文化氛围，树立个人的光辉榜样，通过对少数台上人的表彰，激励下面更多的人努力。

很多人迷惑工作中该做到什么程度领导才满意，做到哪里才是最终目标。树立的典型和颁奖就是个明确目标的范例，只要你做得和台上人一样好，就会获得荣誉和认可。这好比是数学教科书，把原理讲得再清楚，也需要有个例题来说明一下，这样大家理解起来就更清晰。

当年我因出差不能参加年会上的受奖，委托我一个下属去，回来下属说被产品线总裁握手的感觉还是相当不错的。年会结束后，另一同事激动地说，明年自己也一定要站到台上，说得群情激奋，后来这同事真的做得很好。这就是年会上颁奖这一仪式的意义。

如果总裁私下把奖金和奖状发给员工，员工本人肯定也没什么感觉，更不用说让更多的人学习和受到激励。小部门的奖励活动也应该这样，不一定要多么隆重，领导亲自颁个奖，握个手还是必要的。什么是管理，开会是管理，其实颁奖这个仪式也是管理。

颁奖：我怕别人没听见

有个故事说，学校颁奖大会，广播里大声连叫了三声马小明，马小明都没出现，在第四声后，马小明终于缓缓走上领奖台。老师问他："都叫你三遍了，你没听见吗？"马小明说，"我是听见了，但我怕别人没听见"。

马斯洛的需求理论提到人有五个层次的需求，最低层次的是生存需要和安全需要，往上是尊重和自我实现。颁奖的正规性和开放性，给了获奖人员广泛的尊重需求，对获奖者和下面的观众都是很大的鼓励。

做好榜样的激励要关注三个要素：一是清楚榜样上台领奖的目的不是为了表扬获奖者本人，而是为了激发下面大量观看的人，所以榜样是公开和宣传；二是获奖的过程一定要公平公正，要对大家有足够的牵引；三是获奖的事迹要适当宣传，要描述的清晰具体，让大家有方向去学习和借鉴。

6.3.4 权力的来源和执行力的提升

很多人在刚开始当管理者时，下属执行不力时，经常觉得很无奈，无计可施，就恨不得自己能有生杀大权，不执行就砍头。

执行力低的情况在大家资历差不多的时候尤其明显。有领导跟我说，如果执行力上不去可以通过开会，只要会议达成一致就好执行了，尝试了一下效果一般。开会达成一致只能解决部门协调问题，是在具有一定影响力情况下的措施。

后来看热门电视剧《士兵突击》，看到当时的草原老班长执行力不错，叫谁干啥谁就干啥。当时我就想在那孤寂的旷野上，上级赋予老班长的权力根本无力保障，老班长的执行力来源于哪里呢？

其实，领导者的权力来源于三个层面：

一是组织的授权，比如说让你当科长当班长等，只有组织给你授权了，你才能行使这个权力，这是权力的入门条件。有了授权不一定做得好，但没有授权肯定做不好。所以授权一定要光明正大，不能在一个简单的地方，潦潦草草说一句，甚至没几个人知道这回事。

授权要正式任命，就算不能天下皆知，也要发个邮件知会全体，这在封建社会叫法统。只有这样执行者才会有底气，被执行者才会觉得正义，如果不能有类似的正式知会，只会逐渐延长团队的组建周期，甚至团队组建失败。除了正式知会或任命外，被授权的人也不能频繁变化，不能今天是你，明天就是他了，要保持一个合理的继承性和稳定性。频繁变化只会损坏管理层的权威，对授权者也是莫大的伤害。

权力的第二个来源是影响力，在一个组织中如果你比较有威信，或者能力比较强、资历比较老，就容易形成这种影响力。别人解决不了的问题，你可以解决，或者即使你也无法解决，但你可以找资源帮他解决，这就是影响力的一个重要来源。

影响力来源很多，不仅是能力，还有其他任何能带来突出成绩的东西，包括一次次正确的决策，广泛的人脉关系。影响力这东西一开始有了更好，没了靠后来慢慢积累亦可，不是说什么人拉上来就是龙种。

权力的第三个来源就是服务能力，这是最主要也是最持久的权力。就是说作为主管，你是不是能让大家从你的组织中获益，通过你的管理，别人是不是更容易获得认可，跟你干是不是很有成就感。管理不是说就是管辖，现代的管理更多的是服务，只有有了这种服务意识，才能更好地设计组织的行为。别把管理搞得像管控，一个个见你都发抖。

如果授权你当了干部，解决不了关键难题，也无法让大家从你这里获得收益，显然你难以做好一个管理者。

当年在华为，所在部门里面有个项目经理相当有意思，开例会总喜欢在周日下午。当时大家想就算平时工作日白天上班忙，晚上总可以吧。难道是因为晚上没会议室？后来发现不是这么回事，这个项目经理就是愿意在周日开例会。

会议虽然开了，但兄弟们都很有怨气，对这个项目经理也越来越阳奉阴违。你想想那些家远的同事为了来开这一小时的会不远几十公里过来，周末一整天就这么被切割没了。

如果管理者有服务意识，把员工当成一种带有客户色彩的群体，就不会这么做。只要能把开会的目的达到，最大可能地降低大家开会的成本，是主管首先要考虑的问题，不能只站在自己的立场，而不体会大家的难处。你体会大家的难处，大家自然就体会你的难处，最后就容易形成一个很好的和谐共处的局面。

管理者一手是客户，一手是员工，服务好客户，也要服务好员工，仅"以客户为中心"，忽略了员工诉求，最后必然导致无法高质量地服务客户。

所以在执行任何动作的时候，一定要最大可能降低大家的执行阻力，执行阻力过大，只会降低执行力，最终影响权利的来源。那位项目经理周日的例会开久了，缺席人越来越多，会议最后不了了之。

其他工作也一样，如果设计任务时，不考虑实际情况，大家一次做不完，两次做不完，时间久了，就什么都做不完了，反正都那么回事嘛。这对组织来说极具杀伤力，因为大家都分不清哪些重要哪些不重要，最后做什么事都软绵绵。

权力：权力更多地来自天然的影响力

总结来说授权是入门，上级主管一定要把方向带好；服务大家是内功，只有有了这个，组织才能双赢；影响力和技术能力在基层管理中很重要。

中国某些人奉行的管理之道是厚黑，要么笑容可掬、内心黑暗，要么板着脸、内心也很黑暗，他们往往觉得这是提升执行力的关键动作。现代管理更多强调人本管理，人本管理更多关注彼此融洽的关系，心对心的坦诚沟通，就是说需要最大可能地降低沟通的界面阻力。

只要团队带得好，和大家打成一片，绝不会影响执行力。只有那些管理无方的人，才需要板着脸去带来那最后一丝执行力。

6.3.5 马斯洛的需求理论和管理

随着企业对管理的深入，心理学逐渐在企业中大放其光，这里的心理学不仅仅是指那些调节情绪的心理学，更多的是一种对人心深入了解后的激发和成功心理学。马斯洛就是其中一个典型。

马斯洛认为，人类的需要是分层次的，由低到高。它们是：生理需求、安全需求、爱与归属需求、尊重需求、自我实现。

生理上的需要是人们最原始、最基本的需要，如吃饭、穿衣、住宅、医疗等。若不满足，则有生命危险。这就是说，它是最强烈的不可避免的最底层需要，也是推动人们行动的强大动力。

安全的需要要求劳动安全、职业安全、生活稳定、希望免于灾难、希望未来有保障等。安全需要比生理需要较高一级，当生理需要得到满足以后就要保障这种需要。每一个在现实中生活的人，都会产生安全感的欲望、自由的欲望、防御的实力的欲望。

社交的需要也叫归属与爱的需要，是指个人渴望得到家庭、团体、朋友、同事的关怀、爱护、理解，是对友情、信任、温暖、爱情的需要。社交的需要比生理和安全需要更细微、更难捉摸。它与个人性格、经历、生活区域、民族、生活习惯、宗教信仰等都有关系，这种需要是难以察觉、无法度量的。

尊重的需要可分为自尊、他尊和权力欲三类，包括自我尊重、自我评价以及尊重别人。尊重的需要很少能够得到完全的满足，但基本上的满足就可产生推动力。

自我实现的需要是最高等级的需要。满足这种需要就要求完成与自己能力相称的工作，最充分地发挥自己的潜在能力，成为所期望的人物。这是一种创造的需要。有自我实现需要的人，似乎在竭尽所能，使自己趋于完美。自我实现意味着充分地、活跃地、忘我地、集中精力全神贯注地体验生活。

马斯洛的需求理论很神奇，仅用五个需求层次，就把这世界很多东西解释清楚了。❶

以前有个笑话说，古代有个农民，一天感慨道，我要是朱元璋皇帝，我就每顿吃两碗面，一碗是猪肉面，一碗羊肉面。我们自己也经常思考，为什么有钱人还那么奋斗，或者一些老人也经常对挣了大钱的儿子说，"这么多钱都够吃几辈子的了，还那么辛苦，冒那么大风险干什么"。

---

❶ [美] 马斯洛. 动机与人格. 许金声等译. 北京：中国人民大学出版社，2007.

其实朱元璋也罢，有钱人也好，他们已经脱离了基本的生理需求，有更高级的追求还需要去实现，处于低层次生理需求的人很难理解高层次的需求。而且一般情况，只有低层次的需求满足了，高层次的需求才会显现出来，不可能吃不饱还想着自我实现。

另外我们还知道，生理需求是最迫切的，也是最歇斯底里的，我们是在拿生理需求抵抗西方社会的自我实现，显然生理需求略胜一筹，生理需求带来的努力程度是胜于自我实现的。好比前面有个面包，我们不去吃掉，就会饿死，西方人仅仅是为了实现能弄到面包的自我价值，显然我们更拼命，更爱加班。

马斯洛的需求理论用到管理中，就是要同时利用好不同需求层次来管理员工。对于生活压力比较大的基层员工，基本的生理需求是非常迫切的，此时就不能忽视薪酬的重要性，不要忽视了别人的吃饭问题，要给他构造努力工作并能获得更多报酬的环境，对于这部分人来说，钱是最重要的。

对于高级管理者和满足了基本生理需求的人，此时更要关注自我价值的实现，还有尊重需求，通过构造自我实现的场所和平台，让员工发挥最佳的潜力。对于这类人群，加薪之类的是一个考虑因素，但不是唯一最重要的因素，此时再用金钱来激励，可能效果就不好了。给他一定的头衔，参加一些礼仪性的活动或会议，可能就更重要了。

需求层次理论：人的欲望是无止境分层次的

以前很多管理大师都是企业的领导，或者大的企业家，而现代管理学大师很多都是社会学和心理学专家，随着管理的深入和精细化，心理学越发显得重要。

管理尤其是高层的管理，更多的是需要心理学和社会学方面的知识，只有知道了个体的心理和人际间的关系，才能更深刻理解人、用好人、用对人，也才能更好地做好个人激励和组织管理。

小　　结

组织的战斗力非常重要，尤其是知识型劳动，这种工作很难量化评价，只有通过必要的管理手段，真正让员工主动去思考、去奋斗，才会带来高效率，否则靠指标或者靠KPI，往往会导致南辕北辙。

在这个过程中，一些基本的管理手段需要综合应用，如表扬、沟通、榜样。这些好比是一组组合拳，在明确目标的情况下打出来，往往会有意想不到的效果，避免组织陷入一潭死水的状况。

7

文化是血液

组织和管理是一个企业的骨骼和肌肉，是必不可少的两大重要部件，但光有组织和管理还不够。任何管理措施都无法把每一个细节都控制到，总会有各种各样的边界问题，组织和管理覆盖不到。通过管理来解决边界问题，往往会带来无比巨大的成本。

网上流传一个漫画，漫画上一个工程师在挖坑栽树，边上站着质量经理、运作经理、项目经理、人力资源经理、职能经理、财务经理等，虽然看起来方方面面都关注到了，但这样的组织效率非常低下。组织的目的是创造价值，而不是为了管理而管理。

这个时候企业文化和价值观就非常重要，文化可以弥合这些空隙、润滑组织和管理，从而提升组织效率。文化这种软性的东西好比人体的血液，通过这些血液，润滑制度间的缝隙，弥补骨骼和肌肉覆盖不到的地方，降低管理的成本，同时加速组织的新陈代谢，保证组织的可持续健康发展。

7.1 文化和核心价值观

上帝领着一个人到地狱，这个人发现地狱里的人都瘦骨嶙峋。他们每个人都有一把特制的勺子，勺子的把特别长，勺子的头很小，不仅自己一点也喝不上，而且舀出的粥都洒在了地上。最后桶里没粥了，大家就互相埋怨、互相憎恨。

上帝又把这个人领到了天堂，他发现天堂里的人一个个都是白富美，笑逐颜开。他们用的是同样的勺子，吃的是同样的粥，但他们是把粥舀出来喂别人，你喂我，我喂你，结果大家都吃到了粥。

有了互相喂粥的组织文化，地狱也可变成天堂。相同的组织和管理等客观条件，还需要必要的文化和价值观的润滑，组织才可能高效。文化和价值观就是覆盖组织和管理覆盖不到的地方一种黏合剂，是带给组织活力的新鲜血液。

7.1.1 文化的作用

看个餐馆的例子。餐馆的管理看似简单，其实不然。餐馆的服务是一个系统工程，采购、后厨、前厅、门迎、保洁、收银要一环扣一环；好的服务必须是各环节无缝对接，在分工的前提下，分工不分家；坏的服务是客人叫了好几声，都没人送筷子来，因为大家觉得不是自己的职责。

比如一个保洁员刚把卫生清理完毕，正要去别的区域清理，这时恰巧有客人要加两瓶啤酒，可是附近没有服务员。此时，保洁员是先放下本职工作，给客人拿酒，还是找正在别处忙着的服务员去拿？再比如，后厨的本职工作是做菜和传菜，可是此时桌子上摆满了客人吃剩下的残羹剩饭，前厅的服务员忙不过来打扫时，后厨应不应该帮忙？[1]

这两个例子代表了企业分工中的最核心问题——分工之后，如何配合？边缘问题，谁负责？再详细的规章制度，都定义不清楚这些工作，再

---

[1] 黄铁鹰. 海底捞你学不会. 北京：中信出版社，2011.

准确的绩效管理，也无法解决这些问题。这个时候文化和价值观就需要发挥作用了。

价值观是支撑企业成功的潜在力量，是解决模糊地带的指导力量。这好比法律和道德的关系，法律再完美也需要道德的约束，这样社会才能良性互动。

IBM顾问说，核心价值观不是写在墙上的口号，而是一种提倡并能获得认可的行为，比如协同创新等。只有做了这些工作的人获得认可，这种行为才会广泛流传。就是说核心价值观要有反馈机制，要有利益牵引。

目标是否清晰，为目标提供的资源支撑条件是否到位，属于第一层次的基本需求。就是说只有这些东西都具备了，员工才可能作出成绩。信仰和价值观（或者叫企业文化）属于第二层次的精神需求，是支撑第一层次的关键动作。

一般情况下第一层次的基本需求好把握，大部分公司合格的经理也都能做到这一点。第二层次的信仰和价值观属于提升潜力的支撑力量，能有效实现卓越目标。由于第二层次牵涉的心理层面过多，如果有问题，处理起来也困难很多。

公司在文化的阐释过程中，要立足公司和员工的共赢，不要仅仅是员工该如何如何，而应该是基于一种利益分享和共同成功的解读模式。好比上面例子里提到的天堂一样，你仅仅和大家说你们要给对方喂粥，可能大家还是不会去做，但你要说，你们都给对方喂粥，自己也就有粥吃了，可能效果会更好。当然，为了实现更崇高的目标，适当升华下也可以。只有让员工真正理解企业的文化和核心价值观，很多工作才好开展，才有可能最大程度调动起大家的积极性和潜力，实现企业和个人的双赢。

文化和核心价值观：文化是一种软制度

创业时期创业者的激情本身就是一种信仰，随着企业逐渐壮大和市场竞争逐渐激烈，原有的创业激情逐渐消退，逐渐壮大的企业十分有必要建立起企业自己的价值观。

价值观不一定要多么伟大，但一定要深入员工内心，否则就很难起到作用。企业的制度和流程只能起引导和工具作用，让员工不知道该如何做时有个学习指导的平台。更多的高质量交付还要靠企业文化和价值观的建设，只有从员工内心建设一种彼此认同的、发自心底的价值观，企业才有可能逐步强大。

7.1.2 文化的演进和宣传

20 世纪 90 年代初华为转型做研发时，条件比较艰苦，大部分人租住在科技园大冲村附近的农民房，大家的房里除了一张床什么都没有。公司为了应对大家的加班，还给每人都买了床垫，任正非说，大家干累了，随时都可以躺在床垫上休息一会。大家有时加班加晚了，就睡在公司，几乎每个华为人都备有一张床垫。很多人几个月不回宿舍，累了就睡，醒了再干，黑白相继，没日没夜，华为的床垫文化就是这么来的。❶

以前一同事曾经出差华为美国研究所，中午时分，也找个了包装箱席地而卧，把美国人看得目瞪口呆。据说华为一批做思想工作的老专家曾经得出个结论，来了华为，不买床垫的员工，都是待不久的。因为他们觉得，这些人没有扎根华为的长期打算。

华为关于核心价值观重点宣传三点：艰苦奋斗，以客户为中心，自我批判。关于艰苦奋斗的解释就是为了达到优秀结果付出艰苦卓绝的努力，员工一般理解成加班，但公司一定不直接说是加班。

曾经在华为内刊做过记者和编辑，深刻感觉到随着时代的演进，大家

---

❶ 张贯京. 华为四张脸. 广州：广东经济出版社，2007.

思想的多元化以及内刊在宣传核心价值观上的乏力。内刊更多地宣传一些艰苦奋斗的案例，比如马里、危地马拉等，多是简单的价值观硬塞给读者。从读者的角度看，读你的报纸对我个人没什么大的价值，所以看的人越来越少。

坐飞机也经常看到一些航空公司的内刊，比如《深航人》，里面写了很多生活上的道理和平时的乐趣，比如"一起坐飞机打球"，"幸福不是房子有多大，而是笑声有多少"等，这些文章看了能体会到一些生活的东西，也能感受到企业的追求。而华为则都是硬生生的奋斗故事，曾经恶化到宣传为了工作不看父亲最后一眼的地步，让人十分难以接受。

价值观的第二条是"以客户为中心"，就是以市场为中心，别人要什么我们就开发什么。过度以客户为中心打乱了华为的开发节奏，导致研发简单地围绕市场转。客户的需求永远也开发不完，最后只能开发了大量无价值特性的产品。其实我们不仅应该仅以客户为中心，还应该以员工为中心。

自我批判早期在华为有很大的市场，当时各级干部每年都会举行自我批判会，会上会很犀利地指出不足然后改进。到现在，自我批判多数流于形式。曾有某领导自我批判说，过于追求完美，工作时不注意休息，令人啼笑皆非。

宣传：宣传的三支柱模型

华为的价值观宣传不符合宣传的三支柱模型，就是"公司传递的、员工获取的、传递方式"的三者统一。公司传递的一方面过强，严重制约了宣传效果，表面上看都在说价值观，其实大家接受效果差，宣传再多也没有用。这一点也是很多企业内刊常见的误区，过于强调宣传，忽视了接受情况，最后结果很差。

据说任正非曾经也批评过内刊太"左",但当时我们也不知道什么意思,于是就开始试图把版面弄得多姿多彩些,比如通过漫画讲艰苦奋斗,通过微博讲艰苦奋斗,形式变了内容没变,还是没跳出这个圈。

任正非曾经提出个口号,说中国人不懂得感恩,不喜欢给小费。于是华为就在培训中心刻意开了一个咖啡馆和一个餐馆,就是为了培养华为人的小费意识。咖啡馆和餐馆开设后,每天门前冷落。小费意识根植于互相尊重的文化,华为没有这种文化,开两个餐馆顶什么用呢?

另外,华为内部还有一些顾问角色,这些顾问早期还发挥些作用,写过一些影响力比较大的文章,比如《企业不能穿上红舞鞋》等,任正非也给他们一定的舞台,到了后期有价值的独立观点日渐减少。

7.1.3 华为的心声社区

天涯华为专区曾经非常风光,每天大量的人在里面发帖讨论,关于华为的一些事件也在里面持续发酵,如当年的工龄清零事件,甚至一些员工自杀事件。华为曾经和天涯管理团队沟通,试图把天涯华为专区关闭,但一直没有成功。

2009 年任正非力主在公司建立了个内部论坛:心声社区。心声社区一开始工作时间不能上,后来逐步放开,到 2011 年年底心声社区已经十分红火,每天的点击量达到 200 万左右。

因为心声是任正非亲自发起的,而且当时的定位就是建立个政策传达和大家发泄的场所,所以尺度比较宽泛。随着心声社区影响力的扩大,心声社区也有失控的态势,里面大量的工资薪酬贴,还有抱怨贴。

任正非对宣传非常重视,除了通过内部社区瓦解天涯力量外,曾经还强烈要求关闭了"八卦华为"。

"八卦华为"是华为内部员工创办的一个微博账号,因为给大家提供了一个分享消息的平台，一年不到迅速攀升到 3 万多粉丝，在 2012 年春节期间还举办了轰轰烈烈的选美活动，被任正非发现后，强烈要求关闭。后来公司出面，要求"八卦华为"处于休眠状态，后来改名为"IT 苦逼"。

华为的心声社区：一个几乎失控的舆论平台

在中国企业群雄榜上，三株曾经是一个响当当的名字，广告几乎刷到了农村路边每一个墙角。但到了 1997 年，三株的全国销售额却比上年锐减 10 亿元。在 1997 年的年终大会上，三株总裁吴炳新痛陈三株"十五大失误"，首次把三株危机曝光于天下。

吴炳新本来希望公布这十五大失误，让大家坚信自己正视问题的决心，从而改善企业，可大家看了这十五大失误后，更加失去信心，公司兵败如山倒。这里可以发现，在暴露自己问题的时候是需要尺度的，暴露过头，非但不能帮忙解决问题，反而会让大家因看到更多的黑暗面而丧失信心。

华为的心声社区也是如此，尤其是华为家事板块，大家普遍反映看了家事想离职，因为里面过多的负面消息，严重恶化了组织气氛。里面的问题已经不是"老爷你衣服破了这种小问题，而是批评老爷头脑有问题，老爷文化基因有问题"。里面肯定带来的就不是改进机会，而是黑暗的彰显。

所以企业论坛这个东西，一定要把握好度。弄得太正规，员工太会说官话；弄得太自由，也有可能给组织气氛带来很大的负面影响。很多情况下，一两个人的牢骚，很快就会通过论坛传递给所有人。很多人都说，上了心声论坛后更想离职了。

7.1.4　员工的满意不重要吗

1914 年 1 月 5 日，小亨利·福特的公司宣布将工作时间减少至 8 小时，同时翻倍地将工资提高到每天 5 美元，他希望员工的收入应该足以享受自己生产的产品。公司为此需要多支付 1000 万美元。

有经济学家批评他"把《圣经》的精神错用在工业场所，拿博爱主义做幌子来争取人心"。

那一年，福特公司的利润增加 200%达到了 3000 万美元，并且拓展了汽车的消费人群，深刻地改变了一个行业的生态，也彻底改变了美国的国家精神。今天，我们都知道美国是一个生活在轮子之上的国家。汽车改变了美国人的生活，使他们更加热爱这个国家的理想和生活方式。

网络上一直流传着一篇据说是华为某高层写的《告研发员工书》：

"公司研发是成功中的要素，不是唯一的要素。公司的成功是各种综合因素构成的，研发人员也不是天之骄子，不能要求别的部门对你过度的服务。

公司研发人员的收入，支撑在食堂享受较好的膳食是没问题的，但总有部分员工通过各种渠道在抱怨公司各基地食堂的菜价太高（我们的月平均标准为 350 元）。且有部分干部人员也在为民请愿。我们希望改变这种现状，员工已经是大人了，应该可以自己生活，可以不选择购买公司的行政服务；为民请命的干部不成熟，可以抽调去帮厨三个月，以去实践他的建议，直到实现再回到研发岗位。

我们研发人员不要做葛朗台式的人物，一个连自己每天的基本生活都不愿花钱保障的人，对别人服务百般挑剔的人，怎么会有人喜欢。由于华为虚幻的光环，社会上有些女孩子盲目地喜欢我们的研发人员，她们真的了解吗？试问，与连自己的伙食费都舍不得花的人在一起生活，你会幸福吗？那种对别人的服务百般挑剔的人，你受得了吗？不会挑剔你吗？不把你折磨死才怪呢。

一个对生活斤斤计较的人，怎么能确保高效工作呢？葛朗台式的人在公司是没有发展前途的。我们正确的做法是努力工作，增加收入，改善生活。同时也要理解为你服务的人，也要生活下去，不是你一人生活好，而不顾及别人。我们的研发人员要学会感恩，感谢为你服务的人。干部也不要随便把矛盾转移出去，学会管理员工的心理预期。你去帮厨的这三个月，暂不降低你工资，做不好再考虑。"

据说任正非批示：

"此文写得何等好啊！希望研发及海外代表处的员工学习一下。你们都是成年人了，要学会自立、自理。我们是以客户为中心，怎么行政系统出来一个莫名其妙的员工满意度，谁发明的。员工他要不满意，你怎么办呢？现在满意，过两年标准又提高了，又不满意了，你又怎么办？满意的钱从什么地方来，他的信用卡交给你了吗？

正确的做法是，我们多辛苦一些，让客户满意，有了以后的合同，就有了钱，我们就能活下去。员工应多贡献，以提高收入，改善生活。我们的一些干部处于幼稚状态，没有工作能力，习惯将矛盾转给公司，这些干部不成熟，应调整他们的岗位。海外伙食委员会不是民意机构，而是责任机构，要自己负起责任来的，而不是负责起指责来。国内后勤部门要依照市场规律管理，放开价格，管制质量。全体员工不要把后勤服务作为宣泄的地方，确实不舒服要找心理咨询机构，或者天涯网。"

两文出来后，一片哗然。内部论坛上也因此出现了很多"告××书"的文体，而且很多人不相信这是两位高管写的，但多方显示，可能确实是他们写的。

员工满意度：客户是左手，员工是右手

盖洛普认为员工满意度和绩效的关系不如员工敬业度，但员工满意度和员工敬业度也有一定关系。客户是左手，员工是右手；关爱客户和员

工,那么市场就会对你倍加关爱。有调查显示员工满意度每提高3%,顾客满意度就提高5%,而利润可增加25%~85%;员工满意度达到80%,平均利润率增长要高出同行业其他公司20%左右。

华为还有件事非常有意思,那就是$N+1$。华为员工离职后会补偿"工作年限$+1$"倍的工资,工资还包括基本工资和按月分得的年终奖,员工离职后都会获得一笔丰厚的补偿。这个制度出台背景是2008年国家推出了新劳动法,说员工在一个公司干到一定年限后,就不能辞退。

还没等政策坐稳屁股,华为就慌忙推出了老员工离职再进公司的政策,把工龄超过八年的员工工龄清零,同时补偿$N+1$,然后重新入职。为了保证对其他人的公平,还制定了政策,就是后续的员工离职也会有$N+1$的补偿。

华为2011年全年利润是110亿元人民币,年离职人数在两万人左右,以人均工作三年计算,一年也需要十来亿元人民币的补偿。这是一笔沉重的负担。

后来我们发现,外面几乎所有的企业都没有华为这种无条件的$N+1$,自动离职一般没有,被开除的也基本不给,就算有也是少部分基本工资的补偿。华为为了尽快和新劳动法切割,匆忙推出的政策到后来进退维谷。继续下去,维持起来很困难,不继续下去,如何保证后面员工的满意,万一停止了还不闹翻天。回过头来看看,别人都没这么做,新劳动法也没有去约束什么。

华为过于心急,还没搞清楚新劳动法到底如何,别人如何执行呢,就高调地出台了政策,如果当时不这么高调,看看别人的做法,新劳动法也未必就给华为带来多大的影响。

7.1.5 成长无止境

以前企业追求终身制,比如以前的国家单位,只要捧上了铁饭碗,就一辈子衣食无忧了。这种企业有着强大的安全感，但也抑制了人奋斗的动力，抑制了企业的发展。现代企业不再有终身制，一是企业自己都不能保证活多久；再者企业也完全有开除不胜任员工的权利。

企业从以前的终身制过渡到现在更有竞争力的合同制，表面上看降低了大家的安全感，但以前那种安全感建立在虚幻的沙基上，经不住历史的考验。以前的国有企业，许多最终都沦落到资不抵债的下场，员工大量失业，所以真正一劳永逸的铁饭碗是没有的。

企业要想在合同制情况下有竞争力，就必须把以前那种终身制企业的安全感挪移过来，靠投资员工的成长，让员工感受到那种成长的成就感和喜悦，感受到自己的实力是在不断增强。通俗地说就是即使华为明天就垮台，员工在华为所学习到的知识和本领也可以让他们过上体面的生活。这就是另一种终身制，一种成长的终身制。有了这种终身制，员工就能更投入，有更多的安全感，企业也才能更好地发展。

经常有人网上发帖问到底是去移动公司或做公务员好，还是去华为好。很多人在分析什么工资啊福利啊安逸啊，但大部分都忽略了最重要的因素——成长。假如移动公司垮台了怎么办？假如公务员改制了怎么办？

移动也罢公务员也好，目前的社会形势下，终究有一天会改变，终究有一天会面临激烈的竞争。设想一下两个人毕业后分别去了企业和移动公司，去企业的可能当初比较累，但能学到很多东西。去移动公司可能比较轻松，混混日子抽抽烟就过去了。但若干年后，移动公司走向激烈市场竞争，或者移动和华为都垮台，那这时候面临再就业的两个人差距就大了。

公务员也一样，只有自己有了真水平，才是真正的铁饭碗。我认识很多软件人员，长期坚持学习实践，在市场上的薪水价格持续攀升。

所以企业也要在管理过程中不断通过培训或实践锻炼让员工增值，工资是眼下的收益，增值是未来的收益。工资好比是分红，增值则是股本的扩充。让员工在工作中有进步，也是一种激发员工努力的有效方式。

双赢：有技术走遍天下

世界级企业以员工为本，他们把企业的发展和员工的发展统一起来。他们懂得，企业的持续发展体现为员工能力的持续，所以他们特别强调所谓的预期管理，即通过投资员工的未来，而获得公司自己的未来。

公司要抓住优秀人才的忠诚，必须提供充足的资源和机会，使得这些优秀人才能够充分发挥、共同成长，增加公司与优秀人才之间由共同梦想、野心而产生的亲和力。

从员工的角度来说，学习和发展非常重要，当员工在工作中无法提升自身技能时会很痛苦。李开复曾说，当你哪一天发现自己没有学习的机会时，就可以从这家公司离职了。其实大家对学习的渴望也是对生存的渴望，薪水是现在的生存方式，学习和成长是未来的生存方式，人不能只顾眼前的舒服而忽视未来的发展。

现代企业也会随着员工的成长而成长，员工就是企业最大的生产资料，生产资料先进了，产品自然也先进。卡耐基说过，即使他的钢铁厂全部被烧毁，只要员工在，钢铁公司就在。所以企业对员工能力的关注也是一种投资行为，这种投资也是一种双赢的行为。

7.1.6　如何提升技术专家的荣誉感

很多人渴望成长，但和他们交流大部分都希望能当个管理者，很少有人说我就想当个专家。虽然大部分公司也制定了清晰的专家路线，工资和奖金也不低，看起来也应该很有前景。

为什么还有这么多人对专家不感兴趣呢？导致这个现象有两个原因：

一是传统的文化导向。大家都觉得管理人就一定高人一等，当官就是钱多。二是目前大部分企业缺乏一种表征专家身份的、容易被人辨认的、社会容易接受的令人尊敬的称号。对外介绍的时候不好称呼，感受不到一种高水平所带来的尊重和荣誉感。

第一个问题很难解决，随着公司工资的提升，但相应会有所缓解。而且随着社会逐渐开明，官本位的思想会逐渐减弱。

第二个问题为了便于理解，可以举个通俗的例子。比如一个专家是单身，他需要去相亲。另外一个管理者也是个单身，他也去相亲。恰巧两个单身先后相的是同一个女孩子。管理者说我是个什么部长，手下多少人；专家说我是一个工程师。可能两个人地位和薪水是差不多的，但在介绍的时候就不容易彰显专家的地位。

可能大家说有钱不就可以了，还争什么虚无的名义。但有时不仅需要钱，更需要名。有时候名义更能提升影响力和执行力。可以说很多企业对于技术专家在"利"上基本解决了问题，但在"名"上还缺乏手段，现在的所谓一级、二级显得太单薄，起不到该有的作用，不能让专家更让人尊敬，尤其是在对外介绍专家的时候。为了解决这个问题，在一般的专家等级之外，十分有必要增加个有效的称呼，而不是现在十分简单而莫名其妙的副工程师或高级工程师，要像高校、医院或研究所一样，建立直接能彰显对方能力和身份的标志。

职业通道：激励技术专家要重视荣誉感

技术公司要搭建技术通道，去鼓励那些喜欢做技术、有技术天赋的人去钻研，要给他们搭建个舞台。

激励不仅要给技术专家高薪水，更要为技术专家建立令人尊敬的职称，要利用这个令人尊敬的职称提升专家的荣誉感和影响力，也通过这个称呼牵引更多的人去钻研去奋斗，从而丰富技术体系和职业通道。

华为的技术专家到了一定级别，可配备秘书，这就好比是干部配车一样，彰显了专家的身份。

7.1.7 无私即大私，大私也无私

西方经济学有个假设，那就是人的本性都是自私的，人都是理性人，都追求个人利益最大化，然后在这个自私的假设下开展一系列理论研究。

企业则更喜欢从无私这个角度切入，希望所有员工不要过度关注自身利益，以企业为家，能无私奉献。比如板凳要坐十年冷，舍小家为大家等。

很多主管在沟通时理论都一套一套的，从头到尾不间歇能说个把小时。可这些理论过后，基本没给员工留下什么印象。所以虽然沟通千万，但效果确实一般。

沟通之所以容易形式化，主要有两个原因：第一个原因是大部分人比较教条，反正上面要求说什么就说什么，自己基本不思考，就算思考，也思考不明白，最后所有人都在追求动作的规范，而忽视了动作究竟为了什么。

这也就是所谓的"一抓就死，一放就乱"。这一点可能与中国的教育模式有关，过度重视技能，忽略思维的培养，最终不论做什么事都缺乏智慧和柔性的色彩，所以要么执行起来软弱无力，要么僵化到底贻笑大方。

第二个原因则主要是沟通管理中缺乏对个体利益的考虑，很多人喜欢喊口号谈大道理，什么你要拼搏，你要和别人合作，你要关注客户等。很少有人去从员工的角度思考，我为什么要和别人合作，我为什么要关注客户等。任何工作，只有所有参与这个工作的人都能分享到利益，才能激发起这些人的潜力，否则再好的管控都不能带来高效率，企业的管理和沟通也一样。

要想通过沟通管理做好员工的激发，必须直面利益，只有真正尊重了员工本性和利益，所有的工作和激发才有基础。否则一切都是海市蜃楼，教条只能是表面上的繁荣。

当企业足够尊重员工的利益，能彼此真心分享利益，能建立双赢的文化价值观和工作模式时，人们的工作激情自然会萌发。可见越是忽略人的自私特性，片面宣传无私，则大家越没感觉，越自私。如果能真正尊重员工的内心需求，尊重员工的利益追求，则不但可带来高效率的工作、高质量的沟通，还能带来真正的无私和善良。

自私：每个人都在追求利益最大化

亚当·斯密曾在其著名的《国富论》中说过，"我们能够享受晚餐，不是由于面包师、酿酒工、屠夫的慈悲，而是因为这也是他们自身利益所在。所有的一切，都并非出于博爱，而只是因为自爱"。

当你过度斤斤计较自己的得失，最后往往一无所有。如果在做人方面无私点，就很容易收获朋友、收获利益，这才是真正的大私。其实反过来说"大私也无私"，当企业真正尊重个人利益，关注人自私的本性，能真诚对待每一个人，建立一个彼此获利的方式，最后必然带来真正的无私。

7.1.8 管控和激励

有一天睡前和老婆闲聊，老婆说入户花园可以做个保姆房。我笑着说，就算哪一天你真的请得起保姆，如果让保姆睡入户花园，肯定不会好好带孩子的。

保姆照顾好孩子有两个要素：首先，必须充分尊重和激发起保姆的主动心和责任感，激励保姆全心全意地照顾孩子，主动处理复杂问题；其次，提供必要的流程和规范，这里的流程和规范不是为了监视保姆，而是为了在保姆不知道该如何做的时候提供的一种工具和方法。实际上，激发起主动心和责任感的保姆肯定也是不能住入户花园的，尊重和信任是基本的需求。

对于一个企业来说，员工好比是雇佣来的保姆。如果我们通过管控式的方式来管理企业，同时制定详细的规章制度，对于制造型企业来说可以胜任。但对于知识型企业则远远不够，不尊重和不信任员工，还制定复杂的惩罚和监控点，这种管控的模式必然带来低质量的产品。

现在许多企业包括华为在内，过多地依赖管控和惩罚，把流程当成是监管和约束的万能武器，而不是牵引的工具。有问题就设置监控点，增加规范，或者增加管控组织。结果往往是越出问题越管控，越管控越出问题。最后不得不付出高昂的管理成本，还带来累赘低效的组织，这就是典型的保姆式管控型管理。

对于保姆和知识型劳动，不管你流程制定得多细腻，规范制定得多完美，终究是无法规定到每一个细节的，因为遇到的复杂情况太多，通过不让保姆和员工犯错是覆盖不了所有问题的。只有通过激发大家做得更对，积极主动思考和覆盖每一个细节，把规范和流程当成工具而不是武器，才有可能解决各类复杂问题，也才有可能生产出高质量的产品。

管控：管得越少，成效越好

习惯于相信自己，放心不下他人，粗鲁地干预手下的工作这是许多管理者的通病。这会形成一个怪圈：上司喜欢从头管到尾，越管越变得事必躬亲、独断专行、疑神疑鬼；部下束手束脚，养成依赖的习惯，把主动性和创造性丢得一干二净。

转变管理思路，从以前的管控式转变为授权式，复杂交付不可能把什么都提前定义清楚，模糊地带的解决就需要授权员工来解决，只有员工真正把工作当事业，把企业成功放在心上，才能真正解决好问题。

任何管理都需要激励与监控，不同的管理方式，源于对人性的不同假设。在现实中，每个管理者都会根据自己对人性的判断，选择胡萝卜多一点，还是大棒多一些。

好的管理一定是以激励为主，监控为辅，这样才能让大部分员工感到被信任。人被信任了，就会"士为知己者死"，管理就会事半功倍。坏的管理一定是以监控为主，激励为辅，用防贼的方式监控员工。人被看低了，士气自然就低，管理就会事倍功半。[1]

7.1.9 如何打破官僚主义

毛泽东说过，革命路线确定以后，干部就是决定要素。随着组织的复杂，干部很容易从以前的盈利导向转变为领导导向，因为决定领导好坏的不是市场情况，而是上级是否满意，于是官僚主义盛行。

在华为经常看到，为了完成给上级一个汇报 PPT，一大帮人持续钻研两三个月，PPT 改了 20 几个版本，一张照片要翻来覆去地考量。为了满足上级的一次参观，把本来做实验用的地方用来做展台，购买大量不增值的东西。真是为了博妃子一笑，不惜大动干戈。

这些会议和 PPT 把管理者的时间全部覆盖了，很少有人能有时间去思考如何提升组织、提升质量。这里一部分是主动去迎合上级，也有部分是不得不迎合上级。"楚王好细腰，宫中多饿死"，上行下效是难免的。

华为某部门招聘了一个来自爱默生的员工，该员工来后十分后悔，后悔当初没把 PPT 好好练练，原来在爱默生 PPT 水平还可以，现在看来和华为差距实在太远。人家说 PPT 就是吃时间的机器，这点在华为体现格外

---

[1] 黄铁鹰. 海底捞你学不会. 北京：中信出版社，2011.

明显。

记得刚去华为第二年，一个小组长年末述职，领导问他这一年里做了什么，该同事想了半天也没想起来。其实，该同事一直在帮着上级写PPT，一会儿要向上级汇报，一会儿要去广州开会，还要编写莫名其妙的指标，非常忙碌，但这些东西忙完后实在总结不出东西来。

当所有的利益都来源于上级领导评价的时候，官僚主义则不可避免，奢望通过什么减少简化来解决问题更是痴人说梦。只有解决了对主管的评价问题，才有可能解决汇报和会议问题，只有建立起真正能体现主管价值的评价体系，主管才有可能聚焦在核心业务上。

我们经常会发现一种现象，很多问题其实做得很差，但经过一两次汇报后，往往就变得不那么差或者十分好了，这就是选择性论证的结果。一般的客观结论往往都是通过大量事实推断出来的，缺乏监督的汇报型结论往往是先有对自己有利的结论，然后根据结论需要来寻找对自己有利的事实。光看汇报看不出问题，因为都是事实。所以有个公正客观的通道十分重要，否则太容易偏听偏信，导致局部权力过大变形。

对于知识型劳动来说，基层员工的想法格外需要关注，基层员工的创造力也很重要。只有从上到下的组织目标和从下到上的员工创造结合起来，才能带来真正伟大的生产力。官僚习气的产生不能全怪下层主管，上层主管的工作作风起着重要作用。评价下属过度依赖个人感觉，喜欢被顺着毛捋，喜欢听顺耳之言，认为提反对意见的都不是好下属，对自己过度自信，觉得自己是最正确的。

官僚主义：组织大了官僚主义不可避免

打破官僚习气首先要创造一种开放自由的环境，要提倡下属多发言。同时要能站在基层员工立场考虑问题，能倾听基层员工的声音，体会基层员工的困难。现代型企业只有激发起所有人的思考，尊重所有有价值的意见，才有可能带来更高的竞争力，才是真正的有发展潜力的企业，才能够建起百年老店。过度依赖一两个卓越领导人的英明见解带不来企业长久的生存和竞争力的。

要选拔敢于说实话、敢想敢干的干部，不要选那些唯唯诺诺、只会拍马屁的家伙。公司大了上层领导离实际业务逐渐变远，就算设定很多考核目标也未必能考核清楚。在选拔干部时不能陷入个人感觉论，觉得谁好，就一切都好，某一两次汇报决定这个下属的一生，最后导致下属谨小慎微。下属的选拔和任用应该慎重，要充分掌握信息，充分听取广大员工的真实意见，避免信息不对称，最后选的都是马屁精。

小　　结

核心价值观是企业中一种软性的文化，好比企业的血液和肌肉，组织模式和制度好比是骨骼，只有肌肉和骨骼相互搭配，企业才能良性发展，光有骨骼没有肌肉，组织是贫瘠的、乏力的。

核心价值观其实就是一种思想管理。思想管理很重要，把员工的心理顺了，工作自然就顺了，否则一切都是白搭。要把员工的心理顺需要一大批优秀的基层主管不断地去体会去感受，而不能只停留在自上而下的照本宣科。作为中高级管理者要通过平时不断灌输一些合理的理念，帮助大家解决困惑。

7.2　办公室的政治

有企业家问著名的管理专家姜汝祥，公司中到底有没有政治？

姜汝祥回答，凡有组织存在，就有政治，只不过是偏治理还是偏个人利益。跨国公司上面换一区域总裁，接下来就会换一线主要领导，这很正常，这就是公司治理。不正常的是为了维护血缘或亲近关系，该换的不换，不该换的换了，这便是公司病毒了！

7.2.1 命令为什么出不了办公室

广东顺德一家集团公司新近招聘的总经理安东很烦恼，当他首次行使总经理职权召集管理层开会的时候，管理层领导几乎无一例外地迟到，甚至有人干脆来都不来，根本不把新来的总经理当回事。

安东无计可施，顿时萌生退意，这样的总经理不当也罢。老友大头的到访为安东带来了一线转机。大头听过安东零七碎八的抱怨后，他给安东下了一个结论：欠缺管理上的控制力。你总经理命令能出得了办公室吗？出不去，还谈什么控制力。

当安东追问什么是控制力的制高点时，大头神秘地一笑，说出了五个字：不可替代性。旋即拿起笔来，在一张纸上勾勾画画地讲解起这"不可替代性"来。

所谓不可替代性，就是企业正常运转不能缺少的角色，他可能是技术员，可能是销售员，也可能是管理者，这个人不能离开，也不能被替代。所以，把不可替代性说成管理的阻碍，一点都不为过。

安东思索片刻，勉强点了点头。其实他的管辖范围内，的确存在着多重不可替代性：控制着一切生产资源的工厂总厂长，也是总技术的老K；挂着营销副总名头，实际充当着占有企业内最大销售额的业务员老A；还有与当地政府做公关的副总老B——他是政府领导家的亲戚。

想到这些，安东消极的情绪蔓延上来，于是问大头：我这是不是没法往下干了？大头咧嘴笑了，这就没信心了？你是管理者啊，管理者是干什么的，就是消除、控制这些不可替代性，降低企业运转的风险嘛！企业流程化、制度化、规范化，不都是为了降低系统风险？

你的意思是，我这个局有解？安东急问。大头依然是那副神秘莫测的笑容：你首先得知道，这种不可替代性非常难以避免，只要有组织存在，它就会存在，可以说是如影随形。❶

命令出不了办公室：不可替代的诅咒

空降的主管或者刚提拔的主管，尤其是中高层管理者很容易遇到这个问题。刚到部门或公司，下属对你并不认可，下属往往都是一方诸侯，你的管理很难做下去。

下属也有和你谈判的筹码，因为他们有着不可替代性。得罪了下属公司就停摆，自然也是你管理的失职，时间久了，老板还是觉得你无能。最后管理者和下属形成博弈，自然就不好管理，离开也是早晚的事。

7.2.2 防范不可替代性的两副药方

大头说，他有两个方案。中式的土办法和西式的洋办法目标一致，但实际操作手法却大相径庭。

为不可替代者营造一个对手，形成互为制约的局面，是中式办法。这办法就是古人常说的帝王心术，数千年来，屡试不爽。比如晚清末年慈禧太后扶植的张之洞与李鸿章，就是非常妙的一招棋。

而西方式的管理则侧重于将工作分解和简化，降低每个人工作的难度，从而使更多的人来掌握相似技能。个体的不可替代性因此逐渐减弱。

中式的办法立竿见影，而且灵活性十足。不过，打倒一个不可替代分子，又培养出了新的不可替代分子，中国式的办法治标不治本。这显然不

---

❶ 冯鼎，原载于《商界评论》，2010年.

7 文化是血液

是个一劳永逸的好办法。

而西式的办法，则是将这不可替代性连根拔除。但是，西式办法的难点在执行上。首先，西式的办法是个系统工程，进行起来过于缓慢，同时许多制度很可能执行不下去。其次，最令人担心的是，制度推行者如果没有足够的控制力，那么在执行过程中，遭遇到组织内的小势力团体的反弹，必然将影响整个组织的运转。如此一来，组织中的不可替代性还没有消除，组织倒是先行消亡了。

木已成舟还吃西药，找死。

大头顿了顿，喝了口水，继续说道，你现在组织开个会都没人来，这说明，企业里员工都不听你指挥，那么你想推行的制度和方案，根本不可能落实。

为什么会出现这种情况？因为你名义上的下属，存在着不可替代性，企业离不开他，所以他有恃无恐。他不按你说的做，你没办法处理他。你一处理他，他立刻能让企业停摆。一旦企业停摆，责任是你的，老板会修理你，甚至会辞退你。也就是说，他能伤害到你的利益和位置，但是你伤害不到他的利益和位置，他根本不把你当回事。

就拿你们那个技术总工老K来说，他现在有两大不可替代性。

第一，工厂一直是他管理，你调动不了工厂的人和资源，他说停工就停工，你要的产品做不出来，你干瞪眼。如果工厂有两个甚至更多的厂长，他不干，有别人干，他抵制你，有人代替他为你干活，这情况，你看他还能奈你几何？

第二，他控制着技术，他不出技术，就开不了工，一样还是影响到企业运转，同样的道理，如果你手头多几个技术员，哪怕技术没他那么过硬，都不要紧，只要企业开工的时候能勉强维持，那他就不能威胁你。

总而言之，只要他对企业的运转形成不了大的障碍，也就对你形成不

— 195 —

了威胁，他的价值不也就跟着缩水了？

听大头说完，安东说，我要是没理解错，你刚才说的，应该是中式的解决办法吧？

对。打开话匣子的大头没有收敛的意思，于是继续说，事实上，一旦不可替代性形成，西式的办法，根本落实不下去。如果强行落实下去，只有一个可能——你安东夹着包走人，而企业仍然一切照旧。

为什么？因为你明摆着要砸老K他们饭碗，他们一反水，老板的正常生产就停摆了，于是只有让你走，维持尚能生产的现状。

当不可替代性已经形成的时候，用西式的办法，根本解决不了问题。如果硬要往上套，无异于饮鸩止渴、自寻死路。但是，在不可替代性没有形成之前，或者说刚有苗头的时候，用西式的办法来扼杀这种可能却很好用。因为把可能形成不可替代性的缔结点分解了，就不可能形成不可替代性。

按你的说法，西式的方法强调的是防患于未然，中式的方法强调的是实效，用来救场，对吧？安东整理过思路，向大头求证这个问题。得到大头的确认后，安东说，我说一下我的看法，看看我对你的思路理解得是不是准确。比如说，我现在要解决老K的问题，只能用中式的办法。也就是再培养出一个搞技术的人来。现在难点又出来了：老K他不会顺顺当当让我培养出这个人来啊，他肯定会给我制造麻烦。

那就对了。威胁到切身利益了，任何人都会本能地反抗。换你面临这情况，你也一样啊。尤其是，当人面临的威胁越急切，他反抗得就越暴烈。所以，处理这类问题一定要讲究策略，必要的时候，甚至要动用点"技术"手段。

老K这件事，你想培养另一个技术支柱，就要注意不能让他有所提防。你可以明面上捧着他，暗地里，布置人抓紧提高技术水准。必要的时候，还可以演出类似于周瑜打黄盖的戏给他看。等到机会成熟了，让这个新的技术支柱把技术端出来，那时候木已成舟，他再想给你上眼药就不容易了。反过来说，若是你推出这个人的机会不成熟，你就被动了，很可能这件事就成为老 K 攻击你的借口。

安东说，我好像明白点了。不过，你说的这些，我怎么感觉有点权术的意思呢？我隐约记得有人说过，管理要远离权术啊！

幼稚！书呆子气！说出这种话的人，不是读书读傻了，就是没有实际管理经验的。要不然就是一直在中低层管理者的角色上徘徊，在别人设计好的框架下充当螺丝钉。可能他工作过的企业，管理制度已经比较健全了，可这只是管理作用下的表现形式。要是把这种成熟企业的组织形态当成管理手段，只会酿成悲剧。

大头一口气说完这些，还意犹未尽地感慨道，管理讲究的是实效，不是花架子，更不能拘泥。我的观点是，能拔出脓的，就是好膏药，还管它是不是权术！

大头的论述让安东颇为丧气，安东黯然道，如果早知道西式管理这么没用，不学也罢。听完安东这席话，大头又急又气，说道，咱能不能脑子活一点，别刚从一个坑里爬出来，就又跳进另一个坑里！

安东不解。大头缓下口气，语重心长地说，西式管理绝不是一无是处。随着企业发展，组织规模扩大，员工人数膨胀，管理的层次也在增加，管理的不确定因素也就越发多起来。西式的标准化、制度化、流程化的管理方法，就是降低了这种不确定因素带来的管理风险。

还拿技术举例，比如说，你现在有两个主要技术人员，如果走一个，这平衡没了，你就被动了。你不仅还得扶植另一个新技术出来，还得担心，走的技术会不会把企业的技术机密泄露。

如果把技术分解开，分别让企业里的基层技术员工掌握，就不会有这么多麻烦。即便掌握部分技术的员工离职走了，还可以有别人替代他，补上这一块技术工作，其他的技术工部分，根本不受影响，更毋论整个企业。至于将企业的技术机密泄露的问题，就更不用担心了，因为他带走的技术也只是一小部分。

西式方法设计起来复杂，然而一旦成型运转后，管理起来就简单得多了。中式方法灵活简便，但是需要管理者频繁重新思考、设计管理路线，这就给管理造成了麻烦。

中西两种不同的管理方法，这就好比孙子兵法中提到的"以正合，以奇胜"，你不能说孰优孰劣，只能说，各自适合的情况不同。在具体解决问题的时候，你用错了方法，结果是一样的。

两服药方：中药西药一起吃

消除不可替代性是个长期的工作，奢望一上来就解决问题也是不现实的，很可能把矛盾激化，最后难以收场。

早期还是要放低姿态，先把企业运转开来，来日方长。对于具有不可替代性的下属来说，两败俱伤也不是自己的选择，所以也具备基本的运作条件。

7.2.3　不可替代的消除也需要成本

安东和大头聊了一个下午，渐渐有了拨开云雾见光明的感觉。从一开始的听，到后来偶尔地能插上几句探讨意见，那些困扰着他的问题，逐个地也找到了答案。

讨论中，安东对中西两种方法又各提出了一个疑问，中式办法为什么只搞出两支平衡力量，而不多搞几支；又问，为什么有人具备推行西式办法的能力，却不推行。

大头耐住性子，分别做答。

企业里需要两个以上的技术主力，但是技术主力的工资肯定要比普通员工高得多。多几个技术主力，企业在薪酬支出上的经济负担就要加重，对于企业来说得不偿失。搞两支平衡力量的目的是为了瓦解不可替代性，完成目的就可以了，再多搞几支力量是浪费资源，不划算。

企业内的制度化、标准化、流程化的程度越高，对个体的依赖性就越差。甚至包括制度推行人在内，也将随着企业制度化管理的进程，而逐步降低不可替代性和影响力。如果说把自己的不可替代性都抹杀了，那不等于砸自己的饭碗吗？但是又无可否认，制度化管理会使管理变得更容易。所以说，从经理人的角度来考虑，企业"制度化"到一个什么程度，是个颇值得思量的问题。

听过大头这一席话，安东如同醍醐灌顶，恍然大悟。安东意识到组织内控制力的制高点，就在于对不可替代性的掌控上。何时该收，何时该放，要根据具体情况灵活处置。对不可替代性吃得越透，理解得越深，把握得越活，对组织的控制力就越强。

大头临走时，叮嘱安东说，有这样一个技巧，你可以在实际管理中使用，即人合则力强，人散则力弱。你一个人对付一群人困难，将他们分化，你一个一个对付，就容易得多了。

消除不可替代性的成本：过犹不及

建立制衡力量不宜过多，毕竟需要公司的高成本，过于制度化也容易导致技术碎片化，导致产品缺乏创新和竞争力，这个过程就是管理者需要平衡的了。

7.2.4 螳螂捕蝉，黄雀在后

大头走后，安东找企业内管理层逐个私下沟通，勉强将总经理办公会议开了起来，算是小有所成。而后他沉下心，把企业内每个工厂都走遍，细细考察，在其中寻找具备技术潜力的员工。

两个月后，安东终于找到了几个具备技术潜力的员工。经过筛选后，保留小甲一人做重点培养对象，其他做一般培养，而后将其雪藏。

又历时半年，在老 K 一次重病住院期间，安东顺利地将雪藏的技术骨干小甲扶上技术管理的位置，与老 K 形成势均之态。

安东进入企业一年之后，他开始对技术部门进行制度化改造。是时，企业内技术主力两人，老 K 以及小甲，其他后备技术力量若干。之后，安东更进一步，一手推动企业的产品技术升级。升级后的核心技术被分解开，分别安排给几个技术骨干掌握，外围技术则分散到普通技术员工手中。此后，企业内再无人能掌握企业的全部生产技术。

在兵不血刃地瓦解老 K 的不可替代性之后，其他人开始对安东有了敬畏和服从。随后，安东着手降低其他人的不可替代性。同期，将前任总经理无力推行的正确制度顺利贯彻下去。对于无法降低不可替代性的老 B（负责政府公关），安东采取敬而远之的办法，将其隔离到管理与决策层之外，以削弱其对企业的影响力。

安东上任的两年后，全线改造完的企业开始发力，加快发展速度。五年后，安东所在企业成为当地首屈一指的企业。随着企业的发展，需要进行的政府沟通及公关升级到上一级政府，原负责政府公关的老 B 的私人关系已经不再有效。新的政府公关工作完全跳开老 B，老 B 的不可替代性和利用价值彻底丧失，遂辞职。

又过了两个年头，企业集团化发展，安东被升任总裁，不再担任总经理，也不再负责企业具体经营事务，只保留指导权。同年辞职。

事实上，两年前，老板就已经着手安排人替代安东，解除他直接干预企业管理的权力。因为，此时的他，已经明显有了不可替代的态势。而老板面对企业，俨然有了失控感，于是才有了这"杯酒释兵权"的大戏。安东起初不甘，欲罢手而去，给老板施加压力。但是仔细思考后发现，企业在自己的精心运作下，早已规范化运转，自己的离开，即便令企业短期管理稍显失序，但无法伤及根本。换句话说，自己已经丧失了胁迫老板的筹码。这样做，除去给自己的经理人生涯徒增污点之外，再无益处可言。权衡利弊后，安东放弃了损人不利己的报复行为，坦然地接受了老板的安排，并为继任接手人铺好了路。

就这样，企业控制力的制高点，重新又回到了老板手中。

这真可谓螳螂捕蝉，黄雀在后。尽管得到了大头的真传，可安东显然比精明的老板更逊一筹。不声不响的老板，仅仅凭着对安东管理手段的观察，就领悟了管理的真谛。不但如此，还将这火候把握得炉火纯青、拿捏得随心所欲，从而真正地占据了控制力的制高点。

不可替代：开个好头，以悲剧收场

以不可替代性来消除不可替代性，结果等于培植了新的不可替代性，让企业陷入周而复始的折腾中，这确实是中国企业老板们的心头之痛。

而且职业经理人为了捍卫自己的不可替代性，往往要弄权术，花样频出，常见的比如："武大郎开店"——只选比自己矮的；任人唯亲，培植亲信小团体；大权独揽，事必躬亲；不清不楚，混沌管理……这样做的目的只有一个，那就是在自己这片小天地，上司也好，老板也好，针插不进，水泼不进。

案例中，安东本以为可以用权术刮骨疗毒，用西式制度固本强身，实现企业由传统权术向现代管理的成功转型，但是最终却落得个"鸟尽弓藏，兔死狗烹"的尴尬下场，似乎失败者是安东，成功者是老板。但如果把时间拉长，也许悄悄暗爽的是曾经被安东赶走的那些老K、老A、老B

们，他们也许悄悄在说："看嘛，这叫以其人之道还治其人之身！"

案例中，老板动用的并非制度，而是权术，以明升暗降、权力架空的方式，迫使安东辞职来换回自己对企业的控制力，这等于向员工们宣告了西式管理最终败于中国权术，这不是安东的悲哀，而是老板的悲哀，是中国传统企业的悲哀。

案例中，如果安东真是功高盖主，那么更理想的方式是建立现代公司治理制度，用制度制衡而非权术操弄来实现对安东的管控。

可以想见的是，安东的继任者也许会吸取安东的经验教训，重新拾起权术的武器，拥兵自重也好，结党营私也好，阻塞言路也好，只要是能构建自己的小王国，强化自己的不可替代性，都可以用上，安东好不容易确立起来的制度再次面临推倒重来的悲剧。

反过来，我们看看跨国外资企业如何管控职业经理人的。这些企业在全球有数百家分公司，有数万员工，靠派自己的老婆、小舅子、小姨妹去监控，肯定不现实，也没这精力，但是难道不担心被其他人控制吗？

外国人实际上是最知道人性的贪念，也最小心谨慎、懂得制衡。他们有董事会决策大方向，职业经理人更多负责执行；人事任免有制度可循，并与业绩指标和任期目标挂钩；分公司总经理会定期轮换，不会让你在某个地方成为土皇帝；财务经理一定是直派，也会定期轮换，防止形成长期坏账；他们会建立好信息系统，财务数据视情况会实行日报、月报和季报；有专门的内部审计机构，会每个季度审计一次，有专门的外部审计机构，每隔半年进行一次外部审计；有内部员工投诉机制，避免小团体掩盖矛盾……

凡此种种，每一个新的职业经理人到位之后，很快就能顺利上手，因为你的权力不是靠个人耍权术获取，而由你的岗位授予；同样，你的离职与否，也不取决于你上司的一念之间，而是与你的业绩目标、任期目标直接挂钩。正是因为有了这样的明确预期，所有的人才都能有序地遵循已有的制度，杰克·韦尔奇才能在通用电气待上20年之久，才能把公司市值由130亿美元推高到4800亿美元。试问，中国民企里有多少总裁级的职业经理人能呆上20年之久？

小　　结

有人的地方就有江湖，有江湖的地方就有权力争斗。当权力的争斗是为了企业的良性发展时，就是管理，当权力是为私欲和位置时，就是权术。

一个高明的企业家，不一定是个厚黑专家，但一定要是个政治家。他要能摆平各方利益，在利益平衡妥协中实现自我救赎和组织救赎。

第三部分　华为的红旗到底能扛多久

8

华为的 IPD

华为强在战略，几个战略的成功把握，让华为迅速壮大起来；精细化管理虽做得一般，但通信行业的半垄断性质带来了高额利润，也能保证华为快速发展一段时间。但随着时间的演进，战略优势逐渐丧失，内部危机逐渐显现。

华为的 IPD（集成产品开发，简称 IPD），2000 年以后通过 IBM 顾问引入华为，曾伴随华为走过一段辉煌的历程，因此成为很多中小企业顶礼膜拜的对象，许多华为前员工离开华为后都在做 IPD 的管理咨询。对于 IPD，很多公司学习时又爱又恨，爱的是它成功的经历，恨的是它如此庞杂。

IPD 的官方定义是：基于市场和客户需求驱动的产品开发流程体系。其核心是由来自市场、开发、制造、服务、财经、采购等方面人员，组成的跨部门团队共同管理整个产品开发过程，即从客户需求、概念形成、产品开发、上市，一直到生命周期的完整过程。

通过 IPD 流程管理体系，使产品开发更加关注客户的需要，加快市场反应速度，缩短开发周期，减少报废项目及开发成本，提高产品的稳定性、可生产性、可服务性。

IPD 共分六个阶段：概念、计划、开发、验证、发布、生命周期。

概念阶段主要关注对产品机会的总体吸引力是否符合华为总体策略，分析市场机会，确定备选方案，同时初步明确业务计划，一些产品的需求和产品概念等。概念开发的前段输入是任务书的输入，任务书一般由市场和营销团队开发。

计划阶段主要是定义产品，制定项目计划和最终商业计划，甚至包括早期的客户清单等，华为很多产品因为开发周期短及很多东西比较清楚，很容易把概念和计划合在一起。

开发阶段的工作量最大，也是周期最长的一段。该阶段需要提供样品去参加测试，同时还要完成产品配置器的开发及详细的产品发布计划等，产品质量的好坏和开发阶段最相关，华为将近一半的人员都在从事这项工作。

验证阶段就是一些测试工作。华为的测试比较复杂，曾经一段时期内考核测试工程师绩效就是问题单数目，于是测试工程师和开发工程师就一天到晚吵，测试就说这个有问题，开发就说没问题。华为在跑流程过程中，针对发现的问题会设定一个指标，叫遗留缺陷密度，一旦这个值超过一定数量，是过不了流程考核点的，产品也交付不了，所以关于遗留缺陷密度，也演绎了很多故事。

华为产品发布前，会试图小批量地跑下流程，比如供应链、采购等的符合度。之后，进入发布阶段，产品就可以正式发布了。理论上来说，发布前还是有很多验证的，有时为了避免问题流出去，很多验证都有严格的要求，如实验局❶需要开多久，小批量需要多少台等。

生命周期阶段就是发布后的成熟产品维护和终止的问题，此时产品就会转到维护部门，由维护部门对应处理网上问题，直至产品在市场上停止服务。

---

❶ 即小批量发货前的市场验证。

8.1 IPD的优势

IPD通过一个严格的流程把组织糅合在一起，按一定时间节点和交付件来开发产品，通过必需的运作人员和测试人员来保障产品的质量。华为IPD的价值在于项目的执行层面，通过强大的执行力来实现项目的基本质量保证。可以说有了IPD，产品质量就不会太差。

IPD是一个指导产品开发，以市场需求为导向的很好的一个流程。从需求提出、概念设计到详细设计等，都有一套完整的交付条件和要求，对早期无序的产品开发确实有着巨大的指导作用。通过IPD的规范，使开发统一化，质量和进度都有了衡量的标准。

华为曾经有份统计数据表明，开展IPD后，产品投入市场时间缩短40%~60%，产品开发浪费减少50%~80%，产品开发能力提高25%~30%，新产品收益增加100%。

IPD刚在华为推行时，确实取得了不错的效果，提高了开发效率，而且质量有了一些基本的保障，整个开发体系也都更加有序。

但2010年后，IPD带来的效率明显下降。2010年的人均效益已经低于推广IPD前的人均效益，2011年更是低了很多。相同的流程，带来截然不同的结果，只能说明导致效率提升的并非仅仅是流程，还有组织和文化等其他因素。

IPD：IPD是研发类的SOP[*]

1998年华为公司销售额89亿元人民币，员工几千人，后来引入IBM的IPD流程，2008年销售额达1500亿元人民币，到现在为2000多亿元人

---

[*] SOP，标准作业程序，即Standard Operation Procedure。

民币，员工达到 15 万人。IPD 伴随了华为的成长。

IPD 是一套标准化的开发流程，好比加工制造业的 SOP，每个步骤都有详细的说明和考核标准，通过这种标准可提升开发的一致性及质量。

华为的 IPD 是任正非一手引进的，在华为有着至高无上的地位，我们发扬其优势的同时也要发现其不足，社会上很多中小企业学习华为的 IPD，但真正学习成功的寥若晨星。

8.2　不能依赖 IPD 流程解决组织的问题

当开发需求明确时，IPD 好比操作说明书，使产品从需求到实现整个过程中，像机器一样有序地进行。但当需求这个龙头比较模糊时，IPD 就像没头的苍蝇一样了。

因为华为的 IPD 重量级团队都是分散的，前段有市场代表，需求有营销代表，中间有开发代表，后端还有制造和服务代表。但彼此团队割裂，需求明确时，比如模仿别人的产品，结果容易实现。但当需求不明确时，整个流程很容易泥沙俱下。

这个流程中，缺乏一个核心人物，缺乏真正的产品经理。虽然说 PDT[1] 经理定义为开发的产品经理，但 PDT 经理对内不管研发，不知道产品会开发成什么样；对外不管市场，不知道开发什么样的产品。更多的是个松散的开发项目经理职责。

华为 PDT 经理们有个哭笑不得的苦衷，说他们去市场上见客户经理，虽然客户经理一般来的时间不久，但人家根本不把 PDT 经理当回事；PDT 经理想见客户还要对客户经理说好话，这样的 PDT 经理又如何搞得清楚产

---

[1] PDT，产品开发团队，即 Product Development Team。

品的发展趋势？

很多小公司学习 IPD 都把自己学得很惨，本来很强的战斗力，在自己扩张的时候想学习华为规范下，但学后发现更乱了。小公司一般都是一些技术牛人掌舵，这些人对产品非常熟悉。一旦把 IPD 流程套上，产品经理立刻失去感觉，产品也找不到方向，只能待在家里催催研发，搞不垮才怪。

华为 IPD 的成功在于大部分时间里不需要产品经理懂产品，只要把爱立信和阿尔卡特的产品拿过来，改改就可以卖了，改动过程中有点创新点，说不定竞争力还领先别人。一旦走出模仿，需要自己真正找方向的时候，就会突然发现很茫然，因为华为的 IPD 没有真正的产品经理。

华为曾有一款网络产品销售到美国，在美国测试出现大量问题，高管很生气，回国后质问开发人员，说你们开发的什么烂产品，开发人员说，都是市场需求提的乱，后来就要求开发人员敢于拒绝市场需求，于是开发和市场一天到晚吵架，局面越来越乱。

华为 IPD：IPD 适合模仿，不适合创新

华为的 IPD 过度依赖流程，缺乏组织的有效支撑，松散的组织形态导致 IPD 的分散执行。产品经理的缺位带来产品需求的混乱，作出的产品卖不出去。

产品经理的缺位带来需求层出不穷，后端开发压力大，最后开发质量低下。华为当时为了解决这个问题，构建了非常多的管控措施附加在 IPD 流程上，如一些遗留问题缺陷数等，最后开发过程需要关注无数的管控细节，开发越来越累，质量越来越差。

IPD 是好的流程，但好的流程需要组织去支撑，而不是靠流程去驱动组织。当组织不能很好地为流程服务，流程就会显得非常低效。华为平台化组

织下的 IPD，更适合模仿，在需要自己寻找方向时，就显得力不从心了。

8.3 IPD 案例

离开华为后去了一家中等规模的某上市公司，刚去的时候发现他们遇到了个问题，因为他们早期产品的开发都是跟着摩托罗拉走，摩托罗拉做什么，他们做什么，倒也相安无事，发展得也很快。后来自己壮大了，也基本业界数一数二了，就想把开发流程规范下，找了些人来学习华为的 IPD。学了一两年 IPD 后，带来两个问题。一是内部效率很低，产品经理理论上对产品端到端负责，但实际上能干的事有限，没队伍，还背负指标。最后都非常苦恼，纷纷离职和转岗。二是市场需求源源不断地来，于是源源不断地开发，每年开发大量的产品，但最后开发的产品卖不出去，不知道究竟该开发什么产品，规划部形同虚设。这个时候产品经理还要背黑锅，承担这些经营指标。

在这家公司里，开发前段也是有规划部的，规划和营销部负责搜集市场需求，整理筛选后交给研发开发。但规划部本来就没什么老资格员工，规划出的方向可想而知，而且即使规划部有老资格员工，几年不接触市场或研发，肯定也不知道该规划什么，最后规划部都成了"鬼话部"。

规划部也罢，开发部也罢，必须要有个小闭合的产品经理来负责，这样才能真正把握产品的方向，否则只能是无头的苍蝇。真正负责的产品经理则需要组织来支撑，光靠 IPD 的流程是无法实现的。

案例：IPD 需要完整团队的支撑

IPD 适合有固定输入的开发模式，在这个模式下，产品质量和进度有基本的保证。比如产品路标可以借鉴竞争对手的时候，或者低成本设计可替代的时候。

但在输入不明确的时候，IPD需要和组织形式相匹配，这个组织不能是华为那种大平台化的割裂模式，而需要是围绕产品经理的小型事业部模式，产品经理真正对产品从需求到实现负责，这样才能真正开发出有竞争力的产品。

9

成也股票，败也股票

9.1 股票制度难以为继

华为 2011 年分红 1.46 元/股的消息公布后，我和华为一名来了十多年的员工聊天，"十多年"说，很好很开心。分红到账后，微博上有人信心满满地说，支撑华为成功的不是 IPD，不是战略，而是股票和分红制度。"十多年"们喜悦之情溢于言表。

此时新员工的感受截然不同，这里的新员工不是指工号为二十来万号的屁股还没坐热的新新员工，而是指 2005 年后到公司，现在占公司一半左右的中间层，他们在华为大部分被称为"骨干"。

骨干们的感受有两点，一是股票贷款还不完怎么办；二是今年还要配股，去哪里借钱，很多人甚至找了平安银行做了小额高息贷款。华为内部论坛上有些略显过头的段子："一人华为干，全家穷光蛋"；"东边奖金西配股，道是有钱还无钱"。

在华为，如果有人说股票不好，顿时一片冷嘲热讽就上来。对于拥有大量资本的老员工来说，确实有美化的强烈冲动。

一是如果你有一些闲散资金，确实很难有比华为内部股更好的投资收益，社会上年收益在6%的可靠投资都很少，更不用说华为的收益在10%以上了。

二是现有的分红对于"十多年"来说太有魅力了，"十多年"们平均股票数目在40万左右，相当于每年分一部Q5奥迪车，有时更是分两部Q5。

骨干们平均应该十余万股，其中2011年配的最多，因为这一年增加的股本第一次达到20%。大部分人都仍在负债中，也没见到什么收益。银行的记录上，都是东一笔贷款，西一笔贷款。

2011年华为的分红收入在扣除利息和税后，大概在百分之十几，在资本市场上，这个数值非常可人。但换个角度来说，如果员工面临买房成家，急切需要钱，这点收益毫无价值。相同数目的钱，对不同的人来说，投资收益不是唯一的考量对象。华为百分之十几股票收益，对奔三十的员工来说如同鸡肋。

股票的上述割裂感知，反映出一个重要问题，那就是华为的股票制度难以为继，通过股票来凝聚人心的模式效果逐渐减弱。华为现在每年要花大量的金钱来分红，分红带来的收益对"骨干"们基本没有感觉，都成了"十多年"们的囊中之物。如果今年的146亿元拿一部分出来作为奖金，"骨干"们自然获得了激励，这样可能更利于良性发展。

"十多年"们和"骨干"们利益感知的分化现象，证明股票的利益共享机制效果越来越差。"缺乏股票退出的补偿机制，又希望股票能实现激励新骨干效果"的制度走到头了。

如果有退出机制就可以保证有限股票的分红循环激励，如果没有退出机制，就要对新骨干有新的激励模式。现在是既不想退钱给"十多年"们让他们退出股票，还想股票能激励新"骨干"，最后只能不断扩股，不断增加首付。

激励制度的变更也是导致华为薪酬竞争力变化的重要原因,现在的招聘都是在消耗以前的薪资口碑,或者说拿"十多年"们的收益,来激励现在的骨干。其实若扣除分红,华为的薪酬在社会上的竞争力就没有现在这么独占鳌头了。

按现在这个模式,如果要让"骨干"们获得有效激励,并保持一定的薪酬竞争力,则需要非常高的净利润,因为"十多年"们拥有大量的股票必然会吃掉很多。相当于为了让家门口一个小池塘涨水,必须要整个长江都涨水,这显然十分困难。

股票制度难以为继:华为分红制度需要高增长来支持

华为的股票制度是很多公司学习的楷模,是利益分享的成功案例之一,股票制度的成功源于早期的高速增长,高速增长的利润保证了不断扩张的资产和利润。

随着公司的不断扩张,原先获得股票的老员工,会通过股票获得大量收益,此时再通过股票来激励新员工,则需要大量的现金,而真正用来激励新进员工的奖金占小部分,此时的股票制度显得力不从心。

股票发行到一定程度,就不宜再通过股票来作为激励了,更应该通过正常的工资和奖金。股票的分红此时是早期投资的收益,把股票收益当成一种激励的模式要逐步退出历史舞台,否则要么会给公司带来巨大的负担,要么会因为薪酬问题导致人才战略出现问题。

华为内部一度宣传股票制度是合伙人制度,你看西方的律师行业,合伙人都具有非常崇高的地位。言下之意,华为的员工拥有了股票,也就成了合伙人,地位很高。

这是非常荒诞的理论。西方律师事务所合伙人是因为拥有足够的资源和利益，所以才受欢迎。华为几万人都是合伙人，新来的员工分享的利益更是有限，何来的尊崇，合伙人制度不是因为这个名字而吸引人，而是名字后面的利益。

9.2　从华为股票激励制的退出，看中小企业股票制度设计

任正非在2012年4月28日的讲话中说："抢占战略机会点，要暂时牺牲些股东利益，利润可以降些下来。一定要使人力资源政策合理化，在争抢这个战略机会点的时候，如果我们太多地控制了薪酬而保持利润的话，我们可能会丧失机会。我们反对一劳永逸的分配制度。"❶

任正非在这个讲话中明确回应了股票政策问题。他的讲话清晰地表达了两个观点：一是现有的薪酬政策不够合理，人力资源政策未能实现给火车头加满油的激励形式；二是现有分红制度有问题，要通过降低股票分红、降低股东收益，提高员工薪酬竞争力。

如果还是希望通过分红把"骨干"激发起来，需要太多太多的钱，除了高速发展的组织，任何组织都支撑不起来。解决问题的方法，就是激励归激励，投资归投资。要降低利润，降低股东收益，把利润挪到本该有的工资和奖金上，不再把分红作为主要激励方法。

比如2011年华为的净利润是110亿元人民币左右，每股分红1.46元，1.46元对后进公司的"骨干"们来说，激励效果不够，对于老员工来说，却绰绰有余。此时如果希望分红还能激励"骨干"，则至少每股分红在两块以上，那对公司的利润要求就太高了。

换句话说，从薪酬竞争力和企业长治久安来说，此时华为的战略更应该

---

❶　任正非. 于2012年经营环境分析与关键经营策略的指导意见，2012.

降低分红，提升工资和奖金，维持企业的正常高速运转，这样企业才能更长久地有利润和分红，从这个角度看，降低分红增加工资奖金，也是保证投资收益的一个手段，非但没有否定投资收益，反而为未来投资收益提供保障。

前段时间网上也在讨论，股票制度是不是老员工在剥削新员工，其实也是有一定道理的。比如原来一个骨干员工年薪应该是35万，工资是20万，奖金是15万。但分红的制度把奖金分裂为"奖金+分红"，而分红最后的总包，却因为股票的历史性而降低了骨干的获益。本该支撑企业长治久安的奖金，却被置换成无法公平获得的分红，自然也是一种剥削。

华为的股票制度很多公司在学习，很多也学得不错，但从华为的经历看，股票制度虽有其巨大价值，但确实是有一定生命周期，企业在学习中必须注意到这一点。

在企业发展的早期，股票分红激励的是公司的主流人群，此时分红的价值和奖金基本一致，无所谓是分的利润，还是人力资源成本，最终到的是同一群人的口袋，需要激发的也是这群人。而公司发展的后期，真正需要激励的人群已经发生变化，或者说已经不仅仅是原先那批人了，作为利润包的分红和作为薪酬包的奖金，进入的不是同一群人的口袋了，此时到底是利润包还是薪酬包就显得格外重要。

股票制度的应对：分红制度需要适时退出

广大中小公司在学习股票激励模式的同时，也要兼顾股票制度的生命周期，就算企业规模没这么大，但只要年限足够长，也要考虑两个问题：要么有早期的退出机制，让有限的分红能循环激励要激励的人，毕竟利润包就那么大；要么在适当的时候转型退出激励模式，让投资是投资，激励是激励，这样企业才更可能长治久安。

从股票制度本身看，就是华为按现在的利润和规模发展下去，带来的效果也会越来越差；从任正非的最新讲话来看，他已清晰地发现了这个问题，未来华为会降低分红收益，股票分红也会大幅度下降，拿掉的这部分钱会放到薪酬包中，薪酬也会回归到工资加奖金的传统模式，股票将不会作为一种关键的激励模式，真正回归成为一种投资。

10 华为的知识产权

与华为未来发展息息相关,有着极其重要作用和意义的非专利莫属。华为与中兴,是中国企业在知识产权管理、创造、保护和运用方面最出色的双子星。如果非要给这两家企业做一个排名,那么笔者会把这个第一给华为。华为与中兴近年来的专利国内申请量和国外申请量都位居世界前列。截至 2012 年 12 月 31 日,华为在中国共公开专利申请 38 000 多条,其中公开发明申请 34 000 多条、实用新型 1400 多条、外观设计 2200 多条。在中国企业中,华为的发明专利申请量在中国企业中为前三甲之一。

在美国与欧洲地区,截至 2012 年 12 月 31 日,华为在欧洲的专利申请量为 7000 多件,在美国的专利申请量为 3000 多件。从已经获得的授权专利数量来看,华为获得最终授权的欧洲专利为近 1500 件,最终授权的美国专利为近 1500 件。

表 10 - 1 华为知识产权大事记

1995	成立单独的知识产权部,这与当时中国绝大部分企业还不知知识产权为何物的情况形成强烈对比,目前知识产权部门专业人员超过 200 人 当年申请了 6 件中国发明专利
1997	提交第 1 件美国专利申请 与美国摩托罗拉公司、IBM 公司和微软等国外知名高科技公司成立联合研发实验室

续表

年份	事件
1999	提交第1件PCT国际专利申请 成立印度班加罗尔研发中心，并在2003年通过CMM5级认证
2000	获得第1件美国专利商标局批准的发明专利权 在美国硅谷和达拉斯设立研发中心 在瑞典首都斯德哥尔摩设立研发中心
2001	首次提出4件欧洲专利申请
2002	当年在中国专利申请量突破1000件，成为中国专利申请量最多的企业。更值得关注的是，发明专利申请占总申请量的绝大多数，而当时中国大部分企业还以实用新型专利申请为主
2003	首次在海外发生知识产权诉讼，与美国思科公司最终和解
2005	与高通、爱立信、诺基亚、西门子、阿尔卡特、朗讯和英国电信公司等国外知识产权权利人全面达成知识产权交叉许可协议 获得第九届中国知识产权局和世界知识产权组织联合颁发的中国专利金奖，这是华为首次获得国家专利金奖
2007	宣布正式加入LTE/SAE试验联盟并成为其董事会成员。LTE/SAE试验联盟是由全球运营商与制造商共同成立的行业联盟，致力于推进基于3GPP R8 LTE/SAE标准和技术的第四代移动宽带网络的商用化进程 获得第十届中国知识产权局和世界知识产权组织联合颁发的中国专利金奖
2008	当年获得2500多件中国发明专利授权，成为中国获得发明专利授权最多的企业
2009	在世界知识产权组织WIPO公布的2009年年度报告中，华为2009年以1737件PCT申请，排名全球第一，这也是中国企业首次成为世界PCT申请量的第一名
2010	2010年2月22日，美国知名管理营销杂志《Fast Company》评选出了2010年全球最具有创新力公司排行榜，华为技术有限公司排在第五位 获得英国《经济学人》杂志2010年度公司创新大奖 获得第十二届中国知识产权局和世界知识产权组织联合颁发的中国专利金奖 世界知识产权组织WIPO公布的2010年年度报告中，华为PCT申请量位居全球第四（中兴申请量排名全球第二）
2011	首次在美诉摩托罗拉，双方最终和解 在德国、法国和匈牙利发起诉讼，指控中兴侵犯其专利权和商标权，同年中兴在中国诉华为侵权其专利权 世界知识产权组织WIPO公布的2011年年度报告中，华为PCT申请量位居全球第三（中兴申请量排名全球第一）
2012	美国科技杂志《IEEE Spectrum》网站公布的2012年全球企业专利实力排行榜，在通信和互联网设备领域，华为排名第十七位 获得第十三届中国知识产权局和世界知识产权组织联合颁发的中国专利金奖 世界知识产权组织WIPO公布的2012年年度报告中，华为PCT申请量位居全球第四（中兴申请量排名全球第一）

如表 10-1 所示,华为取得上述成绩,说明华为对知识产权,特别是专利已经具备很深的理解和运用。这也是华为在国际化市场竞争中学来的宝贵经验和深刻教训。伴随华为在知识产权创造、管理、保护和运用方面取得的巨大进步,国外的行业竞争对手在知识产权方面也在加紧投入和运用,世界主要国家都把自己国家企业的知识产权作为一项重要的核心资源进行保护和运用。华为走出国门参与世界主要市场的竞争,在知识产权方面有很长的路要走,稍有差错,就有可能万劫不复。

10.1 国际知识产权铁幕已经拉下

不仅仅针对华为,对于中国很多企业来说,国际知识产权铁幕已经拉下,而且有加速拉紧之趋势。这道专利铁幕完全符合《保护工业产权巴黎公约》和《TRIPs 协议》❶ 等国际通用规则。中国企业走出国门,必须首先学会应对这一国外专利铁幕。

以中国企业进入美国市场为例,中国企业近年来频频卷入美国"337"

---

❶ 在知识产权制度方面,有两个极其重要的国际性规则协议,那就是《保护工业产权巴黎公约》和《TRIPs 协议》(《与贸易有关的知识产权(包括假冒商品贸易)协议(草案)》)。世界上大部分国家想参与国际竞争,都需要遵守上述两个规则协议。

《保护工业产权巴黎公约》(Paris Convention on the Protection of Industrial Property)简称《巴黎公约》。巴黎公约的调整对象即保护范围是工业产权,包括发明专利权、实用新型、工业品外观设计、商标权、服务标记、厂商名称、产地标记或原产地名称以及制止不正当竞争等。《巴黎公约》的基本目的是保证一成员国的工业产权在所有其他成员国都得到保护。《巴黎公约》最初的成员国为 11 个,到 2012 年 2 月 17 日为止,缔约方总数为 174 个国家,1985 年 3 月 19 日中国成为该公约成员国。

《TRIPs 协议》是任何国家和地区加入世界贸易组织(WTO)所必须遵守的重要协议之一,该协议 1993 年 12 月 5 日通过,1994 年 4 月 15 日正式签署,1995 年起生效,可以说是当前世界范围内知识产权保护领域中涉及面广、保护水平高、保护力度大、制约力强的一个国际公约。目前 WTO 的成员国有 150 多个,世界主要国家均为其成员国。

调查❶中，仅 2010 年，在美国总共发起的 56 起 337 调查中，涉及中国企业的就达 19 起，占比 33.9%，中国也由此成为其企业被提起调查最多的国家。2011 年，美国发起 69 起"337"调查，其中中国涉案企业有 16 家。

2012 年 5 月 23 日，美国新罕布什尔州的闪点技术公司向美国国际贸易委员会提出申诉，指控美国进口及在美国市场销售的一些具有成像功能的手机和平板电脑等设备侵犯了该公司专利，要求启动"337"调查，并发布排除令和禁止进口令。这项调查共涉及 8 家企业，其中包括中国大陆的华为技术有限公司、中兴通讯股份有限公司和中国台湾的宏达国际电子股份有限公司等。

10.2 华为的知识产权危机

华为是中国通信领域的老大哥，也是中国企业当中，国际化工作和知识产权工作做得最好的企业，但是与海外通信领域大企业相比，在其未来的国际化道路中，知识产权危机重重，刀光剑影。

华为 PCT❷ 大海外授权专利少

---

❶ 根据美国《1930 年关税法》，美国国际贸易委员会可以对进口贸易中的不公平行为发起调查并采取制裁措施。由于其所依据的是《1930 年关税法》第 337 节的规定，因此，此类调查一般称为"337"调查。

美国"337"调查（337 U. S. survey）禁止的是一切不公平竞争行为或向美国出口产品中的任何不公平贸易行为。这种不公平行为具体是指：产品以不正当竞争的方式或不公平的行为进入美国，或产品的所有权人、进口商、代理人以不公平的方式在美国市场上销售该产品，并对美国相关产业造成实质损害或损害威胁，或阻碍美国相关产业的建立，或压制、操纵美国的商业和贸易，或侵犯合法有效的美国商标和专利权，或侵犯了集成电路芯片布图设计专有权，或侵犯了美国法律保护的其他设计权，并且，美国存在相关产业或相关产业正在建立中。

根据美国法律规定，"337"条款调整的是一般不正当贸易和有关知识产权的不正当贸易。

❷ PCT 是《专利合作条约》（*Patent Cooperation Treaty*）的英文缩写，是有关专利的国际条约。根据 PCT 的规定，专利申请人可以通过 PCT 途径递交国际专利申请，向多个国家申请专利。应当注意是，专利申请人只能通过 PCT 申请专利，不能直接通过 PCT 得到专利。要想获得某个国家的专利，专利申请人还必须履行进入该国家的手续，由该国的专利局对该专利申请进行审查，符合该国专利法规定的，授予专利权。

尽管华为在中国的专利申请量，特别是发明专利申请量和授权量在中国处于翘楚地位，而且PCT专利申请量近些年也位居世界前列，最近有几年的PCT申请量已排名世界第一。但是PCT的申请量不等于最后的授权量。通过知名商业专利数据库进行检索调查，华为相比其在欧洲和美国的主要竞争对手的专利数量和质量来看，差距还是非常大的（如图10-1所示）。截至2012年12月底，华为PCT申请的最终授权量不是很高。

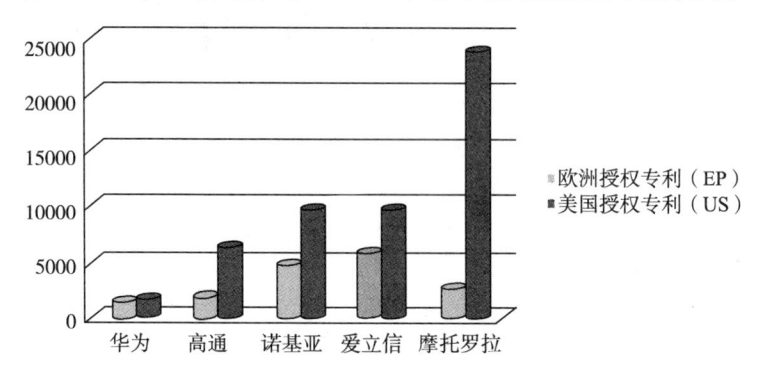

图10-1 华为及其主要竞争对手PCT申请授权量比较

专利是华为进行国际化竞争最强有力的矛和盾。但是与美国和欧洲地区的知识产权强企如美国高通、思科和爱立信等相比，矛还不够坚和长，盾还不够大和硬。

面临众多的知识产权强者和专利壁垒

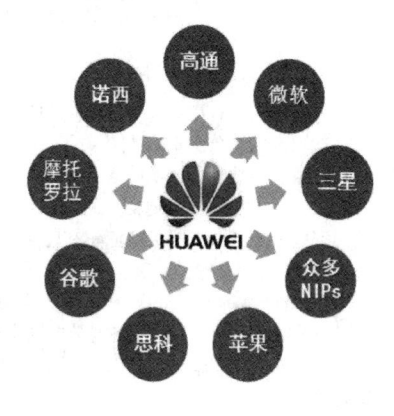

图10-2 华为在欧洲和美国地区的主要知识产权竞争对手

通信领域技术发展迅速，并且发展速度呈加速形式。每一次通信技术的发展，都会使产业格局发生巨大变化，为企业带来巨额市场利润。在每一次通信技术发展的过程中，核心技术创新和专利申请成为业内所有企业的必修课。只有掌握核心技术和核心专利，才能更好地保护自己的创新成果，只有获得技术和知识产权上的垄断优势，才能获取最大的利润。

通信行业的技术特性决定了专利申请的重要性和必要性：信息通信技术属于积累性演进技术，新技术的发展大多是在原有技术基础上进行补充、完善、改进或与其他现有技术结合，从而获得更完善的功能或更好的性能。因此在通信技术领域，可以产生的创新点非常多，专利数量巨大，且增长速度十分显著。

世界知识产权组织（WIPO）历年公布的国际专利申请的统计数据显示，电信行业一直是专利申请比例最大的行业，且增长速度也一直稳居榜首。

在电信通信行业，对于华为来说，欧洲的爱立信公司、诺基亚公司，美国的思科公司、高通公司、苹果公司、英特尔公司，韩国的三星公司、LG公司均是其主要的竞争对手。这些公司资金雄厚、技术研发实力强、核心专利拥有量多，最重要的是，这些公司对知识产权规则的理解和运用有丰富的经验。

虽然华为近些年在通信领域的研发投入一直保持高增长状态，专利申请量特别是发明专利申请量在中国一直处于领先地位，同时不断加大在美国、欧洲等国家和地区的专利申请量。但是和海外通信行业竞争对手相比，还有相当大的数量差距，特别是核心基础专利较少，品牌知名度在海外影响力不够。

面临的海外专利授权运营公司多且诉讼经验丰富

专利授权运营公司（英文名为Patent Troll或Patent Pirate），也叫专利海盗、专利流氓、专利蟑螂、专利钓饵或专利投机者等,是指那些本身并不制造专利产品或者提供专利服务,而是从其他公司(往往是破产公司)、研究机构或个人发明者手上购买专利的所有权或使用权,然后专门通过专利诉讼赚取巨额利润的专业公司或团体。其也经常被定义为 None Practicing Entities(NPEs)。

专利运营公司(NPEs)存在已有数十年历史,但在近年来进入高速发展时期,市场影响也不断增大。美国的加州大学、斯坦福大学、麻省理工学院等这些创新实力强、拥有专利数量多的美国大学研究机构也可以算是 NPEs。通过美国公开的统计资料,通信行业是 NPEs 最喜欢的发起诉讼的行业领域。根据 PatentFreedom 数据库统计,自 1985 年以来,截至 2008 年 12 月 31 日,已确定专利授权运营公司超过 220 家(这数字仍在增加)。这群 NPEs 向 3500 家正常营运的公司发起超过 2200 件诉讼,且还在日益增多。2008 年 NPEs 参与的专利诉讼案件约 350 件,约占全年专利诉讼案件之 13%,相较 2004 年以前年平均不到 5%,已增长一倍多。几乎所有的通信行业的大型公司都没有幸免,包括苹果、诺基亚、三星、索尼等。华为在美国被起诉的案件当中,大部分原告都是 NPEs,未来这种趋势还会加强。中兴前不久在美国,也被一家名为 Vringo 的 NPEs 盯上,被诉上法庭。因为这些 NPEs 公司自身不进行产品的制造销售等,所以被告只能选择应对该诉讼或者交钱调解,因为在美国聘请律师应诉是一笔很大的开销,所以被 NPEs 盯上的企业一般选择后者。

2012 年华为被一家典型的美国 NEPs 公司盯上,该公司是美国无线技术开发和专利授权厂商 InterDigital。2012 年 7 月,InterDigital 向美国国际贸易委员会(ITC)提起诉讼,认为华为、中兴和诺基亚侵犯其 7 项与第三代无线技术有关的美国专利。请求 ITC 禁止上述三家通信公司在美国销售任何涉嫌侵权的产品,包括智能手机、平板电脑、WiFi 热点设备等。In-

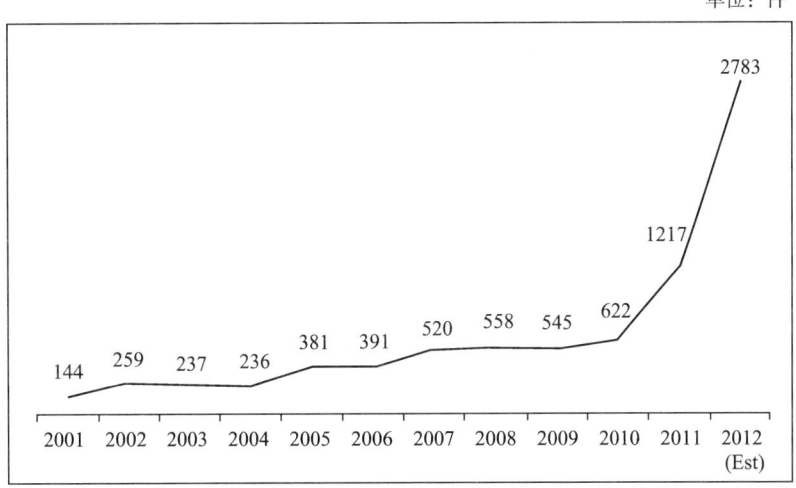

单位：件

```
         144  259  237  236  381  391  520  558  545  622  1217  2783
        2001 2002 2003 2004 2005 2006 2007 2008 2009 2010 2011  2012
                                                                (Est)
```

图 10-3　2001~2012 年 NPEs 在美国发起的知识产权诉讼数量趋势统计图

（来源：https://www.patentfreedom.com）

terDigital 同时向美国特拉华州的地方法院提交诉状，对上述三家公司作出类似的侵权指控。

2013 年始，InterDigital 又对华为、中兴以及三星电子提起一项新专利侵权诉讼，指控这三家公司侵犯其有关最新手机标准的技术专利。InterDigital 同时还在美国特拉华州威名顿市联邦法院对上述公司提起诉讼，指控这些公司在未获得授权的情况下使用其授权专利技术，并寻求现金赔偿。可见，华为 2013 年在美国将会过得很不轻松，需要付出大量精力和物力去应对这些诉讼，同时还需要注意消除和减少这些诉讼对华为在美国品牌宣传的负面影响。

10.3　海外通信领域竞争加剧，知识产权诉讼频发

2012 年，通信领域的两大巨头，美国苹果和韩国三星的专利大战吸引了无数人的眼球，虽然从已经生效的判决结果来看，苹果暂时获得了阶段

性的胜利,但是三星也没有伤筋动骨,反而不断发起知识产权诉讼进行反击。未来在通信领域,苹果和三星的专利战将继续进行。如果仅仅因为此次大战中没有涉及中国企业,大家就感觉无关紧要,那么就大错特错了。

截至2012年4月初,华为在美国涉及57件诉讼案件,基本上都是被告,主要涉及的公司有思科、Interdigital、Cheetah、Mosaid、Helferich、LVpatent和Net navigation,这其中大部分是NPEs。华为在欧洲主要异议的对象为爱立信,爱立信异议华为63件;另外华为在欧洲和中兴及Celltrace LLC也有少量异议。中兴通讯在美国诉讼都是被告,其主要涉及的公司和华为基本相同,其中Interdigital是主要的原告;中兴在欧洲的异议主要涉及爱立信和华为。苹果公司在美国起诉他人的专利涉及80件,被告的主要对象为三星、Atice、Unova、Erorcity、S3 Graphics、Creative Technology等❶,而诉讼的专利集中在智能手机领域,但在移动通信领域较为薄弱。苹果公司在美国受到诉讼多达316件,其中涉及公司共73家,诺基亚、摩托罗拉、三星、索尼、威盛都有诉讼。从以上几家公司可以看出,这些通信领域的巨头不仅拥有雄厚的资金,而且拥有大量相关领域的核心专利技术,对知识产权规则有着较深的理解,有较强的知识产权运用能力,并在产品上市前采取了必要的专利布局和风险控制。

思科与华为的知识产权纠纷始末

2003年1月24日,美国思科系统有限公司宣布对中国华为技术有限公司及其美国子公司就其涉嫌非法侵犯思科产品的知识产权在美国提起法律诉讼。

思科向美国得克萨斯州东区联邦法院提起诉讼,指控华为非法抄袭、盗用包括源代码在内的思科IOS软件,抄袭思科拥有知识产权的文件和资

---

❶ 苗雨,周洁. 我国通信企业利用实用新型专利制度优势增强在市场中的竞争力. 中国知识产权, 2012 (10).

料并侵犯思科其他多项专利。思科申请法院制止华为对其知识产权继续进行侵犯的行为，并赔偿因华为的非法侵权行为对思科所造成的损失。

2003年2月7日，华为称，它已经停止在美国出售被思科（Cisco Systems Inc.）指控涉及非法盗版的某些产品。

2003年3月17日，华为否认剽窃思科的知识产权，并指控思科这家全球最大的电脑网络设备制造商出于垄断市场的目的诋毁本公司的形象。对于思科指控华为侵犯其5项专利的行为，华为也一一予以否认。

2003年3月20日，华为公司与美国3COM公司联合宣布，双方将组建合资企业——华为3COM公司。时任3COM公司CEO在华为提交的证词中，为华为作证，称华为没有侵权行为。

2003年7月28日，美国思科公司、华为公司、华为—3COM公司向美国得克萨斯州东区法院马歇尔分院提交终止诉讼的申请，法院据此签发法令，终止思科公司对华为公司的诉讼，最终全部解决了该起知识产权案件的争议。此法令意味思科今后不得再就此案提起诉讼或者就相同事由提起诉讼。

同日，思科在美国宣布，它对华为技术有限公司及其子公司的法律诉讼行为已经完成。华为已经同意修改其命令行界面、用户手册、帮助界面和部分源代码，以消除思科公司的疑虑。在此诉讼案宣告完成之前，中立第三方已经审核该诉讼所涉及的华为公司存有问题的产品，华为同意停止销售诉讼中所提及的产品；并且华为同意在全球范围内只销售经过修改后的新产品；并已经将其相关产品提交给一个中立的第三方专家进行审核。

华为与思科的"恩怨情仇"

2003年思科在美国诉华为，是华为在其国际化道路上的第一次知识产权危机，对华为上下来说，也由此充分认识到了知识产权规则的重要性。意识到要想走国际化道路，首先要解决知识产权问题，理解国际知识产权规则。只有这样，才能在海外市场竞争中，知识产权不再成为其发展的绊脚石，而成为企业发展壮大的催化剂。当年华为大张旗鼓进入美国市场，给思科带来了巨大的潜在危机感。于是思科毫不犹豫地举起知识产权大棒砸向华为，尽管最后结果以双方和解而告终。但是思科以知识产权为武器暂缓了华为大规模进军美国市场的目的已经达到。对于华为来说，高层充分认识到了知识产权的重要性。

2011年，对于华为的国际化道路来说，是海外亮剑的一年。华为一方面在美国诉摩托罗拉，称摩托罗拉与诺基亚西门子通信公司的交易可能导致华为的知识产权被非法转让，因此要求法院推迟这笔交易。另一方面，在欧洲地区对自己在深圳的邻居中兴提起了知识产权诉讼。我们暂且不看这些诉讼的结果，仅从华为在海外提起知识产权诉讼这个行为，就能充分说明，华为在知识产权创造、管理、运用和保护方面的长足进步。

尽管华为在知识产权创造和管理等方面取得了很大进步，但我们应清醒认识到从海外整个通信领域的知识产权竞争环境来看，还有很多的工作需要做，还有很长的路要走。

华为的专利战略还处于初级阶段

目前华为已经拥有大量的发明专利，并且申请了大量的美国和欧洲专利，但是从企业专利战略的发展阶段来看，华为的专利战略还处于国外同行业水平的初级阶段。从目前华为的全球专利布局来看，目前华为的专利战略还处于防御期和成本控制期阶段，尽管华为已经和一些公司进行了专利交叉许可，但是远没有实现自身知识产权的商业价值。2012年4月举行的中美知识产权圆桌会议上，华为副总裁邓涛表示，在知识产权方面，华为每年需支付约3亿美元的专利许可费。华为每年大量的专利申请、维持费用是一个不小的数字，以申请、维持一个美国专利为例，除了研发、专利经营、专利维权费用，一个美国专利的终生成本平均超过4万美元，1

万个专利就是4亿美元。这些都是华为知识产权创造与维护的成本，但是这些知识产权所创造的商业价值还远没有达到收支平衡。

在制造领域，有一个著名的"微笑曲线"（如图10-4所示）。此曲线告诉我们，制造型企业赚取的是汗水利润。制造型企业不但技术含量低、利润空间小，而且市场竞争激烈，容易被成本更低的同行所替代，因此成为整个价值链条中最不赚钱的部分。而优秀企业通过知识产权、品牌和服务提供附加价值，为企业创造高额的智慧利润。苹果公司的市场表现，就为我们很好地诠释了什么是优秀的企业。而华为和中兴与国外同行业先进企业对比，还处于微笑曲线的底部。

图10-4 微笑曲线

10.4 智能手机产业无核心软硬件技术

中国目前已成为全球最大的智能手机市场。2012年第一季度，中国智能手机销量首次超过美国。今后几年，中国智能手机市场的总出货量将从1亿部上升到2.5亿至3亿部。同时工信部最新数据显示，2012年5月中国国产智能手机出货量为1841万部，市场占有率超过50%，特别是在千元智能机价位区间优势明显。目前中国的智能机手机市场，以华为、中兴、联想、酷派等为代表的国产品牌市场占有率已经超过50%，此成绩可喜可贺。但据权威机构赛诺数据显示，2012年1~9月3000元以上智能机市场，苹果和三星两家市场份额超过90%，其余10%市场被HTC、MOTO、索尼、酷派等几个品牌瓜分。由此可见，高端手机市场主要被苹果和三星占据。国产品牌所占市场份额主要是2000元以下智能机市场。据国外媒体报道，全球手机市场99%的利润都被苹果和三星所赚取，其他众多品牌只赚取了1%的利润，也就是说中国的智能手机厂商赚取的就是个辛苦钱，远谈不上高利润。

智能手机市场领域，最赚钱的两家公司一个是苹果（如图10-5所示），另一个是三星。苹果公司的iPhone一经面世就风靡全球，直接将昔日的手机老大诺基亚公司逼向破产的边缘。什么成就了苹果iPhone今日的霸主成就？强大的设计、技术研发和知识产权想来必不可少。而三星公司作为业内唯一一家能够进行手机全产业链制造的公司，获取高利润也不为怪。苹果的iPhone也离不开三星的芯片。

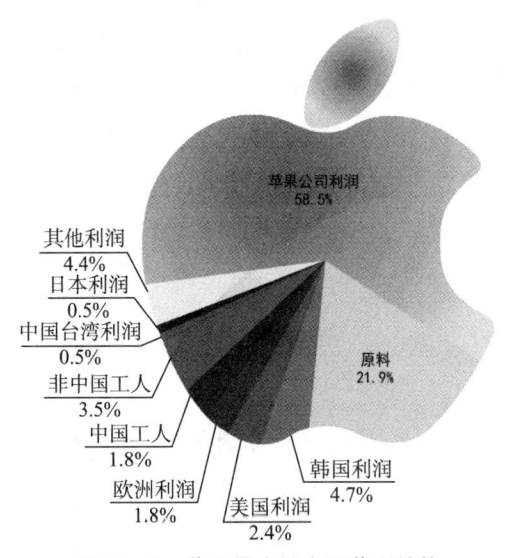

图10-5 苹果供应链主要获利结构

注：美国利润不包含苹果公司，工人部分和原料部分均指成本投入额

而国产手机品牌目前仍深陷于中低端手机价格战泥沼中，归根到底源于国产手机品牌没有核心基础的软硬件开发实力。智能手机最核心的部件，也是利润率最高的部分如CPU、显示屏、存储等都是外购自美日韩等公司，手机操作系统也没有原创操作系统，都是在谷歌的安卓系统上进行

一些定制性开发。在目前国产手机品牌知名度相似的情况下，中国手机厂商所能拼的就是以高性价比来博取消费者的青睐。

以现在市场上一机难求的小米手机为例，从市场消费角度来看，2000元以下同等价位上，少有比小米手机性价比更高的手机，所以小米1和小米2的火爆程度超乎想象。但是因为小米手机没有自己的硬件研发和生产实力，采购的手机硬件经常缺货，使得小米手机一直在市场上难以买到。试想一下，有这么多的消费者想买小米手机，为什么小米公司不卯足了劲开工生产呢？伴随时间推移，其他手机厂商都在不断推出性价比越来越高的手机，未来小米手机除了走高性价比路线，还能有什么吸引消费者的地方呢？是操作系统MIUI吗？该系统其实是安卓系统的一个深层次定制开发，目前谷歌对安卓系统是开源免费的，但是我们要记住，谷歌拥有安卓系统的知识产权，现在开源免费，不代表永远免费，也不代表当手机厂商定制开发安卓系统超出谷歌的底线还能免费。阿里云手机的叫停就是一个活生生的例子。

10.5　中国企业知识产权现状：路漫漫其修远兮

在中国这片热土，知识产权的概念越来越热，企业和社会公众对知识产权的认识和了解也越来越多，更多的人开始关注知识产权。但是，目前情形下，中国的知识产权工作与国外发达国家相比，差距仍然很大，在知识产权创造、管理、保护和运用方面还有漫长的路要走。路漫漫其修远兮，吾将上下而求索。

专利申请量大　含金量不足

2012年12月11日，世界知识产权组织（WIPO）《2012年世界知识产权指标》报告指出，中国已经成为专利申请第一大国。

报告显示，2011 年，中国国家知识产权局受理来自国内外发明专利申请 52.6412 万件，超过美国的 50.3582 万件，成为世界第一。发明专利是三种专利中最能体现发明创造优势与价值的专利。同时，其受理的发明、实用新型、外观设计三种专利数量达到 163.3347 万件，成为世界最大的专利受理国，这一位置在此前 100 年里一直为德、日、美三国占据。

近些年，政府把管辖地区的专利申请和授权数量作为一项重要的政绩考核，制定了较高的考核指标，这些指标主要指各地区专利申请量和授权量、发明专利申请量和授权量等。在此行政政策的强力推动下，各地财政大量补贴企事业单位专利申请费用，使得中国的专利申请量连年大幅度增长。这一方面说明，中国的创新能力在持续增强，企业知识产权保护意识越来越高；另一方面我们也要清楚地看见，这些大量申请的专利里，真正具有含金量的专利所占比例不够，中国的企业目前还处于在政府指导和要求下，为了申请而申请，并不是真正为了创新和技术保护而申请。

现在各地政府已经认识到在专利申请中发明专利含金量最高，因此把发明专利的申请量和授权量作为下级地方政府主要的考核指标。但是在发明专利申请量和授权量猛涨的同时，我们也发现，中国企业申请的很多发明专利权利要求撰写简单、保护范围不够准确，存在很多瑕疵。反观国外企业，一个日本公司的墨盒技术的发明专利，其专利文献有 90 多页，权利要求有几十项之多，非常详细和具体，国外申请人申请中国的发明专利公报内容大多如此。而中国企业申请的发明专利的权利要求项，超过 10 项的寥寥无几。

政府心急如焚　企业重视不够

中国与西方发达国家相比，知识产权制度的建立迟了近百年，且没有较好的知识产权文化底蕴，中国企事业单位在知识产权创造、管理、保护和运用方面还处于初低级阶段。但既然中国加入了 WTO，就得和其他 WTO 成员方一样遵守《TRIPs 协议》。在知识产权规则的理解和运用方面，对于中国与西方发达国家，就如同一个 40 公斤轻量级的拳击选手对阵一个 80 公斤以上重量级的拳击选手，困难异常。

中国政府已经意识到这个问题的严重性，从上到下各级政府部门都相当重视知识产权工作。近 20 多年来建立了比较完整的保护知识产权体系。2008 年，中国制定了《国家知识产权战略纲要》，把保护知识产权提升为国家战略。各级政府均把本地区的知识产权，特别专利的申请量和授权量作为政府重要工作去抓。

尽管中国政府这些年在知识产权工作方面作出了巨大的努力和成就，但是与西方发达国家相比，在知识产权创造、管理、保护和运用方面还存在很大的差距。目前中国仅万分之三企业拥有自主知识产权，九成以上企业还未申请专利。中国现在已经是世界上的制造大国，但远非制造强国。中国很多企业在技术创新、研发方面投入还很低，处在有"制造"无"创造"的状态。

因为历史和意识等方面原因，中国的大学、科研机构、大型企业"重成果，轻专利"，重视科研成果的申报，不重视申请专利，很多的由大学、科研院所申请的好的专利，因为缺少合理的管理、运营和转化，很多都束之高阁。大多数企业缺乏运用知识产权保护制度参与市场竞争的经验，导致知识产权官司频繁发生。中国大部分企业的高层领导还没有真正认识到知识产权的重要价值和作用，对于知识产权知识了解还很肤浅。大部分企业申请专利不是为了保护自己的技术，而是为了申请政府的相关知识产权政策和资金补贴和扶持。

企业品牌宣传投入大 对知识产权工作投入不够

中国的很多企业可以每年花几千万或者几个亿去做品牌推广，去央视及各种媒体资源做广告投放，但是对于科技研发和知识产权的投入却少之又少。惨痛的经验教训已经告诉我们，如果没有核心的技术和知识产权，企业花再多的钱去做品牌宣传，最后可能都是打水漂。

当年央视的广告标王，如成龙代言的爱多VCD、波导手机等公司，尽管有了相当大的品牌知名度，但是因为没有核心技术和知识产权，不能主导自己的产品研发和制造，持续的技术创新也远远不够，最后只能消失在漫漫历史长河中。

企业对专利信息重视不够　无独立专利信息应用部门

根据世界知识产权组织公布的数据，全世界范围内已经公开近一亿件专利文献，并且世界上90%以上的最新科技信息首先都是在专利文献中公布的。通过科学利用专利信息，可以节省60%的研发时间和40%的研发经费。专利信息资源就像是一个巨大的技术宝矿，而且其是公开的矿产资源，任何企业和个人都可以去检索和查阅。

但是中国大部分企业对于专利信息的重视程度都不够，企业没有单独和专业的专利检索和分析团队，专利信息实务人才奇缺。大部分企业在技术研发、产品上市及出口时，没有充分利用专利信息资源，没有对相关专利技术信息进行检索分析和预警工作。有些企业对专利信息的利用还处于较低层次，如专利申请文件撰写前的简单检索查阅等，对于专利的分析和预警工作，重视程度远远不够，相关人员配备严重不足。

在专利信息运用方面，我们需要好好学习我们的近邻日本。日本大部分的企业都有独立、专业的专利信息应用队伍，对于专利信息的重视程度非常高，也非常重视这方面的人才培养。如日本的佳能公司，有独立的专利信息利用部门，有几百人的专利信息检索分析人才队伍，进行日常的专利检索查新、专利分析和预警工作。其研发部门有10%的员工从事知识产权相关工作。在日本，如日立公司、松下公司、东芝公司都有独立的专利信息团队为其他公司提供专利信息应用服务。这点和中国情况完全不同，目前中国的主流专利信息服务公司，都有一定的政府背景，专利信息检索分析人员更多是从这些公司培养出来的，非常缺少企业实务工作经验。

企业内部知识产权培训不足

目前企业知识产权方面大部分的培训，都是由政府相关管理部门或者行业协会组织，单独某个企业进行专利信息应用培训的少之又少。从整个知识产权培训的行业市场来看，企业更多的是派人参加由政府或者行业协会组织的相关同质性的培训，而且每次参加的培训人员总是那么一两个。

知识产权培训的内容有很多，如企业知识产权战略和管理培训、专利文献知识培训、专利信息应用实务培训、知识产权法务培训、"337"调查培训、企业商业秘密培训等。企业应该根据自身的现状和发展，合理地组织和设计内部培训课程，提高知识产权创造、管理、保护和应用水平，培养出属于企业自己的更好的企业知识产权人才。

绝大部分企业无可执行的知识产权战略

如同中国大部分企业没有自主知识产权一样，绝大部分企业也没有符合自身现状和发展特点的知识产权战略，即使有些大型企业制定了自己的知识产权战略，但由于制定得不够完善和合理，使得知识产权战略更像是一种面子工程。目前中国很多企业高层根本不知道或者不了解企业知识产权战略的重要性和作用，又怎会去制定自身的企业知识产权战略。

自主创新与自主知识产权之概念认识错误

自主创新和自主知识产权是两个相关但有本质区别的概念。自主创新是一个国家和民族发展壮大的灵魂。提高自主创新能力，对于中国经济发展和国家安全具有重要战略意义。一个国家如果没有技术独立，就没有经济、政治上的独立。如果在技术上始终依附于他人，就难以摆脱受制于人的局面。自主知识产权是将自主创新的核心技术通过法律法规规定的申请流程和方式变成自己的知识产权，获得法律法规的保护。知识产权包含的范围很大，如专利、商标、版权、商业秘密和域名等。

目前中国很多媒体人员、企业人员对自主知识产权的概念认识不清，很多时候对于一些重大工程和产品均冠以"自主知识产权"名头，甚至还要加上"完全自主知识产权"以加重语气。其实这是一个宣传的误区。如我们经常看见某"完全自主知识产权"大飞机即将下线等新闻。结果通过一些了解，该大飞机仅机头和机身由中国企业自主设计，航空发动机、起降系统、导航系统等关键组件均来自欧美航空企业。从这个角度来看，"完全自主知识产权"飞机有点名过其实。这些新闻报道也引起了国内知识产权界人士的关注。

中国改革开放这么多年的实践经验已经告诉我们，以市场换国外发达国家的先进技术不现实，市场换不来我们想要的先进技术。西方发达国家正一方面通过严密的封锁阻止我们获得先进技术，另一方面通过知识产权壁垒阻碍中国的自主创新。以汽车产业为例，尽管中国很早就和国外汽车企业开展合资合作，以市场换来了中国汽车制造工业的辉煌成就，使得中国成为世界汽车产量最多的国家。但是截至目前，中国的家用轿车市场，价格在20万元以上的车型大多为国外品牌汽车。一方面是因为国外汽车品牌知名度较广，另一方面就是中国的自主品牌企业在汽车的核心技术如发动机技术等方面，与国外相比还有不小的差距。

中国企业知识产权之路在何方

企业需要有知识产权战略

知识产权战略是企业战略的重要组成部分,对企业的技术创新和经营发展具有重要作用。企业应充分了解知识产权战略的意义,全方位掌握自己的知识资源,采取适合自己的知识产权战略。企业需要在进行相关产业知识产权分析的基础上,结合自身企业现状,在知识产权专家的协助下,制定适合自身企业发展的知识产权战略,在知识产权创造、管理、应用和保护方面制定切实可行的规章制度,并保证执行力度。

企业需要重视和尊重他人的知识产权

企业需要深刻认识知识产权的作用和意义,不能仅仅认为申请专利,就是为了完成政府为其制定的数量指标,为了获得政府的各种表扬和奖励,为了获得国家的税收优惠等。从国际通用实践和经验来看,只有自己拥有了知识产权,尊重他人的知识产权,才会获得别人的尊敬和重视。只有对知识产权的互相尊重,才能获得最大的商业上的合作和收益。

企业需加大对知识产权工作的投入

企业的知识产权工作是企业一项长期、枯燥的基础性工作,很难如同品牌推广那样有很大的即时效应。百年老店不是靠广告宣传生存下来的,而是需要有自身的核心技术、特色和知识产权。中国大部分企业领导喜欢"方便面"文化,即一旦投入,希望很快见到纸面上的收益。企业的知识产权工作,如同功夫高手练习内功,需要一如既往的努力和重视。这就需要企业不仅重视投入专利申请费用和专利权维持费用,还应该加大研发、海外知识产权申请与维持、人才培训等费用投入。

中国需要有自己的专利运营公司

在如今愈加激烈的商战中,以专利许可、转让、经营为核心的知识产权运营越来越凸显重要性。在美国市场，有着众多的 NPEs，这些 NPEs 一方面不断以专利为武器向行业企业发起诉讼以获取商业利益，加重行业企业的负担；另一方面也使得整个行业企业的知识产权保护和运用水平快速提高。可以说美国企业较高的知识产权意识、保护和运用水平与这些 NPEs 所起到的"鲶鱼效应"有着密切关系。

华为、中兴、联想、海尔等一些中国知名科技制造类企业，已经在海外和中国遭遇到了 NPEs 的专利狙击，大多情况下，这些企业都通过缴纳专利授权许可费息事宁人。中国已经有自己的 NPEs，中国的 NPEs 越成熟，中国企业的知识产权运营水平就会越高，越能真正体现和发挥知识产权的价值。

企业需加强内部知识产权培训

企业应该将内部知识产权培训工作列入企业年度日常培训计划，集合企业的知识产权战略，做好知识产权培训工作。知识产权种类繁多内容各异，涉及企业的研发、市场、法务等各个核心工作。企业应该在自身战略的指导和要求下，根据企业各个部门及人才培养的需要，设置合理的培训课程，挑选合适的师资进行培训。

企业需加强专利信息检索、分析和预警能力

专利文献资源是巨大的宝藏，需充分进行挖掘和利用。但因为专利文献内容和格式不同于一般的科技文献，需要有一定的检索技巧和技术水平。目前中国的很多技术是在引进国外原始基础技术的基础上，通过原始创新、集成创新和引进消化吸收再创新而开发出来的。通过科学合理利用专利信息技术，可以帮助中国企业及时跟踪和了解行业技术发展的最新动向，合理借鉴和吸收先进技术并进行再创新，规避竞争对手设置的专利陷阱及经营风险，节省研发时间，降低研发经费投入，指导研发实践，有助于开发技术性能更优的新技术、新工艺和新产品，实现对国外技术的跟进和真正超越。

企业需加强与中国高校科研院所的深度合作和知识产权共享

中国的高校和科研院所有着极强的创新和研究实力，在国际上有着较高的创新水平。同时其也是中国发明专利和PCT申请的主要申请人。但是因为历史和体制等方面的原因，中国高校及科研院所的专利市场转化率低，与企业之间的产学研结合不够紧密。企业应该抓住此契机，跟进企业研发现状和特点，选择合适的高校和科研院所进行广泛而深层次的合作，做好知识产权申请和共享工作，达到良性的合作共赢。

11

每个英雄都有时代的烙印

11.1 华为成功的战略要素在变化

前文提到华为成功主要原因在于战略因素,一是抓住了国内通信业发展的机会;二是利用了人民币的低汇率,实现海外低成本;三是华为人的艰苦奋斗和利益分享机制。

反观现在国内通信市场,尤其是管道市场基本饱和,20年前那么大的市场空间不会再有,未来机会在于无线互联网,无线互联网是个充分竞争的行业,和华为的设备商玩法不太一样。

人民币的汇率已经升到6.2元左右,2012年年底人民币对美元更是连续涨停,人民币对美元的汇率在逐步下降,国内人工和运营成本大幅度上升,汇率优势持续走低。

伴随着80后、90后的员工加入,那种革命式口号式的管理方式已经不适应新人群,文化导致的断层会大幅度增加管理难度。

2011年第一季度,经营状况急转直下,"销售收入同比下降1%,订货只增长1%"。感觉从高速增长急速放缓,形式并不太好。

记得 2011 年上半年形势恶化时，就有人提出个解决方案，放弃胶片（PPT），就是以后大家要用白板来汇报。当时还提出个目标，就是承诺时限 13% 的全年增长目标。于是全公司上上下下纷纷冲销售额，研发的领导都冲向一线要卖产品。

吭哧吭哧一年下来，利润还是下滑了 50% 以上，下半年基本是零利润状态（上半年营业利润 124 亿元人民币，全年净利 104 亿元，初步判断下半年利润为零）。2011 年是十分揪心的一年，上半年零增长，下半年零利润。下半年的零利润环比一年前更是冰火两重天，数据很沉重。2012 年更是波澜壮阔的一年，上半年继续加速下跌，下半年随着经济的复苏，勉强超过 2011 年利润情况。

另外我们还知道，身体是革命的本钱，华为高强度的工作和缺乏休息的生活，给很多人身体带来影响，在华为可以做个项目连续半年不怎么见太阳，这样的工作强度人难免不憔悴。长期的高压力容易使人的身体状态和精神状态都出现下滑。

华为高层这帮 40 来岁的人群中，因为长期持续地辛劳，高血压患者占一半以上，高血压很大程度就是因为长期压力得不到释放导致。所以华为在 2012 年的市场大会时提出，要再努力工作 20 年。孙亚芳还特地讲到健康的问题，可见员工的健康对企业的发展有多么重要。

11.2 企业运营三要素的演变

企业高效运营有三大要素：组织是骨骼，管理是肌肉，文化是血液。三者的和谐配合，才能带来企业的高效运营。

华为之组织分析

华为在 2009 年后在开发体系引入矩阵组织，因为矩阵组织过于重视资源线的权力,在变革过程中又未能有效平衡利益,从而带来复杂的沟通,导致会议繁多,干部众多,开发效率大幅度下降。

同时随着华为逐渐走向一流,平台化的体系设计,导致产品开发缺乏端到端的支撑,过度依赖 IPD,但缺乏真正的组织和人去筛选分析需求、归口开发需求,最后导致前后端失衡,给开发带来巨大工作量。

割裂体系配合 IPD 更适合跟踪仿造阶段,因为此时需求相对固定,大家照着别人做就可以。华为现在已经走出此阶段,需要一个真正能承担和平衡前后方利益和需求的人,这个人就是产品经理,实际产品经理的缺乏,是创新产品开发的最大问题。

矩阵组织的权责不清和体系化的权责分离,带来了大量问题,因为骨骼不健全,于是口号泛滥,试图通过口号解决问题,显然力不从心。

华为之管理分析

这里的管理包括绩效管理和人才管理。绩效管理虽然有些问题,比如过度指标化、利益差距太大等,但能通过规则和管理团队运作,能清晰地分辨出来优劣,并有充分的薪酬激励,这一点华为做得非常好。

华为的工资构成有工资、奖金、分红,2008 年前的分红和奖金往往比工资高很多。我硕士毕业后在华为工作的第四年就达到了税前年薪 50 万,可以说这个薪酬在行业内是非常有竞争力的。但华为现在的综合薪酬对比华为的工作强度看,竞争力已经大幅度下降,单位时间的收益也不具备优势,此时的人才战略已经力不从心,需要调整。

华为之文化分析

华为的文化始于任正非,带着强烈的集体主义和奋斗精神。任正非早年经历过苦难,对脱离苦难格外重视,所以华为文化中,非常强调"梅花香自苦寒来",缺乏对人的尊重和个体创造性的发挥。

这个文化弥漫开来,就导致了华为粗暴的管理和相对略强的执行力,以及对加班和奋斗的追求。这一点在60后、70后中有着巨大的拥趸。但随着80后、90后的到来，他们追求尊重和自由的气质，已经和这个文化格格不入了。

华为领导层中有"我给你钱，你给我卖命"的思想。比如有领导就说，"你们觉得累可以辞职嘛，外面想来华为的排着队呢"。这种粗放的文化模式让很多人觉得难以接受。以前就亲耳听到华为内部有人说，"受点辱骂，受点屈辱我都忍，因为我要多挣钱"。

11.3　华为的接班人困局

华为的接班人一直是华为的热点事件，也很神秘。当年若李一男不走，肯定是个强有力的接班人人选。

2010年底有报道称，任正非为了让儿子任平顺利接班，以10亿元人民币的"分手费"逼走公司董事长孙亚芳，随后华为公司发声明予以否认，整个事件引起一场不小的风波。

2011年华为开始实行轮职CEO制度，任正非认为此举平衡了公司各方面的矛盾，使公司得以均衡成长。"这比将公司的成功系于一人，败也是这一人的制度要好。每个轮值CEO在轮值期间奋力地拉车，牵引公司前进。他走偏了，下一轮的轮值CEO会及时去纠正航向，使大船能早一些拨正船头。避免问题累积过重不得解决。"❶

最近有媒体采访华为轮值CEO徐直军，他表示华为不上市的原因之一在于公司一旦上市，可能会让很多员工一夜暴富，从而影响到员工的奋斗精神，也会引起中高层管理人员的流失。采访中他引用华为总裁任正非内

---

❶ 选自任正非：《一江春水向东流》。

部讲话精神，即华为董事会不以股东利益最大化为目标，而坚持以客户利益为核心的价值观，驱动员工努力奋斗。他表示，只有华为目前的这种股权结构可以实现不以股东利益最大化为目标。

市场经济年代，大体上存在三点最基本的共识：一是兄弟们搭伙出来做点事业最终要落实到荣华富贵，打天下是第一步；二是基于股权的企业治理是为了兄弟们在分手或退出时更为文明，上市是最透明的方式，不至于兵戎相见；三是企业的目标天经地义是股东利益最大化，这是经济学上的万有引力定理。但是，华为说这三点共识都是不对的，要搞"灰度反资本"主义：有股份的不能占有、能占有的只有一个人，他占有的比例还很小。

任正非是深受中国传统文化影响的人物，想必传统文化的复杂性会深深进入任正非的思想之中。关于华为的权力传承，相信任正非有自己的一套思路。

华为2011年推出CEO轮值制，共设三位轮值CEO，三位高管轮流担任CEO，每半年轮换。平时，三个人各自有分管领域：一个负责人力资源委员会，一个负责战略与发展委员会，还有一个负责财经委员会。三位高管分别负责公司的人、财、事，这三个是固定分工。而轮值CEO则是三个人中，轮流一个人做一段时间的老大。

相比之下，联想柳传志就做得很轻松，一开始就没有"家天下"这一束缚，所以很早就开始培养接班人，其他跟着自己打天下的兄弟们也都得到了极好的安排：该上位的上位、该拿钱走人的拿钱走人、该分家的分家，一切相当稳妥。

更重要的是，如果不是因为任正非还在，这种轮值CEO集体负责的制度，很难作出任何有风险的重大决策。反倒是不断会有人想借助有风险的重大决策来翻盘，推翻整个制度。这种制度，根本上就不稳定，需要不断

维稳和肃清另类。❶

华为的轮值 CEO 制度在业内争议很大。有人认为，这个制度将创造历史，成为世界管理史上的一个丰碑；有人认为轮值 CEO 根本就不是 CEO，就是个执委会而已。每人轮值半年，根本无法对企业的重大决策进行判断和坚守，企业最终经营结果也对应不到责任人，大家一起负责，就是没人负责。目前世界上也未见哪家企业的 CEO 按半年轮值而能取得巨大成功。

11.4 江山代有人才出，各领风骚数百年

每一个时代有每个时代的特征，不同的人适合不同的时代，个人性格和时代匹配，才会发挥最大的价值。人的性格和观点一旦成熟，很难改变。

早年进华为公司，没见过任正非的时候，觉得任正非是个无比伟大的企业家，能解决一切问题。后来一次偶然机会和任正非吃了顿饭，还和一些人一起和他近距离交流了一天，回来后发现，华为上下弥漫着浓浓的任氏风格，包括对管理的理解、对成长的理解、对人的理解。在他的时代里，人就应该奋斗，就该经常加班，什么生活平衡、度假休闲都是没必要的。

他这么理解也不无道理，他们那个时代，能吃饱饭就是最大的幸福，现在通过奋斗、通过加班大家能吃饱饭，已经相当不错，这是时代的印记，也是历史的遗产。

早先成功的传统公司多数靠正确的中长期战略、严密的组织和步调一致的执行，实行自上而下、上下同欲的管理模式，强调一次把事情做好，普通员工只是执行者。此时企业成功的要素是执行力和大的战略。任正非

---

❶ 选自武陵山行者的《华为之隐秘猜想：守成制衡还是征伐突进》。

的性格和他所处的时代，使得他更适合大兵团作战的集体控制时代，通过强大的意志和控制力去实现战略目标，任正非又在这个时代中敏锐捕捉到了几次重要机会，从而带领华为成长为世界准一流公司。任正非的性格和这个时代完美结合，从而创造出了一个无与伦比的华为。

当今的知识型现代化企业靠短平快的战略、扁平的组织和快速有效的执行，实行自下而上、个性张扬的管理模式，鼓励不断试错，在市场中快速迭代，员工成为创新的源泉。这里的执行力更多来源于鼓励创新，激发员工的创造力，从而实现高水平的产品。

随着时代的演进，原先的管理理念和捕捉机会的能力逐渐不再适应新的时代，此时仅仅试图通过沟通或者领袖的自悟，从而期待企业出现什么大的变化，那是不现实的。

通信时代进入互联网时代，不论对战略机会的把握，还是对人的理解，都已经发生巨大变化，此时将会有更多的英雄产生。好比微软之后有谷歌，谷歌之后有"脸书"（Facebook），这种前赴后继的态势无法改变，微软不可能孕育出谷歌，谷歌只能自己长大。

从上文的分析我们也可以看出，华为从跟随走向引领后，其组织模式已不能完全适应企业的需要，2010年的组织变革反而恶化了组织形式；整个公司弥漫的奋斗文化和家长文化正逐渐和新时代员工脱节，上上下下很多怨言；股票制度失去应有的激励作用。支撑华为之前取得成功的要素纷纷消失或弱化，虽然华为销售额还能增长，但盈利能力已大幅度下降，前景并不乐观。

任正非最喜欢用诗词来写文章，这里也用句诗词："江山代有人才出，各领风骚数百年"。每个英雄都有自己时代的舞台，华为的顶峰时代已经过去，红旗未必会倒下，但高高举起的日子会越来越少。二十年的高速发展，确实需要夯一夯了。

附录一
执行三要素评估企业案例

前面主要以华为为载体,讲述华为的成长过程和战略机会的把握,并系统分析一些管理方法和模型。但不同企业有不同的问题和症状,相同的病因也会有不同的表现。如何借助理论模型,判断分析企业问题,解决问题,还有很长的路要走。

下面通过两个本书作者经历过的,比较典型的具体企业案例,来验证评估上述模型,尤其是执行三要素里提到的不同问题在不同企业里的表现及应对方法,希望能帮助大家理解和后续应用。

案例一:利益分配机制导致效率低下

一、背景

离开华为后在一家中等规模的上市公司做产品线的 BHR(Business Human Resourse,也称业务 HR),相当于华为一个小产品线干部部部长。该公司主营业务和华为类似,也是高科技制造业。公司 2011 年上市,上市后的财富巨大分化,导致各种新老矛盾一起爆发,管理的难度相比以前大幅度增加。

董事长喜欢空降兵，从外企和华为聘请了大量华裔高管和专家。空降兵确实快速带来了技术和管理的进步，帮助公司在技术和管理上逐步正规化。但也带来很多问题，比如文化难以融合，管理执行力难以提升，大家很容易和公司博弈谈条件等。

每次开总裁办公会都会听见三种声音，一种是我当年在外企如何，比如早上从来不刷卡，刷卡就是不信任；另一个是我当年在华为如何，比如员工都很努力很听话，从来没有讲条件的；第三种就是我当年在该公司如何，比如那时公司规模小，大家很投入。

我当时对口的产品线总裁是新加坡华人，勉强能说中文，但不能看懂中文，以前在一家外企工作过很多年。他下面的主管中有一半是新加坡人，每次开部门会议，一般是中国人坐一边，新加坡华人坐一边，泾渭分明。

二、主要问题

经过一两个月的充分沟通，发现了如下一些主要问题：

问题一：离职率很高

截至2012年8月，当年研发人员总离职人数70人，总人数平均300人，离职率23.3%，而2011年全年离职率只有8%~9%。

很多离职的员工都是干了很多年的骨干，包括产品线的副总经理、部门经理。有个业务部门经理级干部全部走光，作为一个以脑力劳动为主的部门有这么高的离职率，景象十分壮观。

离职员工里有的有上市前原始股，"王百万"、"张千万"比比皆是。这导致管理难度增加很多。股票已经上市兑现，该有的已经有了，后续没有了对这些持股人的持续激励，大家觉得干着没劲，所以要么观望，顺便炒炒股，要么离职投靠竞争对手。

没有股票的人看到这些有股票的人，心里更是不平衡，大家来的时间可能就差一两年，凭什么我和你的总收入差距这么大，我干一辈子也赶不上你。财富的剧增打破了本来平静的组织。原始股东暴富的上市制度，不仅害了股民，害了企业员工的合作氛围，最后也给企业带来更大的风险。

问题二：员工层士气不高，氛围不好

公司团队氛围比较差，气氛慵懒，大家都不喜欢高效工作。比如一个项目四个月，第一个月忙点，后面就很轻松了，缺乏有效的资源释放机制，大家都会装得比较忙。

如果上班时间去办公区走一走，会发现到处三个一团、五个一簇的，在吃瓜子聊天。晚上下班了，一些人还舍不得走，继续在这聊天，因为这样可以有加班费。

公司员工任务执行力很差，缺乏有效的奖惩机制，按时干完就干完了，不按时干完拖拖还能拿点加班费。大家不愿意去努力，觉得干得好干得不好上级也不区分，或区分不出来。即使区分了，对应评价好坏的人也无明确的薪酬规则，普遍反映只要不得C、D，不做什么改进计划就好，其他的无所谓。

问题三：产品经理权责不对等

这里的产品经理类似于华为的PDT经理，理论上是对产品端到端负责，但实际上并非如此，职责和权力严重脱节。

产品经理抱怨说："产品经理现在分担销售指标，但开发什么需求，采购什么物料等端到端的管理等自己都说不上话，产品卖的好坏和自己关系不大，虽然背了KPI指标，但最后只能听天由命。"

公司产品线总裁从外企带来很多关键人才和关键技术，国内无人能掌握，所以他的不可替代性十分强，有和公司博弈的资本，管理难度很大，

— 251 —

一些事情拖着不办，公司也没办法。同时因为不同的文化背景，导致大家沟通起来很困难，公司的制度和政策落实起来很难。

因为产品线总裁经验丰富，能力很强，一个人把握了整个产品线的方向和规划，下面的产品总监没有足够的话语权，参与度不高，更多的是简单执行。总监们平时虽然都在抱怨，到一旦和公司老板讨论这个问题的时候，大家就都不说话了。最后这个问题无法解决，产品总监的工作激情降低，打算走与不打算走的都在混日子。

问题四：矩阵式组织带来领导多管理复杂

公司也借鉴了华为的矩阵组织，后来发现，一些20来个人的组织，有7个左右的干部，包括技术组长和项目组长，人均一人管理两个人。

技术组长就是负责技术和架构的小组负责人，项目组长就是负责项目开发的临时性组织负责人。前文已谈到，矩阵组织看起来很美，有技术储备，有项目交付，但有两个问题很突出：

一是资源线、项目线、产品线职责不清晰。资源线和项目线总会有一个觉得被架空，员工无所适从，不知道该听哪个领导的。

二是矩阵组织会增加一条线的领导，相当于增加了一倍的干部。开发投入度大幅度降低，华为的矩阵组织导致开发投入率低于70%（一线产出人数/研发总人数）。

问题五：员工对公司极度缺乏信任，大大加剧管理的难度

大部分员工都说公司不诚信，都是谎言在空中飞。公司上市后对员工的很多承诺都没有兑现，包括期权、涨工资、发现金等，很多承诺都是开大会当着全体员工的面说的。

公司董事长兼总经理销售出身，更多地关注市场和业务，如果组织不出问题，对人和组织的关注很少。因为各种客观原因，承诺也不够谨慎，没想清楚就说，给员工带来很大的负面影响。

这种不信任严重加大了管理难度，上市以前可以给大家讲故事，构建未来的愿景。比如说做好了给大家加工资，大家有好的前程，现在讲故事大家也不听了，而是说要想让我努力做好，那就先加工资。大家做好才会有钱加工资，而此时的员工认为，不给我加工资就不会做好，最后进入了一个不可能达成的恶性循环。

三、执行三要素模型分析

上述企业问题可以按"骨骼、肌肉、血液"的执行三要素模型来分析，通过模型来发现问题，找到解决问题的方法。

组织：主要责任人权责不统一，被动执行多于主动参与

组织就是权责统一，对应到这里的组织包括三方面内容：做什么、谁来做、是否有资源。

"做什么"的问题体现在只有个别一把手知道做什么，其他人包括主要承担责任的人都不知道做什么，都是被动执行。没能通过授权和组织的闭合，来驱动一线管理团队来承担责任，带来更广泛的员工参与和思考。

"谁来做"和"是否有资源"方面，更多地体现为权力和责任是否统一。矩阵组织中资源线、项目线、产品线，十分复杂，导致职责模糊，干部太多。开发体系大的资源线划分，也导致项目经理调动不了资源，产品经理成为摆设，往往最终成为搜集进度的运作人员。

研发和销售这种平台化体系化的组织设计，也导致了体系的割裂，产品经理承担相关的职责，但没有权力，尤其是端到端的产品管理，如对采购和市场的约束力。最后导致产品经理对开发端和销售端都是权责不对等，产品经理影响力大还好，如果影响力不够，基本仅仅是个研发经理，这个问题和华为是一致的。

管理：未建立共赢利益制度，也无有效的价值评价和分配体系

管理就是赏优罚劣，有利益分享机制。对应到这里包含两个方面，一是做得好不好要能区分；二是做得好有什么结果，区分后利益要有区别。

评价做得好不好要通过公平公正的评价机制，比如通过集体评议或者充分的讨论评价。评价清楚后，要有针对评价结果的薪酬激励，薪酬激励要能通过差异化来激发员工。

激励方面还包括完善的薪酬和激励体系，如针对骨干的长期激励，针对重点岗位的职位评估和薪酬设计等，通过这一系列薪酬手段提升员工的积极性。很多情况下，公司因为害怕拉开差距后带来大家的不满，而不敢拉开差距。

任职资格活动若长期缺乏，经常是因为主管不重视，几年不做，没时间做，好多员工来了好多年还是助理工程师，成长通道匮乏，没有梦想。

绩效和任职的缺乏，同时缺乏长期梦想的利益分享机制，带来组织气氛的松懒和对未来的迷茫，最终导致公司管理的失控。以前产品单板样机试制，可能一个星期就搞定，如果供应链说是两个星期，大家都会去努力争取缩短试制时间。现在变成研发只是问下对方，对方说多久就多久，慢慢等呗。

另外，在管理层方面也有利益分配问题，早期的原始股作为第一次分配已经结束，不能说第一次分配了，对现在还有影响。公司需要针对管理层有新的价值分配，尤其是对未来的预期。很多主管表示，公司未来挣10亿元还是50亿元和我有什么关系？只有做好管理层的利益分配，很多管理动作才做得下去，否则容易阳奉阴违。

华为的高层曾说过，"我们的干部别的公司请不动，因为你们出不起我们给他们的这么高的薪酬"。华为给干部的利益分配十分诱人，所以管理起来也格外得心应手，否则还没批评两句就跑了，还有什么执行力。

上市公司利好信息里，管理层的股权激励也是一个重要因素，因为管理层有了利益，自然就会更卖命地为公司努力工作。而且因为这里分的是预期收益，并不是眼下的费用，所以公司不吃亏。最后员工因为做得好有很好的收益，公司将获得更大收益。

文化：承诺和变化过于随意，导致互相不信任

公司董事长（兼总裁）因为各种原因，承诺过的一些东西未能实现。虽然承诺未能实现可能是因为客观条件不具备，比如公司盈利能力未达到预期，但这种未实现打破了员工和公司的互信体系，带来非常大的破坏力，最后员工对公司的任何行为都怀疑和敌视，管理的难度大幅度加大。

当时流传一个说法，董事长会上要求的工作，大家先不做，等到下一次董事长想起来了，大家再开始做，否则中间董事长忘记或者改主意了，做了也没什么意义，可见董事长的执行力下降到什么程度，这也与董事长的决策不慎重和善变有关系。公司最高管理者即使不能做到一言九鼎，也要做到一诺千金。

2012年公司董事长希望总监级干部能在8点和员工一起来上班，引起干部极大反感，他们认为早上堵车，来太早没有必要，9点来上班才天经地义。他们没有想过，员工8点可以来上班，干部为什么不能来，干部不来员工找谁汇报工作。这样只愿意享受特权的干部，肯定带不出努力拼搏的团队。

四、解决问题的过程

问题发现后，先和产品线总经理沟通。沟通一段时间后，发现一个严重问题，即因为文化背景不同，关于管理方面的理解差距巨大。而且虽然彼此都能听懂中文，但因为文字背后的东西无法理解，沟通起来格外困难。

比如对于加班的看法，公司因为付加班费，一些人混加班，周末早晚来刷个卡就走。领导基于西方的信任理念，可能觉得大家能把时间用在工作上非常好，没有必要因为少数人混加班，而打击大部分人。最后导致混加班现象愈演愈烈。

因为产品线总经理是技术出身，对业务非常精通和敬业，对组织和人基本没有兴趣，只是遇到问题处理下。头几年业务比较忙，大家都有着明确的梦想和目标，问题也不大。开发基本成熟以后，管理的问题就日益突出，职责不清、奖惩混乱等现象丛生，整个组织十分混乱。

三个月后，组织状况继续恶化，一季度二季度连续亏损，销售额非但没能达到预期目标，还比2011年同期低，但支出却大幅度上升。董事长后来不得不决定亲自来管理该产品线。

一些组织的问题好解决，比如撤销矩阵结构。但最核心的问题依然没有解决，那就是利益分配问题。董事长依然没有给大家讲清楚，并制定详细的规则，即如果大家做好了会如何，包括工程师到骨干和高管。说的还是"大家干好了会有好报酬"这种不知道说了多少遍而未见落实的话。

后来为了降低离职率，董事长根据自己的理解召开产品线干部大会，名为"坚定信念，与公司长期共同发展"。讲述产品方面的规划和方向。董事长根据自己的理解，讲述公司几大好处，比如规模很大，上市募集资金很多，前景很好，大家工资不错等。讲话中谈到他的司机月薪只有2000元，自己家的别墅热水烧一次用两天，号召大家要有良好的心态。讲完后董事长信心满满。

周一我立刻找到十来个人进行简单访谈，普遍反映讲的都是空话，不诚信，听了后离开的想法更坚定了，公司主要讲坚定信念，却没讲共同发展。这些意见反馈上去后，董事长非常失望。

不久公司从华为聘请了新的总裁助理，负责人力资源和运作，相当于董事长的代言人。董事长退出产品线的管理，把这些工作交给新来的总裁助理。

第一次产品线例会，大家不知道董事长不来，总监都来开会了。第二次例会，大家知道董事长不来，很多人就不来开会了。会议刚开始，产品线总经理就发飙了，他说，他以前带的团队很优秀很成功，到了中国，发现中国人很自私，四年来效率都很低，离职率也很高，也没见人力资源做了什么有效的工作。

新来的总裁助理也面带不悦，表示自己当年也非常成功，人的管理和组织建设，业务部门一把手才是第一责任人，人力资源是协助业务部门的，最后双方不欢而散。会议一结束，会议情况立刻传遍整个公司，工作更加难做。

董事长没解决的问题，新来的总裁助理也很难解决。最终不但分钱和分权的问题没解决，连解决的路径都越来越窄了。于是新来的总裁助理想到了卓越绩效，组织我们研讨卓越绩效，希望通过系统的视角来解决管理问题，提高组织执行力，最后不了了之。

其实总裁助理忽略了一个问题，那就是卓越绩效解决的是方法问题。我们现在的问题是方向和控制力问题，是各级都没有解决问题的欲望和冲动的问题。没有解决问题的动力，如何能解决问题？不解决这个动力问题，不管主动解决还是被动解决，再好的流程和方法都会流于形式。

这一点也是华为和其他企业的根本差异，华为的干部不可能有和老板博弈的机会，任正非提前通过宏观管理框架的设计，早都做好了备份和风险规避机制，大家都按着要求向前跑即可。

华为很多干得不错的干部走出去适应不了也是这方面原因，在华为做个地区部总裁，带上千人的团队，已经是很大的官了。但地区部总裁依然是在任正非设计好的干部框架中解决问题，不设计高层用人和权力制衡及利益分配体制，解决的依然是"术"的问题。

而很多小公司根子上就没解决好这一重要问题，在利益氛围或人格魅力上若管理层无法达成一致，在"道"上就很模糊，"术"更是无从谈起。而华为的地区部总裁们也并无类似经验，人们总是希望用华为那套"术"的东西来解决小公司的"道"。有时感觉以前带几千人的团队，这几百人还不是小菜一碟，其实完全不是一回事。华为几千人团队的规模是大，但在用人的层级上还是低于小公司高管的，所以往往这套玩下去后，越来越容易迷惑，"为什么和华为差距这么大呢"？

实际上，新来的总裁助理是遇到了很大的困难，董事长都很难解决的问题，让代言人来解决就更困难，毕竟代言人没有董事长那么多的资源。总裁助理的胜算还在于和董事长深入沟通，讲清楚利害关系，要让董事长明白，要彻底解决不可替代性导致的执行力下降，以及核心人员的利益分配问题。

不可替代性就是和高管们重新谈清楚利益分配，比如业绩达到什么程度，就给予什么样的报酬，未来如何安置，这样才有可能让高管团队安下心来。同时做好关键岗位的备份，从而提高组织的执行力，任何人不执行都可以走。其实就是解决两个问题，一是给予足够的利益，让他舍不得走；二是做好备份，即使走了也没什么大不了。不解决这两个问题，任何动作都落实不下去，至多总裁会上应付下。

利益分配主要是员工的利益分配，包括分配规则。企业上市后，富起来了一批人，但未来如何再富的通道丧失了。员工不是说一定要都能富，但要有个能富的通道，而不是仅仅一个月一两万块钱。没有梦想，大家肯定容易失落。

五、结果

前三个季度勉强维持营收持平，形势比去年恶化很多，董事长紧张起来。总裁助理于是借此机会，和董事长深入交流，说清楚了问题的根本，阐述了真正的解决措施。

新任的管理者刚到一个公司，刚开始可能难以推动问题的解决，毕竟管理方面的问题如果没有一把手的深入理解和支持，很难落实。此时稍微等一下，让问题更恶化，然后通过问题来说服大家，来驱动新方法，有时也是没办法的办法。

首先解决高管层的不可替代性，否则政策根本出不了总经理办公室。不可替代性的解决除了技术备份外，短期内就是利益的再分配，让高管舍不得走，比如产品线总经理，公司谈清楚给他的股票，并签订新的利益分配模式，比如销售额达到多少，再给你多少股票，干多少年后，再安排你到海外继续做。并能把这些落实成文件，通过这种方式解决产品线总经理等的不安全感，让高管的利益和公司的利益一致，同时解决他们的不可替代性，这样就能更有效地驱动他变化和适应变化。

同时为员工构建真正切实可行的梦想，建立共赢的利益通道和分配体系。员工方面建立了骨干期权制度，让大家有梦想，梦想不是立刻要给多少钱，但要给承诺。同时建立了不同层级的核心管理团队，落实了绩效管理和技术体系的任职资格，通过绩效管理和任职资格，实现利益的再分配。

最后还要提升可信任度，组建相互信任的组织文化。同时通过平时各级干部的"重诺寡言"，大家重新建立信任感，企业也重新焕发活力，股价节节攀升。董事长释放了部分个人未来的利益，解决了原先躲在背后的问题，实现了员工和企业的利益共同体，最终带来股价的上升，公司和员工双赢，大家其乐融融。

小　　结

该公司上市后，在利益分配问题上出现了较大的分歧，员工觉得没有了原始股分配，没有致富机会；管理层觉得分配不均，干着没意义，有了和公司叫板的筹码。利益分配方面不能和各级员工建立利益同盟，或者叫共赢机制，大家都没了梦想，公司执行力大幅度降低。

同时在现有利益分配过程中，缺乏有效评价和分配机制，更多地依赖主管个人意志，最后导致大家类似在吃大锅饭，没有做到赏优罚劣。这在执行三要素中，体现出来的是典型的"管理"问题。症状整体感觉是软弱无力，总经理命令出不了办公室，员工也是得过且过。

经过长期的萎靡后，上市公司的财务报表倒逼机制，让大家有了巨大的危机感，不得不更深入思考。经过多次反复，大家包括老板也逐渐发现问题，那就是利益分配问题没有解决好，分配问题就是效率问题。

世界上没有什么灵丹妙药，也没有谁的企业管理就一定高明，但分好钱是最重要的也是最基本的。利益分配到位，大家自然就有激情。管理其实没那么复杂，不分配好利益，其他一切都是虚言。达成共识，建立基于未来的分享机制后，企业重新焕发活力和生机。

案例二：组织过于扁平化带来混乱

一、背景

该公司10年前由一技术强人创办，人称强总。强总对技术非常痴迷，经常为了解决一个问题茶饭不思，设计出的产品也尽善尽美，立志作出的产品要超越欧美。经过一段时间努力，销售额快速提升到2亿元左右。

随着组织规模的扩大，强总越来越觉得累，很多问题也没时间解决，明显感觉力不从心。公司的增长速度也不如以前，产品也出现越来越多的质量问题。同时内部员工出现很多怨言，觉得老板总是越级管理，干涉他们的决策，还总是批评他们，干得非常不爽。转型期的症状非常明显。

二、主要问题

经过和一些员工沟通，发现员工反映的问题很多，很多老大难问题长期得不到解决，主要有如下几项。

问题一：越级管理太多，降低中层成就感

中层干部觉得很多情况下，好不容易安排好了下属的工作，强总一个电话，就改变了下属的工作安排，最后感觉工作白安排了。大家因此感觉工作没有成就感，中层管理者逐渐失去管理兴趣。

如果越级管理能把问题都解决也可以，但因为公司规模变大，强总也要经常出差，最后很多问题管不过来，大家都在等，效率越来越低，抱怨越来越多。

同时大家觉得强总追求完美和细节，不是很信任下属的能力，工作上事必躬亲，最后丢失了员工的积极性。经常是决定下来的事会被轻易否决，时间久了大家都不愿意去尝试，能推就推。

问题二：缺乏问题解决平台，无法有效沟通

几年前该公司每周五晚上会开一个管理例会，会上把问题过一下，这个会议很好，但后来不知怎么回事就不开了，很多问题无法解决，也不知道该找谁。

大家的意见一般也反馈不上去，有时刚一开口，就被强总打断，强总可能觉得听他们说话浪费时间了，不给别人讨论空间，也没法沟通，个人的观点和诉求无法获得反馈，严重挫伤大家积极性。

同时批评远远多于表扬，管理层有时有些情绪化，经常会因为一件小事，对大家狠狠批评，而不是基于大家的工作本身，有时因为吃饭问题或者开车不规范问题，而影响到工作的评价。最后批评得大家都不敢做事，也不敢决策，做也是错，不做也是错，都一样的被批评，那还不如不做。

问题三：没有任职和有效的管理，员工吃大锅饭

早期通过强总直接调节工资来调动积极性，后来规模大了，强总也分不清谁干得好谁干得不好，于是员工薪酬基本上就不变了。大家干好干坏一个样，只要不被强总发现问题即可。于是强总在时，一片欣欣向荣，大家都很忙，强总不在，大家都推诿扯皮。

主管反映调动下属做工作非常困难，都是靠人际关系好说歹说。因为中层干部不参与分配工作，不参与分配金钱，组织关系也十分松散，所以也没什么管理可言。

三、执行三要素模型分析

组织：越级太多导致组织失效混乱

通过上面的问题，我们可以发现强总的公司组织混乱，效率低下，很多研发人员没有固定的汇报关系，一盘散沙，最后带来离职率高企。

任职不清晰，主管不知道自己什么级别，感觉是做什么就是什么级别，公司没标准，薪酬方面也没规范。而且越级管理太多，中间层短路，最后组织失效。

管理：无浮动薪酬，无任何价值评价和分配体系

干部和员工感觉没有成就感，干多干少一个样。主管对员工不分配任务，也不分配财富，主管和员工基本没隶属关系，管理非常松散。

公司成长了，管理却没跟上来，管理最重要的就是任务分配和财富分配，这也是管理最难的地方，强总因为过于关注业务，忽略了这一部分，过于关注事而忽略了人，最后导致管理成为最大的短板。

文化：批评太多导致大家不敢尝试

激发一个团队潜力的不是批评，而是表扬。批评太多太泛滥，导致大家都不敢工作，不敢决策，最后都是等待和推脱。同时批评太多导致团队氛围低沉、压抑。

沟通不通畅，经常是刚和领导张口，领导就打断，感觉个人意见和诉求得不到尊重，问题得不到反馈。而且长期缺乏管理例会，大家都只关注技术，最后组织的氛围也越来越差。

四、解决问题的过程

因为组织成长起来后，组织建设没有成长起来，过度关注技术，忽略组织建设和人的关注，最后只是老板一个人在冲锋陷阵，累坏了老板，也拖垮了公司。

组织建设成了短板，执行三要素里的"组织、管理和文化"都有问题，组织是因为过于扁平化，管理是没有薪酬差异化，文化是缺乏有效的沟通。但因为公司规模不大，非操作体系也就50人左右，组织和文化上面的问题并不突出，吃大锅饭是主要问题。

强总是个聪明人，技术上也追求完美，有管理洁癖，所以对下属不放心，所以管得比较多。后来虽然放权，但因为长期缺乏干部培养，导致放权的效果不好，最后组织疏于管理，越来越乱，效率越来越低。

经过沟通后，大家决定首先从KPI绩效管理入手，建立起基于员工任务的考核模式，首先解决多劳多得的问题。

当时有两个思路，一是建立基于下层干部的充分授权的管理模式，就是把权力职责完全分给部门经理，但这样有个风险，那就是若经理不具备这个能力，最后会导致继续混乱；二是还是继续采用扁平化管理，完全由公司直管，但公司精力有限，难免出现遗漏。

最后采用折中手段，公司建立基于项目的考核模式，公司宏观上把握到项目层面，部门经理参与项目管理，对项目负部分责任，并享受项目获得的收益。同时加强管理的其他方面，比如组织、文化沟通等。

当时决定了如下重点工作：

第一，理清组织关系，建立自闭环的团队。定义清楚什么是主管，什么是经理，什么是总监，对应什么待遇，能否参加公司管理例会。通过理清级别，明确作战序列，提升组织荣誉感。

模仿华为形式，建立中国式事业部 PDT 团队，负责一线作战的团队建立成两个 PDT 团队。华为的 PDT 团队是拉通研发和销售的组织，我们的 PDT 团队早期主要负责研发，但要对销售额负责，后期逐渐形成真正的事业部，能实现自我决策，自我改进。

第二，建立基于绩效的分配体系。通过季度薪酬包和年度提成，建立基于绩效的分配体系。相当于在以前固定薪酬基础上，增加浮动薪酬，多劳多得。薪酬设计没必要多么完美，能指导大家努力工作即可。

这套分配体系建立起来后，先是给大家宣讲，然后答疑，确保大家都能搞懂，然后就是员工个人、员工主管、公司三方签字确认，免得员工又说这是在画大饼，通过签字确认的方式明确后续利益分配规则。

这里的利益分配不是分配眼下的利益，因为公司很难立刻付出比以前多 20% 的薪酬，而是分配未来的预期，比如达成什么目标利润后，大家分多少，解决多少问题后大家分多少，相当于存量不动，做增量。相当于公司为员工搭建个平台去挣钱，然后和公司分成，道理与商场把柜台租给租户类似。

第三，建立充分的沟通和融洽的氛围。建立公司级管理例会，定期召开管理层的民主生活会，人事行政部也要走出去倾听，搜集和解决问题，同时逐步建立对主管管理能力考核的 Q12 诊断及周边评价体系。

同时给予各级主管一定额度的沟通费用，让大家没事能一起吃吃饭，喝点小酒，从而沟通更充分，提升组织问题解决能力和组织氛围。强总也吸取了急躁的教训，真正静下心来聆听，通过表扬激发大家，最终形成良好的组织氛围。

五、结果

大家对强总的能力和人品本身认可度较高，早期的混乱主要在于公司快速发展后管理未跟上，问题越来越多，强总心情也越来越差，最后疏于管理恶化了组织氛围。疏于管理不是主观上不愿意，或者不愿意给大家分钱，而是没意识到这个问题，一旦意识到这个，很多问题迎刃而解。

我们拟定清楚考核和分配体系后，就开始推广执行，同时给予各级主管一定沟通费用。管理例会和沟通机制建立起来，公司也很快走上正轨，管理的框架也具备了，在当年就获得了巨大的收益。

小　　结

强总这个公司情况和华为管理培训中的一个案例十分相似。就是一个技术牛人转型为团队领导，从技术开始转身做管理，这个转身对很多人来说十分痛苦，很多人都转型失败了。

强总因为对下属什么都不放心，于是事必躬亲，什么都自己亲自上，最后下属都很被动，没激发起来，自己也累得要死，最后管理失败。

三等的管理是用己力，二等的管理是用人之力，一等的管理是用人之智。说起来简单，但真正做到很难。总觉得别人做得不好，别人做得慢，别人教起来麻烦，最后只落得个出力不讨好。

确实有一种情况，把一些事情交给某个人，该人怎么努力也做不好，花费了很多的时间，最后确实不如管理者自己去做好。对于这个问题，并非是这套理论出了问题，而是选择的人错了，这个时候就该果断换人，而不是退回来继续扁平化管理。

附录二
华为，你将被谁抛弃

华为，你将被谁抛弃[1]
——华为十大内耗浅析

最近和很多中基层优秀人才交流，面对复杂低效的现状，普遍有种无力感。本人从以前意气风发也逐步冷却和平静下来，希望能通过发发牢骚浇除心中的块垒，也能稍微发泄下大家的郁闷心情。这里不讨论外部环境中的汇率上升和通货膨胀问题，只从公司内部问题分析入手。

关于内部问题，相信经过这次调薪事件，大家也应该能感受到点味道来了。本人和华为各阶层，下至贩夫走卒，上至皇亲贵胄都有着广泛的接触，也经历过很多领域和业务，相信视角也并非只是管中窥豹。同时也希望本文不至于引起普遍的反感，或者带来"不能生鸡蛋，凭什么评价鸡蛋"之类的指责。

---

[1] 2010年刊载于《华为人》和《第一财经日报》。

一、无比厚重的"部门墙"

一般产品出了问题，我们都是互相推卸责任，经常最后发现谁的责任都不是。要么是客户没操作好，要么是环境不匹配。通信产品非常复杂，结合部模糊地带也很多，推卸掉责任还是很容易的。好比当初三聚氰胺的笑话，厂家说牛奶出了问题是因为奶贩子，奶贩子说是因为奶牛，奶牛说是草的问题，草说是草他妈出了问题……

还有就是内部协调起来特别困难，如果不是自己牵头或者自己部门牵头负责的项目，很难调动得了资源。我们很多主管一般都只提倡自己部门内部相互协作，希望协作中能给自己组织带来好绩效，当自己部门要协作外部门时，就开始推三阻四了。这种自私的假协作最终带来内外都不协作。所以整个华为都在做布朗运动，这种运动对大企业来说是灾难性的。

不恰当的局部考核是导致类似现象的重要原因之一，而且考核差距过大也强化了这种冲动。所有人都关注自己是不是能获得高绩效，没人关注组织是否能成功。虽然两年前把考核从三个月一次改成了六个月一次，还是没学到别人的精髓。六个月一次不是仅仅为了拉长周期，还希望能借此弱化过密的考核，强化大家对全局的关注。

不恰当的考核不仅会伤害整体，也容易导致过度关注短期利益。比如大家都不关注项目或组织最终是否成功，只关注短期内能看得见的收益，只要眼下不出问题，以后就没人管了。就算我们把以后网上的表现也作为考核对象，但因为时间相对较长，对眼下的约束也是有限的。

如果是生产线女工，完全可以每天计件考核。产品越复杂，考核越需要把握好尺度。我们试图通过考核掌控一切，生怕考核弱化导致大家都不干事。可当我们把考核设计得十分严密时，大家是都很忙了，都有事干了，但忙的都不是正事。

当所有人都不把企业放在心上的时候,考核只能沦为互相欺骗的幌子、强化布朗运动的搅拌机。考核的尺度和范围十分重要,片面希望考核就解决一切问题也是不切实际的。考核工具要能和核心价值观、人员成熟度、管理水平等匹配起来应用才有可能发挥好的作用。

二、肛泰式(膏药式)管控体系

先看些常见的现象:上级说减少会议,于是有用没用的会议都不让开了。领导说转测试三次不通过开发代表下岗,于是再也没有转测试不通过的了。发文说质量和进度冲突时质量要第一,于是就有人项目可以 GA 了还故意拖几天,这样就显得更重视质量了。

当出现这些作假现象时,上级一般都认为是因为大家能力太差,监控措施不到位,反正都是员工的错,都是别人的错。于是为了避免作假,又设定更复杂的管控措施,增加复杂的监控组织。于是组织越来越复杂,干活的越来越少,效率越来越低下。退一万步说就算真是员工能力不行,也应该设计适配员工能力的组织管理方式,或者去对员工培养,应该通过疏而不是堵的方式解决问题。

这就是我们现在的组织现状,谁都搞不清楚我们下一个部门叫什么名字,也说不清楚我们现在到底有哪些组织。业界平均投入实际价值工作的人员一般在 95% 左右,我公司据说在 70% 以下,30% 以上的人都干的不增值的工作。到处都很忙,也到处是"闲人"。用句曾经下属的话来说,"和尚很少,菩萨太多"。

还有个现象就是调查或评估发现了一些问题,于是假模假样地分析下根因,稀里糊涂研讨来研讨去,于是就头痛医头地设置组织开展措施了。年年都有问题,年年都持续改进,但问题却从来没见彻底解决过,这些问题也很少见有变化过。神马都是浮云,一切都是假把式。

领导从来都觉得自己是正确的，下面做不好是因为他们执行不到位。而不去思考为什么所有人都执行不好，会不会是因为自己缺乏一线的深入分析或缺乏和实际业务的结合体验，是不是自己制定的规则有问题。华为"四大禁"之一就是禁止没有实际业务经验的去做流程优化和组织变革工作，大家看看我们有多少是符合要求的。就算从事过具体业务，那也是很多年前的事了。

我们依然停留在19世纪的管理模式中，总希望通过条条框框这种表象的东西解决系统问题，试图把管理简单化表面化。对于复杂知识型劳动，贴膏药式管控管理是解决不了问题的，因为背后的自由度太大、太复杂。真正合理的方法一是搭建平台激发员工；二是建立针对组织级的健康审视，一种对管理和氛围的促进方法，而不是现在对一些容易被欺骗的指标的审视。

三、不尊重员工的以自我为中心

世界级企业以员工为本，他们把企业的发展和员工的发展统一起来。他们懂得，企业的持续发展体现为员工能力的持续，所以他们特别强调所谓的预期管理，即通过投资员工的未来，公司获得自己的未来。

我们的企业存在的问题就是只注重短期效果，注重人的短期业绩而不太注重能力的发展。管理者和员工之间的关系大多是典型的"绩效导向"，就是"你给我赚更多的钱，我就给你发更多的钱"，"你不给我赚钱，你就可以走人了"。

创新型知识型企业员工是最重要的生产资料，我们对待生产资料缺乏敬畏之心，也缺乏共同成长的愿景，导致我们的离职率很高，忠诚度低下。当领袖说我们要采用赛马文化时，我们甚至连培训都不敢用了，即使偷偷培训也要说是研讨。

而且很多动作缺乏真诚的沟通，都是一种居高临下的态势，一种老子训儿子的口吻。本来相同的问题，经过我们传递出来的信息大多获得的却都是抵触性的反馈。这也导致了员工和企业不能站在一条船上，过一天算一天。

其实华为作为民营企业的翘楚，是具有吸引大家的先天优势的，一大批厌恶国家垄断型研究体系、厌恶外企的优秀人才，对华为充满了热爱，也有很多人抛弃高福利低劳动强度的垄断企业和研究所来到曾经热情洋溢的华为。所以只要我们能按部就班地做，虚心真诚地对待大家，是可以留住很多人才的。但我们在人才的管理上落后别人一个时代，当大家都在为尊重人、激发人、培养人努力奋斗时，我们还在把员工当敌人看，当机器管。

四、"视上为爹"的官僚主义

我们经常看到，为了完成给上级一个汇报 PPT，一大帮人持续钻研两三个月，PPT 改了 20 几个版本，一张照片都要翻来覆去地考量。为了满足上级的一次参观，把本来做实验用的地方用来做展台，购买大量不增值的东西。真是为了博妃子一笑，不惜大动干戈。

这些会议和 PPT 把管理者的时间全部覆盖，很少有人能有时间去思考如何提升组织、提升质量。这里一部分是主动去迎合上级，也有部分是不得不迎合上级。"楚王好细腰，宫中多饿死"，上行下效在所难免。

当所有的利益都来源于上级领导评价的时候，官僚主义不可避免，奢望通过什么减少简化来解决问题更是痴人说梦。只有解决了对主管的评价问题，才有可能解决汇报和会议问题，只有建立起真正能体现主管价值的评价体系，主管才有可能聚焦在核心业务上。公司一旦大了，问题怎么就这么多呢？

五、令人作呕的马屁文化

一决策机构参谋对着领导的材料说,这哪里有什么问题啊,简直太伟大了。看这马屁拍的,太没水准了。马屁文化从管理层泛滥开去,弥漫整个公司,虽然下面不这么肉麻,也都不愿意去戳破这层窗户纸。这直接导致信息失真,试点没有不成功的,要求没有达不到的。

凡是领导说的都是正确的,凡是领导支持的大家都需要支持。无人愿意去忤逆领导的意愿,无人愿意和领导深入讨论问题,上上下下一片祥和之声,敢于直言的更是寥若晨星。历年的成功也强化了这种颂扬和靡靡之音。这些"正确"和"成功"最后就导致不可收场,十分难堪。

马屁文化一方面来源于上行下效,一方面也来源于过于刚性的执行力。大树底下寸草不生,大树虽然多次表示征言纳谏,也只不过象征性表示下罢了。

马屁文化也与华为的组织生态有关系。因为组织设计问题,资源调动困难,成长起来的管理者大多都是简单粗暴的强推动力型,简单粗暴带来的结果就是对上唯唯诺诺,对下吹胡子瞪眼睛,缺乏真正能认真思考梳理业务的人。

马屁文化导致机体缺乏自我免疫机能,从上到下都是一条裤子,当裤子非常完美时可能还能正确前行。但裤子一旦破了,露出屁股丢人也是难免的,因为没人敢去跟上级说,你的裤子破了,大家都睁一只眼闭一只眼。组织的健康成长既需要民主,也需要集中,民主是为了集思广益,集中是为了提高执行。我们没有真民主,最后导致都是假集中。

六、权利和责任割裂的业务设计

我们的开发部门现在面临巨大的压力,很多部门经常加班到深夜十二点，大量员工离职，用领导的话来说，几乎是再造了一个腾讯。可笑的是居然有一些部门主管夸自己部门的人热情洋溢，每天自愿加班到深夜，真的是昧着良心说瞎话。

当你把业务部门和开发部门割裂开来的时候，很容易带来前后方的冲突。开发部门负责提供炮弹，负责质量问题，承担的是责任；业务部门有开疆拓土、呼唤炮火的权力，却不承担后面对资源负责的责任。这导致业务部门或营销只会大量地去提需求，最后导致开发部门累得要死。

为了让开发不要过度加班，能筛选需求获得真正的价值，于是就提出开发和业务分权制衡，希望开发部门和业务部门能对着干，敢于对前方需求提反对意见。看起来是解决问题了，但还是解决不了根本问题，因为开发和前方的平衡将带来大量的扯皮，最终不仅丧失价值需求，还会使效率大大降低。就好比治疗吃饭会噎着这一问题，我们不是通过把饭嚼碎解决，而是希望通过不吃饭来解决。

因为这里缺乏一个真正责权一体的组织，缺乏一个能平衡前方和后方的真正责任人，或者说业务部门的责权分离导致了这个结果。如果有个责任人，自己能去平衡需求和后端的资源，他自然会去考虑如何才能使资源最大化，自然会在需求和价值间平衡。我们现在的业务设计就比较混乱，业务和开发抢权，项目和资源抢权，缺乏一个真正的契约化客户化组织，因此必然导致一笔大糊涂账。

人都是趋利的动物，组织的设计更要十分精细，能深入到人的内心实际需求，而不是按下葫芦又起瓢地胡乱指挥。这些关于人的行为规律的东西十分复杂，更多地要靠人的感受和领悟。如果对人没有深刻理解，是很难搞清楚究竟该如何设计的。我们以前过多地依赖技术和战略成功，当我们突然走向精细化时，就有点慌不择路了。

七、集权而低效的组织设计

有客户反馈，华为响应及时性比以前欠缺，及时性减慢。有客户抱怨，华为内部流程僵化，过于教条，没有以前灵活。还有客户问："你们能帮忙把这个电缆换了吗？"我们回答："当然可以，不过需要在七个月以后。"以前都是内部员工在喊，现在外面的声音逐步强大起来。

企业变大后很容易带来的问题就是效率低下、组织复杂，这也被管理界称为大企业病。世界 500 强为了避免类似的组织累赘，往往会采用事业部形式，就是把组织分成若干个小组织，让小组织自己承担盈亏。通过完整团队的运作，进行短链条的管理和交付。

我们则执行的是长链条的管理和交付，市场和开发属于不同的体系，市场不把开发当人，开发则觉得市场没技术，出了问题就互相推诿。有时为了完成个别产品的某个牵涉大特征的优化，大体系的纠葛严重直接导致效率十分低下，其程度简直令人惊诧。

反应慢是管理水平的问题，也和我们的组织设计有很大关系。组织运作的链条太长，必然带来高昂的沟通和协调成本，这些沟通和协调的阻力会大大降低效率。若仅从流程上看没什么问题，但我们忽略了流程运作过程中的路径成本。中兴 2006 年前采用的是事业部形式，然后改成集权形式，后来又改成了事业部的形式，现在看来还是有些进步的。

八、挂在墙上的核心价值观

核心价值观是支撑企业成功的潜在力量，是支撑人奋斗的内驱力，也有着巨大效用。制度和考核不可能把所有问题都细致入微地搞清楚，核心价值观却弥补了这些空白。这好比法律和道德的关系，法律再完美也需要道德的约束，这样社会才能良性互动。

华为的 IBM 顾问说，核心价值观不是写在墙上的口号，而是一种提倡并能获得认可的行为，比如协同创新等。只有做了这些工作的人获得认可，这种行为才会广泛流传。就是说核心价值观要有反馈机制，要有利益牵引。

我们一方面号召大家要实践核心价值观，另一方面缺乏有效的动作和价值支撑，最后导致流于形式。比如团结进取等，虽然每次 PBC 沟通都会拿出来晾晾，但缺乏有效地解读和利益的支撑，加上局部化利益的考核导向，也使这一切流于形式，非但没能促进企业进步，还浪费了公司的人力物力。大企业的竞争靠价值观，我们如此的价值观显然没有什么竞争力。

九、言必称马列的教条主义

我们在汇报材料或宣讲时，口头禅都是 IBM 如何、爱立信如何，或者某领导如何。领导看到大家材料也是问这是不是书上写的，有什么出处没，从来不会问我们是怎么样的。大家觉得只要是进口的就是优秀的，只要是书上的就是可以应用的。这一方面说明大家过分迷信洋人，一方面说明心里没底，或者说对组织什么都不懂，只能生搬硬套。

当年红军占据井冈山，共产国际派了李德与博古做军事顾问指导红军，顾问们靠着在苏联成功的经验，在中国制定了阵地战、城市战等不切实际的指挥方式，最后导致红军惨败不得不万里长征，红军从长征前十来万人迅速降低到两万人左右。

借鉴西方的先进理论可以，但不能完全无条件地照搬。管理是社会科学而不是自然科学，自然科学就是那些基本技术和理论，抄起来容易些，社会科学则牵涉广泛且深入得多。连德鲁克都说，希望中国企业能在自己国情基础上摸索出适合自己的管理方法，而不是教条的照抄。日本企业在成长的同时能成长出盛田昭夫；华为能成长出谁来，林志玲吗？

十、夜郎自大的阿 Q 精神

"我们祖上曾经阔过,祖宗已经打了这么多胜仗,我们的领袖是英明的,我们还是就这么办吧。"公司上下充斥着这样一种盲目自信精神,尤其在领导层。总觉得祖宗厉害过,以后还是厉害的,有时甚至谈到中兴时都有种天生的优越感。

一切都是在变化的,彼时的成功不能证明此时的成功,更不能证明未来的成功。大家不去寻找成功的真正原因,辨析哪些才是我们的真正竞争力,躺在各种原因带来的历史功劳簿上,叼着大烟,幻想着自己的未来美好生活,十分荒唐。当我们在快速发展时,很多矛盾都被掩盖了,一旦增速下降甚至减速,矛盾很容易就激化了。

有时候我甚至觉得,华为需要一场大的挫折,否则永远不可能有进步的勇气和发自内心的改善。或者说华为一场大的挫折是无可避免的,因为无人能阻止得了这个巨大的惯性。

这就好比《2012》中的大灾难,人类过度消费导致环境的超载,因为利益的原因,任何哥本哈根会议都无法达成一致,也阻止不了灾难的到来。一场大的灾难可能是洗涤过去,重新开始的唯一机会。

后 记

源自华为　不唯华为

初稿初步完成，写结束语时还有一种很忐忑的心态，担心会不会被热爱华为的人批评，说我是故意鸡蛋里挑骨头，或者说这是对前任东家的评头品足，不符合职业道德等。几经修改后，心情逐渐平静下来。

本书虽然是从华为开始写起，但伴随写作深入已不仅仅依赖于华为，而是逐步提炼出一种基于一般企业的理论、方法与改进方式，华为只不过是其中一个生动活泼、被客观描述的载体而已。书中的内容和一些理论来源于华为，但不唯华为。

本书源自华为，因为我很多思考和经历都来自华为，一些管理模型也在华为实践过。华为本身有很多值得大家借鉴和学习的地方，包括它的利益分配，包括拉开收入差距、建立大比例的浮动薪酬和股票分红制度、努力追求公正公平等。同时组织上的 IPD 和 PDT 团队，也缩短了决策链条，提升了组织效率，让华为不论是个人还是团队，都成为一个个万马奔腾的小作战机构。

另外华为在大战略上的把握也很精准，包括前面说的华为成功的战略要素。别人偶尔一两次碰上这种大机会就不错了，为什么任正非带领下的华为，总能踩中这个鼓点，并能在这个机会窗中把自身利益做大，所以任正非肯定有他过人的地方。

本书不唯华为，虽然很多理论来自华为，但这些理论也适用于其他企业，附录中的两个案例充分说明了这一点。对于华为而言，金无足赤，人无完人，华为体系在大踏步前进的同时，也有自身的不足，有些地方需要更多的思考和改进，而不是单方面的肯定或否定。

比如华为的股票制度，华为早年把员工利益和公司利益捆绑在一起，确实带来了非常强大的战斗力，但随着企业规模的扩大、股票数目的增加，分红制度逐渐成为鸡肋，股票的分红并未落实到真正在公司需要激励的人，而是成为一群沉淀老员工的收益。

华为过度依赖股票分红来激励员工，导致作为公司费用和成本的员工奖金份额下降，最后分红的效果越来越差，员工怨言也越来越多。华为股票在投资和激励定位上模糊，缺乏退出机制，最后越来越难以为继。华为股票制度的后遗症，需要有类似股权涉及的企业思考，要想规避这个问题，要么建立股票退出机制，把人家买股票的钱退给人家，让股票时刻能激励在一线奋斗的人，要么就把股票定义为完全投资，去除奖金成本后再来分配，而不是作为一种劳动的激励手段。

除了股票制度的演变，华为的 IPD 和奋斗文化也都面临挑战。随着华为逐步走向领导者，已没有产品可以逆向开发，此时团队就需要有自己的大脑，但华为 IPD 下的 PDT 团队没有形成真正的决策闭环，大家都隶属各自大的平台体系，如销售和研发，没人能真正拉动前后端，最后也没人决策到底要开发什么新产品，导致需求混乱。内部累得要死，却开发不出市场需要的产品。

华为的成功来源于十几万员工的艰苦奋斗，华为的艰苦奋斗在国内首屈一指。华为很多人早上出门孩子还在睡觉，晚上回家孩子已经睡熟，周末也要加班，很难有自己的生活。但在当今社会，大家越来越关注幸福指数，人们不再把赚钱多少作为衡量幸福与否的唯一标准，大家开始更关注与家人相处的家庭时间。华为内部有人做过调查：是否愿意让自己的子女来华为工作？90%的人都不愿意，他们愿意自己牺牲，改善家庭生活，改变自己贫穷的命运，但不愿意下一代再过这种生活。

未来随着独生子女的增加和城镇化率的提升，华为的有效生源面临逐渐下降的趋势，同时缺乏高利润支撑的分配体系也加剧了这种下滑，华为的艰苦奋斗文化也需要有所改进了。

本书大部分时间在构造一个通用的管理要素模型，即骨骼肌肉血液模型。类似管理模型在西方管理学中也曾有所构建，不过角度有所不同。本书更多地以中国公司尤其是有华为特色的公司为蓝本，演绎了我们自己的模型结构，并通过有机体进行形象比喻，从而生动地展现其道理和价值。这个模型主要是战略执行的模型，谈的也是企业这个肌体本身的状况，而不是战略或市场机会捕捉，类似的模型叫 BLM（Business Leadership Model），大家感兴趣的可以参考。

企业的问题错综复杂，管理者彼此沟通起来存在一定困难。管理模型的价值，不仅是给大家提供一个看问题的统一视角和框架，而且还给大家提供了统一的语言，方便大家沟通与解决问题。

在本书付梓之际，感谢北森测评的王伊烟，本书的形成基于我多年撰写的文章与积累的观点的再整理，王伊烟在整个稿件处理过程中，不断研究思考，提出很多有价值的建议。感谢王育琨老师，王老师的多次表扬，给予我巨大的信心和勇气，使我得以一路坚持最终付稿成书。